U0626044

石中英／著

穿越教育概念的丛林

教育科学出版社

· 北京 ·

序

我是 1985 届的中师生，在乡村小学有过两年的一线教育经历，对儿童和教育有着深厚的感情。我后来离开了小学，上了大学，读的也是教育学专业。博士毕业后，我留在了高校工作，从事教育基本理论和教育哲学方向的教学、研究以及人才培养工作。这些年来，我在高校从事教育基本理论和教育哲学教学与研究之余，也非常关注教育实践的改革与创新，常常深入中小学校长和教师中间，倾听他们的意见和心声，与他们共同讨论实践中所碰到的一些教育问题，并努力地将自己的思考与他们交流。走在中小学校的校园里，坐在一线的校长和教师中间，我觉得非常满足、非常幸福，就像久别的游子回到了家乡。我常常为他们所取得的成绩感到高兴，同时也为他们所面临的困难发愁。我越来越明确地意识到，教育学是一门实践科学，作为一名教育学者，我如果脱离了教育实践，脱离了一线的校长、教师和其他类型的教育实践工作者，就会失去学术工作的根本方向和意义感。

有时间的时候，我也愿意将自己围绕教育实践问题所做的一些思考写出来，投给一些面向基础教育一线的教育报刊，请广大的读者朋友批评指正。实话说，我一开始这么做的时候，是无意识的、自发的，有的时候也是应教育报刊的编辑朋友邀请才这么做的。但是，渐渐地，我明确意识到，基于学术阅读和思考，为基础教育一线的校长和教师写作，这也是自己作为教育学者的一份不可推卸的责任。我明确意识到，教育基本理论和教育哲学的研究成果不能只为学术界同行发表，也应该回应真实的教育实践问题，为一线校长、教师以及教育决策者发表，因为只有这样，才能使得教育基本理论和教育哲学走进教育实践，汲取教育实践的养分，并通过教育实践得到检验、修正和发展。

为基础教育一线的校长和教师写作并不是一件容易的事情。它要求研究者熟悉一线校长和教师所关切的问题，并用他们习惯的话语方式与他们平等地交流，为他们自己的思考留足空间。如果研究者根本不熟悉不同时期教育实践工作者所关切的问题，用学院派的腔调居高临下地对教育实践工作者颐指气使，即便主观上愿意为一线的校长和教师写作，最后写出来的东西恐怕也很难在他们的教育生活中产生共鸣或回响。

这些年来，我陆续为一线的校长和教师写了几十篇或长或短的文章。这些文章的主题都是一线的教育决策者、管理者和教师在不同时期所关心的问题，不是我自己生硬造出来的问题，而是具有实践性和公共性的问题。我对这些问题的思考也主要是从教育基本理论和教育哲学的专业角度进行的，致力于对这些问题中所蕴含的教育观念进行批判性分析。教育基本理论和教育哲学是教育观念的科学，致力于对形形色色的教育观念进行分析、讨论和建构。研究者有的时候提出一种新的观念，有的时候分析一种支配性的观念，更多的时候既对一种支配性的观念进行分析批判，又在分析批判的基础上提出新的观念，以丰富有关教育实践的思考。很多时候，我并不觉得我自己提出的观念怎么样，但是我希望我的批判性分析的态度能够给一线的教育实践工作者以启迪，希望他们也能以同样理性的态度来对待教育观念市场上各种各样时髦的概念、口号和政策主张。只有这样，他们才能成为真正的教育主体，他们从事的教育实践也才能成为真正的主体性实践。

这本教育短论的编辑整理工作，前前后后经过了几年的时间，得到了许多朋友的帮助、鼓励和支持。这里我首先要感谢向我约稿并发表它们的报刊编辑朋友。没有他们的邀约、催促和耐心等待，就没有这些文章的问世。我在修改一些文章的过程中，还听取了他们许多宝贵的意见和建议。其次要感谢北京师范大学出版社的郭兴举老师、教育科学出版社的张玉荣老师和香港中文大学的吕佳慧博士研究生，他们为收集和整理这些文章付出了宝贵的时间和辛勤的努力。再次要特别感谢教育科学出版社学术著作编辑部的刘明堂主任和本书责任编辑何艺老师，从书名到体例，从文章的遴选到注释的调整等，他们为本书的出版贡献了许多良好的建议。一些文章观点的表述在结集出版时也依据他们的意见做了修订。

我衷心地希望本书的出版能够受到广大基础教育工作者的欢迎，希望本书所讨论的问题、所提出的观点以及思考问题的方式能够有助于教育工作者更加深入和系统地思考相关问题，从而为深化教育教学改革、促进青少年学生健康发展、加快推进教育现代化和教育强国建设做出新的更大的贡献。

目　录

第 一 编

教育的一般观念

穿越教育概念的丛林，找到教育改革创新的正确方向，是当前摆在我国教育者面前的一项紧迫任务。教育者要对教育规律和教育共识有充分的尊重和敬畏，不要让对特色和个性的追求成了无视教育规律和教育共识的随心所欲。教育者不能痴迷于制造新的概念，要用更多的时间与精力去寻找和解决真正的教育问题。

1

穿越教育概念的丛林

在到全国各地中小学去学习的过程中，我发现学校里充斥着许多新的教育概念。比如，对于学校的办学理念，有的提"生命教育"，有的提"小公民教育"，有的提"尊重教育"，可谓多种多样；对于学校的文化，可能是受所谓的"一校一品"学校文化建设思路的启迪，有的致力于打造"雅文化"，有的致力于打造"家文化"，有的致力于打造"石文化"，真是百花齐放；对于学校的课程，有的把自己学校的课程叫作"幸福课程"，有的把自己学校的课程叫作"菊花课程"，有的把自己学校的课程叫作"蒲公英课程"，诸如此类，各有说法。置身于这些丰富多彩的教育概念之中，我一方面深切地感受到一线教育工作者致力于教育创新的热切和执着，另一方面也隐约感受到他们在认识与实践上深陷这种"概念丛林"的无奈和苦恼。不管人们的感受和态度如何，这种教育概念"满天飞"的现象是这个教育改革年代一个不争的事实，而且大有愈演愈烈的趋势。

为什么会出现这种情况？这恐怕与近些年来各地各校纷纷开展的各个方面的特色创建活动有关。特色创建活动可以说是这些年来教育界的一股潮流，其初衷是好的，是想改变原来计划经济体制下形成的千校一面的教育同质化现象，努力增加和凸显各学校、各学科乃至各位校长和教师个人的教育教学特色，形成在理念上、实践上、宣传上和评价上差别化的教育主张和模式。教育领域的特色创建活动本身有其合理之处，无可厚非。因为不同的地方、不同的学校、不同的教师在开展教育教学活动时，自然面临着不同的内部和外部情形，在办学理念、学校文化、课程结构、教学模式、德育体系等方面有不同的认识和实践，强调一下特色或差别当然是合理的，也是必须的。如果教育者无视这些教育内外部情形的差别，在办学理念、学校文化、课程结构、教学模式、德育体系等方面强行要求一致，就会压制各地各校和广大教师教育教学的积极性，最终使学校的工作不能适应校内外的实际情况，使广大教师的教育教学工作不能适应学生多样化的发展要求。

除了上述客观原因外，造成上述现象的可能还有一些更为重要的主观原因，那就是一部分教育者在思想和行动上对于教育特色或差异的盲目追求或过度追求。如前所述，无论是学校管理还是教育教学活动，有特色是正当的、合理的。但是，如果一味地强调特色、强调差别，以至于别人提过的理念我就不能提，别人用过的概念我就不能用，非得在理念上或名称上弄出与别人不同的东西，认为只有这样方才显示出自己在学校管理、教育教学等方面的独特性、创新性和价值性，那就走到了学校特色创建活动目的的反面。若教育者对教育特色或差异的追求极端到这样一种程度，只求特色，不重共识，不尊重规律，为特色而特色，为创新而创新，那么就会舍本逐末，将特色创建活动引导到完全错误的方向上。更不用说那些本来还不鲜明，硬是通过总结、拔高或贴标签制造出来的学校教育教学和管理"特色"，其发挥的作用就如同"皇帝的新装"，除了赢得一些阿谀奉承之外，不会给广大师生带来什么真正有价值的东西。事实上，一些学校辛辛苦苦凝练的标签化的所谓"特色"，除了个别参与工作的专家、教师外，绝大部分教师和学生根本不知道它们到底是什么。

概念是思想和行动的工具，凝结着人们认识和实践的智慧。教育事业的改革创新允许创造一些新的概念，但是不能反过来把创造概念当成教育事业的改革创新。否则，教育事业的改革创新就会沦为教育概念的游戏。在教育实践领域，就如同在其他许多领域一样，人们往往被一些别人制造的或自己制造的新概念，包括一些来自国外的洋概念所迷惑，继而在思想上和行动上被它们所误导。比较常见的是，有些学校在学校管理、教育教学上硬是先行制造或拿来一个看起来、听起来很新颖的概念，也不管它科学不科学、明确不明确，就把活生生的学校管理和教育教学实践塞到这个概念下面，为这个概念提供实践的注解。这实在是削足适履、作茧自缚的不明智行为，浪费了时间和精力不说，还很容易遮蔽一线教育者真正有价值的思想和他们所创造的宝贵教育经验。

穿越教育概念的丛林，找到教育改革创新的正确方向，是当前摆在我国教育者面前的一项紧迫任务。教育者要对教育规律和教育共识有充分的尊重和敬畏，不要让对特色和个性的追求成了无视教育规律和教育共识的随心所欲。教育者不能痴迷于制造新的概念，要用更多的时间和精力去寻找和解决真正的教育问题。教育者要警惕那些大大小小、形形色色的教育新概念、洋概念，学习辨析它们当中哪些是有解释力和指导力的，哪些只有概念的形式而无实际的内容，或者仅仅只是换个说法而已。教育者要静下心来办教育，不要急于用一些生搬硬造的概念来装饰自己尚未成熟的思想、经验或实践模式。最后，尤其重要的是，研究者和媒体也万不能"帮助"一线教育者去鼓吹和追逐那些无意义的教育概念，而应该引导他们真诚地思考和审慎地实践。

只有穿过教育概念的丛林，教育者才能真正地抵达理想教育的彼岸！

（原文发表于《北京教育·普教》2017年第6期）

2

教育的价值秩序

谈到教育的价值，人们总会想到教育促进个体发展的价值以及教育促进社会发展的价值这两个维度。这两个维度又各自有着一些更加细小的维度。例如，在教育促进个体发展的价值维度下，有促进个体的健康与体质发展、认知与智力发展、道德与社会性发展、审美与精神发展以及健康人格的建构等不同的价值；在教育促进社会发展的价值维度下，有教育促进社会文化传承、政治认同、经济增长、民族振兴、国际理解等不同的价值。由此看来，教育的价值谱系实际上是很宽的，这是教育者在认识和理解教育的价值时应当予以注意的，不要用一种比较单一的或狭窄的教育价值取向来掩盖或遮蔽教育价值原本的丰富性。

教育的价值是丰富的。那么，在多样的教育价值之间，是否存在一个价值的秩序呢？也就是说，某些价值在重要性以及实现的顺序上是否要更靠前一些，以至于在不同种类教育价值冲突的时候要优先考虑它们呢？对于这一点，不同的人有不同的观点。

有的人如杜威就认为，教育的诸多价值之间不存在一个先验的价值秩序，只存在特定情境中不同价值之间的比较。在一种情境中，一些价值可能具有优先性；在另一种情境中，另一些价值可能具有优先性。如何在不同的教育价值之间进行选择和排序，要视不同的社会情境来确定，不存在一个抽象的、普遍的、绝对的价值秩序。按照杜威的观点，我们既不能说教育促进个体健康的价值大于教育促进个体审美能力提升的价值，反过来，也不能说教育促进个体审美能力提升的价值大于促进个体健康的价值。因为脱离了社会的情境，健康价值和审美价值根本就是不可比的。杜威的这种观点有一定的合理性。

也有人认为，不同的教育价值之间存在大小和先后的秩序。比如，有人将教育促进个体发展的价值称为教育的内在价值或本体价值，将教育促进社会发展的价值称为教育的外在价值或工具价值。他们认为应该优先考虑教育的内在价值或本体价值的实现，外在价值或工具价值的实现是建立在这种内在价值或本体价值的实现基础上的。由此看来，那种忽视甚至牺牲教育的内在价值或本体价值而片面追求教育的外在价值或工具价值的教育是不可取的，并且最终也会损害到教育的外在价值或工具价值的实现。持这种观点的人还认为，不仅在两个主要的价值类型之间存在这种优先秩序，就是在这两类价值之下的一些更加具体的价值之间，也存在一个清晰的价值秩序。如在教育促进个体发展的价值维度上，健康与体质的发展要优先于认知与智力的发展，而认知与智力的发展又要优先于道德与社会性的发展以及审美与精神的发展，建构健康人格的价值则是前面各项价值实现以后的自然结果，是一种终极性的价值。照此观点，牺牲儿童青少年个体健康与体质发展来追求更高阶的个体发展价值的做法也是不可取的。更高阶的个体发展价值的实现，总是以基础性的个体发展价值得到充分实现为前提的。这种观点也有一定的合理性。

那么，教育的价值谱系中，到底存不存在一个秩序的问题呢？教育者或一切关心教育的人能否凭借某种有关秩序的认识，去断言教育的某些价值比另一些价值更应该优先实现呢？综合上面两种不同的看法，可以认为，这种价值秩序是存在的，否则就会陷入价值相对主义，得出怎么选择都对的结论，比如得出"搞素质教育是对的，搞应试教育也是对的"这种自相矛盾的结论。只不过，教育领域的价值秩序不是绝对的、普遍和抽象的，而是相对的、特殊的和具体的，应当视不同的教育和社会环境而定。比如，在学前和基础教育阶段，儿童青少年还处在一个身心发展速度比较快的阶段，这个时期将内在价值或本体价值放在外在价值或工具价值的前面还是合理的。这个时期如果过于强调外在价值或工具价值的实现，可能真的会牺牲对儿童青少年一生发展有长远意义的内在价值或本体价值的实现。但到了大学阶段，青少年身心各方面素质都已经基本形成，需要为就业做准备，这个时候教育的价值取向要更多地考虑外在价值或工具价值所提出的要求。这个时候如果教育者再排斥外在价值或工具价值，一味地强调内在价值或本体价值，恐怕就不合适了。又比如，在教育促进社会发展的价值维度上，无论在教育的哪个阶段，传承人类已经创造的文明成果可能都是最基本的价值，也是最应优先实现的价值。如果这个价值实现不了，那么其他社会价值像促进政治认同、经济增长、民族振兴、国际理解等可能都将难以实现。十四年抗战期间，尽管教育的环境非常恶劣，但还是有许多教育者在辗转流离中不忘初心、艰辛办学，为的就是薪火相传、弦歌不绝，为未来中国保存文明的火种、延续文化的精神。这就要求无论什么时候，教育都要把传承包括中华民族在内的人类优秀文明成果放在优先考虑、不容动摇的位置。

明晰了教育的价值秩序，教育的实践、改革与发展就有了明确的方向。在一定的时代和社会背景下对教育价值秩序进行再思考，也能够帮助教育者不断校正教育工作的价值方向。

（原文发表于《北京教育·普教》2017 年第 4 期）

3

关注共同人性的培养

近日，湖南某中学高三学生捅死关心自己的班主任的案件在教育界内外引发了激烈的讨论。这个案件在令人扼腕痛心的同时，也让教育界乃至整个社会深思：是什么原因导致一位高中生在众目睽睽之下肆无忌惮地杀害自己的班主任？我们的教育究竟出了什么问题？我们的教育培养出了什么样的人？伴随着这些深层次问题的提出，中国的教育又一次被推到了风口浪尖，接受公众的拷问。

其实，这起案件并不是孤立的。近些年来，类似这样令人痛心的案件时有发生。远的不说，从马加爵案到药家鑫案，从林森浩案再到李某某案，每一起案件的发生，都给社会带来极大的震动。这些案件中，作为当时还是青少年学生的加害者，他们年龄不同、家庭出身不同、就读的学校也不同，但是都做出了加害他人的违法行为。他们年轻有才华，本该有远大的前途，但是他们的行为却毁坏甚至干脆断送了自己的美好前程，也给受害者及双方家庭带来了巨大的悲痛。一次又一次血的教训提醒我们，中国教育在快速发展、取得显著成就的同时，也确实存在一些不容忽视的重大问题，应当引起教育界所有人的高度关注和深刻反省。

　　就以上案件的具体情况来看，不同案件里的加害者的主观意图不同，加害对象不同，加害手段和方式也不同。表面上看，有的加害者可能是缺少法律意识，有的可能是出于报复心理，有的则可能是出于贪欲，有的也可能是一时冲动。但是，不管出于什么样的原因和动机，他们作为加害者都有一个共同的特点，就是对他者尊严和生命的冷漠与厌恶，以至于在做出巨大的伤害行为之后也没有产生丝毫的歉意。出于对他者尊严和生命的冷漠与厌恶，当加害者在特定情境中受到哪怕是一点微小的压力或自身欲望的诱导时，很容易采取极端的手段来对待他人。可以说，在加害者的意识中，对他者的冷漠、厌恶或怨恨已经遮蔽了他们对共同人性的认知和信念，这可能是他们做出极端行为的内在根源。

　　每个人都是独特的存在，你、我、他各自有着不同的个人生活史、认知风格、个性偏好和人格特征。每个人又都是社会的存在，每个人的认知、态度、行为、价值观、审美等总是带着自己所属的那个社会的烙印，与具有同样社会地位、身份和理想的人分享着某些共同的社会特质。作为个体的人，人与人之间是千差万别的；作为社会的人，不同社会群体成员之间也存在这样或那样的社会差别。但是，在人与人之间的个体差别、社会差别之上，还存在着一些共同的特征，这些特征构成了共同的人性（或简称"人性"）。人性是人作为人的基本的、共同的或普遍的规定性，是人作为一个种类区别于其他动物的关键所在。关于人性的具体内容，历史上不同的哲学家有不同的观点，有人认为是"理性"，有人认为是"仁爱"，也有人认为是"自由"，不一而足。不管持哪种观点，哲学家们认为，人因人性而为人，失去人性则为兽。所谓人的堕落，并非指人失去了"人形"，而是指人失去了"人性"。而他们所推崇的"圣人""完人""至人"，也就是那些最充分地表现和实现了人性、显示了人性高度的人。

　　教育的基本职责是培养人，立德树人是教育的根本任务。培养人也有三个层面的意思：培养个人、培养公民和培养人类的成员。虽然培养人在逻辑上有这三个层面的意思，但是在实际生活中，作为个体的人、作为公民的人和作为人类成员的人却并不是彼此无关、相互对立的三种身份，它们是三位一体、相互生成的，共同构成一个完整的人。从教育的立场来说，培养个人，就是要尊重和发展学生的个性，使每个学生成为他自己；培养公民，就是要依据一定社会的要求，丰富学生的社会性或公民性，使他们成为不同社会合格的、优秀的公民；而培养人类的成员，就是要依据人类共同生活的要求，唤醒和培养他们的共同人性，以便引导和帮助他们成为人类社会的积极成员。在这三项任务当中，唤醒和培养学生的共同人性，就其重要性而言应当处于优先的位置。这是因为缺少个性，一个人依然可以成为一个人，而社会性或公民性发育不良，一个人也依然可以成为一名社会成员，哪怕他的言行可能为某个特定的社会所不容；但是，缺少或者意识不到共同人性，一个人就会与他人、与社会甚至与整个人类相疏离，看不到在万千个体差别与社会差别背后人与人之间、群体与群体之间共同的尊严、权利和对美好生活的向往。缺少或者意识不到共同人性，对于个人来说是一种发展的病态，或者说是一种发展不充分的状态；对于他人、社会和整个人类来说，则是一种巨大的、随时可能爆发的潜在危险。

关注共同人性的培养，应是当前和今后中国教育理论与实践的重大课题。

（原文发表于《北京教育·普教》2017 年第 12 期）

4

个性发展能否作为教育的目的？

当前，培养学生的个性或促进学生的个性发展已经成为一种备受推崇的教育目的。受这种教育目的观的影响，教育界有些同仁提出"不是要选拔适合教育的学生，而是要创造适合学生的教育""要让每一个学生都有自己独一无二的课程表"等口号。这些口号表明，学校的个性化、课程与教学的个性化甚至评价的个性化等，俨然已经成为当前教育改革或学校变革的价值指针。

教育目的是根本性的教育问题，对于整个教育活动有着不言而喻的指导作用，也是评价教育活动好坏与成败的依据。那么，对于上述的教育目的主张，教育界该持什么样的态度？我觉得，对这个问题需要进行一番审慎的思考。

在事关学校教育目的的问题上，强调学生存在的多样性、独特性或个性差别，当然是有必要的。这不仅是因为每一个人生来就是不一样的，生活在同样多样化的家庭与社会环境之中，有着不尽相同的人生理想，也是因为用一把尺子来衡量所有学生，要求所有学生在同一时间、同一学习领域达到同一学业水平，是不符合伦理要求的。而且，从历史的视角来看，自从 20 世纪初期中国社会开展新式教育以来，发展学生的个性一直是进步教育家们共同的主张，个性在教育环境中受到过度压抑也成为中国教育变革意欲克服的顽障痼疾。可能也正是由于这些理论的、历史的和现实的原因，当教育界将个性或个性发展作为教育目的来提倡的时候，很容易赢得广泛的支持，几乎没有受到多少质疑和反思。

但是，细读关于个性或个性发展的教育目的主张，审视这些主张指导下的学校管理、课程与教学改革以及评价方面的实践，不难发现其中存在一些需要澄清或辨明的问题，如：什么是个性或个性发展？个性同"我性""私人性""个别性"有何区别与联系？学生的个性发展与社会性发展是什么关系？如何区分良好的个性与不良的个性？个性究竟是一种心理品质，还是人格特质、价值品质？个性发展究竟是如何实现的？个性发展能不能离开团体的或集体的生活？掌握一些共同的知识，形成一些共同的态度、价值观或行为倾向，是否不利于甚至有害于个性的健康成长？在这些问题中，核心的问题是个性与社会性、个性发展与社会性发展的关系。这里，社会性是一个有层次的概念，往小了说，它与传统上讲的"群性"差不多；往大了说，它还包括了"民族性""国民性"乃至人类共同具有的"人类性"或"类特性"。无论在理论上还是在实践中，撇开人的多层次的社会性而单独谈论个性，或者在倡导尊重与发展个性时遗忘或有意识地贬低人的社会性的客观存在和发展价值，都是非常有害的。这一点要引起教育理论和实践工作者们足够的注意。

为什么这么说？这与我们对人性的认识有关。什么是人性？这个问题在历史上有过长久的讨论：西方有说人性是理性、自然性、神性、社会性、文化性、游戏性的，等等，各执一词；中国古代学者则持有人性善、人性恶、人性无善恶、人性善恶相混、自然人性以及"性三品"等各种不同的观点。但是，不管哪种人性学说，不管学者们在何为人性的问题上有多大的争论，有一点是大家都认可的，那就是人性是人之为人所共同具有的根本特性，而非个人所独有或一些人所具有而另一些人所不具有的个体性、特殊性、个别性。正如荀子在《荀子·王制》中所说："力不若牛，走不若马，而牛马为用，何也？曰：人能群，彼不能群也。""故人生不能无群，群而无分则争，争则乱，乱则离，离则弱，弱则不能胜物。"也正如马克思在《关于费尔巴哈的提纲》中所说："人的本质不是单个人所固有的抽象物，在其现实性上，它是一切社会关系的总和。"因此，人所具有的社会关系，对于人的本质生成来说，是必要的构成因素。在思想方法上，若抽离掉一个人所拥有的社会关系——家庭关系、种族关系、职业关系、政治关系等，我们就无法认识一个人，更谈不上把握他的本质。从这个角度来说，注重群性或社会性的发展，而非片面强调个性的发展，是更加符合人性的要求的，也更能彰显教育的意义与价值。当然，注重群性或社会性的发展，也不应当压迫个性，更不能以牺牲个性或个性发展为代价，否则就会导致个体乃至整个社会丧失活力和创造性。正确的立场应该是：个体在参与社会共同生活中，以群性或社会性的获得来丰富个性，反过来，社会及其教育应以对个性的保护和发展来更好地促进社会的进步，使得个性的发展与社会性的发展能够相互促进、相得益彰。

因此，对于文章标题中提出的问题，我的答案是否定的。更准确地说，如果教育者只是孤立地、片面地将个性发展作为学校教育的目的来加以追求，甚至将儿童的个性发展与社会性发展对立起来，那么这种做法不仅在理论上是错误的，而且在实践中是有害的。良好的、健康的个性品质应当包含了一个社会、一个时代所共同认可的群性或社会性的内容，应当有益于共同体或社会生活的延续与进步。毕竟，教育要培养的人不是孤独地生活在荒野中的个体，而是以社会成员的面目出现的个人。良好的个性是建立在丰富的社会性和类特性的形成基础之上的，而病态的个性一定与社会性和类特性发育不良有着内在的关联。

（原文发表于《北京教育·普教》2017年第3期）

5

对教育规律的一点认识

教育界都知道要"按照教育规律办教育"。可是，究竟什么是教育规律？或者说，有哪些教育规律？如何判断一种教育行为是否符合教育规律？如果这些问题得不到很好的回答，"按照教育规律办教育"就会成为教育者挂在嘴边的一句空话，正确固然正确，但是对于教育实践却没有什么益处。

什么是教育规律？教育规律即"教育的""规律"，是教育活动各要素之间所具有的内在的、本质的和必然的联系，也是教育者在从事教育活动时应当加以认识、遵循和反映的对象。从性质上说，一方面教育规律具有实然性，是教育这种社会活动各要素之间所具有的内在的、本质的和必然的联系，不以从事教育活动的个别人的主观意志为转移；另一方面它又具有应然性，作为一种社会活动的规律，反映着人们对理想教育的旨趣、理解和追求，带有明显的价值属性。教育规律的这种"二重性"是有机统一、浑然一体的，而不是相互分离、彼此对抗的。教育规律的实然性是包含着应然性的实然性，指向理想的教育目的；而教育规律的应然性也是建立在实然性基础上的应然性，是以对教育活动各要素之间内在的、本质的和必然的联系的认识、遵循和反映为前提的。所以，任何看不到教育规律的二重性或将教育规律的二重性机械对立起来的观点和行为，都是因为没有完整地把握教育规律的性质。

究竟什么是"教育活动各要素之间所具有的内在的、本质的和必然的联系"？回答不了这个问题，对于教育规律的认识就只能停留在对概念下定义的一般层次上，没有实践的意义。教育活动多种多样。比如按照活动的范围来分，有宏观的决策活动，有中观的管理活动，还有微观的教育教学活动；按照活动的阶段来分，从学前教育到基础教育再到高等教育，可以分为很多个前后衔接、彼此不同的阶段。显然，不同阶段、不同范围的活动所涉及的活动要素以及各要素之间内在的、本质的和必然的联系也是不同的。比如，同样是教学活动，虽然在一般意义上讲总是包含着教师、学生、教学内容、教学手段等要素以及它们之间的联系，但是，学前教育阶段的教学要素及其相互联系显然不同于义务教育阶段的教学要素及其相互联系，义务教育阶段的教学要素及其相互联系又不同于高中阶段和高等教育阶段的教学要素及其相互联系。所以，谈论教育规律，不能抽象地谈论，必须具体化。不同阶段教育的规律不同，办学的规律与教学的规律不同，德育的规律与智育、体育、美育的规律也不同。从这个角度来说，按照教育规律办教育，并不是说存在一种普遍性的、对所有教育活动都适用的教育规律，而是说教育者要从自己所从事的具体的教育活动出发，分析构成这些具体的教育活动的要素，把握各要素之间内在的、本质的和必然的联系。

更进一步的问题是：究竟什么样的联系才是教育活动各要素之间"内在的、本质的和必然的联系"？简要地说，"内在的"与"外在的"相对，"本质的"与"现象的"相对，"必然的"与"偶然的"相对，这三者也是互为条件、相互诠释的。用这三个词语来界定教育活动各要素之间的联系，表达了教育规律作为教育活动各要素之间联系的特殊规定性。这种特殊规定性可以理解为一种教育活动得以顺利进行并实现预期目的的不可或缺性、不可违背性。比如学校管理，总会涉及管理的主体、管理的内容（人、财、物、知识）、管理的对象、管理的制度、管理的手段与方法等要素，它们共同构成学校的管理行为系统，为实现学校教育的目的服务。如果一所学校的管理行为并非为实现学校的教育目的服务，或者说，如果一所学校的管理行为在各种要素关系的建构上缺少明确的、正当的教育价值指向，只是管理者个人随心所欲的行为，甚至以损害师生员工的尊严、权利和专业自主性为代价，那么，这所学校就不可能被建设成为一个真正的教育集体。从这个角度来说，作为对教育规律的解释，教育活动各构成要素之间内在的、本质的、必然的联系，是针对实现教育活动的预期目的来说的，是教育活动的合目的性对于教育活动的要素及其相互之间关系的客观要求。

基于上述分析，人们可以理解为什么说揠苗助长是违背教育规律的，因为揠苗助长最终损害了学生的可持续发展；可以理解为什么说应试教育是违背教育规律的，因为应试教育舍本逐末，严重窄化了教育活动的价值，致使教育活动偏离了正确的方向；可以理解为什么说高校科研的绩效主义是违背科研规律的，因为它不符合科研活动本身对于未知世界探索的要求；可以理解为什么说教育改革中对国外经验不加辨别地照搬照抄是违背教育规律的，因为这种改革思维不懂得教育活动的社会性、历史性和实践性，习惯于用一种普遍主义、理性主义或教条主义的眼光来设计和实施教育改革。

因此，按照教育规律办教育，不是一句简单的政策口号，而是一种实事求是的理性精神；不是宣扬一劳永逸的懒汉哲学，而是要激发"不入虎穴，焉得虎子"的实践精神。它要求教育者在开展具体的教育活动时，必须深切明了该项活动的价值与目的的正当性，必须以科学的精神分析该项活动各个要素及其相互之间的具体联系

是否真正支持预期目的的实现，必须在整个活动进行的过程中不断
地创造条件，排除干扰因素，确保该项活动能够沿着正确的方向
进行。

（原文发表于《北京教育·普教》2017 年第 7 期）

6

办教育仅靠常识是不够的

近几年来，办教育要"回归常识"的呼吁不绝于耳。发出这种呼吁的同行们，一方面表达了对教育常识的信仰，认为教育常识几近于教育之道，不可违背；另一方面也表达了对教育实践领域一些改革乱象的不满，希望一些瞎折腾的改革行为能够少一点，以便让教师们能够安安心心地教书育人。

从舆论层面观察，这种呼吁常常能够得到许多一线教育工作者的支持，同时，对于救治当下教育的浮躁与功利也有一定的积极作用。但从理论上说，这种呼吁的合理性仍然有待思考。什么是教育常识？它对于教育实践的合理性源自哪里？它的合理性有没有条件或限度？呼吁办教育要回归常识，这背后反映了什么样的教育实践观？按照教育常识办教育，教育事业会不会发展得更好？这些问题确实需要教育界同仁们认真地思考。

从字面来理解，"常识"一方面是普通大众关于某件事情的见识，区别于私见，也区别于专家的意见；另一方面是历史上一直存在的见识，区别于一些新鲜的观点。因此，从性质来分析，常识或教育常识一方面带有大众性而非私人性、专业性，另一方面带有历史的继承性而非某种时髦的观点。在此意义上，常识确实反映了某种历史性的共识，是长期以来人们关于某件事情共同的态度、看法或价值主张。

常识的形成有其历史过程，它是被历史上正反两方面的经验所验证的，因而有其历史的、实践的合理性，对于人类的未来行为确实具有一定的指导作用。在此意义上，违背常识去做某些事情也就是与某个相关群体的共识相违背，与历史上某种习惯性的观点相违背。这种群体的共识或习惯性的观点对于人们的行为具有很大的约束力，以至于人们倾向于将其看作做某件事情时应该遵循的"道"或"规律"。从这个角度来说，违背常识，就是违背道或规律。回归常识，意在重申对教育之道或教育规律的尊重。

不过，作为一种在历史进程中形成的集体共识，常识也有其不易察觉的局限性。这种局限性主要表现在它的保守性、经验性和模糊性上。对此，可以"刻苦学习是良好的学习品质"这个许多人赞成的常识为例来加以说明。说它具有保守性，是因为它所传承和维护的是过去学者治学的经验；说它具有经验性，是因为它的合理性依赖于那些获得成功的学者经验，或者依赖于那些由于缺乏苦学精神而未能成才的人物故事，即这个常识所依赖的经验具有选择性；说它具有模糊性，是因为它的内涵、要求以及所解释的经验事实都是模糊的，很少得到清晰的说明。几千年来，这个常识代代相传，但是它在历史上学习成功方面的解释力是非常有限的，在实践方面也只能起到劝说学习者多投入学习时间的作用。事实上，历史上真正成功的学习，仅用"刻苦"来解释是远远不够的，必须像《中庸》中所说的那样，实现博学、审问、慎思、明辨、笃行的辩证统一。"苦学"（刻苦学习）与"博学"尚且不能画等号，与"审问""慎思""明辨""笃行"更不会自然统一。没有"博学""审问""慎思""明辨""笃行"的精神，"刻苦学习"恐怕不仅不是成功学习的不二法门，反而可能是导致学习者厌学、退学乃至憎恨学习的行为根源。

　　呼吁办教育要回归常识，其背后有特定的教育实践观。这种教育实践观比较强调教育实践的历史性、共同性和经验性，比较强调历史上的教育观念、大家共同认可的教育观念以及一些由经验证明为正确的教育观念的优先性和支配性作用。这种教育实践观有一定的合理性，但是也在相当程度上忽视了教育活动的创新性、情境性和理性特征。教育实践有其历史性，但是也是常新的，历史的智慧只是当前教育实践的向导，而不是其主宰。不加分析地要求当前的教育实践从属于历史上的某些观念，是不明智的。教育实践的确有其共同性，共识性的观念对于教育实践有一定的启示性，但是真实的教育实践具有不容否认的情境性，共识性的观念必须纳入具体的实践情境中加以检验、修正或重构。教育实践也具有经验性，这是不容否认的，但是经验本身不能解释经验，对经验的分析与综合、批判与反思、概括与总结必须依赖于人的理性。

　　因此，在当前的情况下，呼吁办教育要回归常识有其针对性和实践意义。但是，教育界也应当认识到，教育常识作为一种历史性的教育共识，有其自身不可克服的局限性和理论缺陷，应当予以关注。否则，办教育要回归教育常识的吁求给教育事业带来的恐怕未必是正面的、积极的效果。考虑到近些年教育内外环境的巨大变化，考虑到伴随着这种教育环境变化而发生的我国教育事业改革创新的不断深入，未来教育改革与创新一方面要充分地尊重教育常识，汲取教育常识当中的真理性内容，另一方面更要充分地依赖于教育科学的研究结论和教育哲学的严谨思想。缺乏常识是可怕的，囿于常识也是不足取的。一言以蔽之，办教育要回归常识，更要超越常识。

（原文发表于《北京教育·普教》2017 年第 8 期）

7

如何理解基础教育的基础性?

当前,关于基础教育改革与发展的争论有很多,这些争论中许多都涉及如何理解基础教育的"基础性"这一概念。教育界同行们针对这个概念发表了不少有见地的看法,对我也很有启发。这里,我想简明扼要地谈谈自己的看法。

一种比较普遍的观点认为,基础教育的基础性首先指的就是"基础教育要为学生的未来发展或终身发展打基础",有人将其简单地阐述为"学生发展的基础"或"学生的基础性发展"。这种认识是正确的,甚至可以说是无可置疑的。但是,问题是怎么来确定这种"基础性"的内涵与外延,也就是说,究竟哪些东西才是学生未来发展或终身发展的基础。

在这个问题上,不同的人强调的侧重点有些不同。有人坚持传统的观点,认为在所有的学习内容中,最重要的是"基础知识":既包括基础性的自然知识,也包括基础性的社会知识和人文知识;既包括一些基本概念的习得,也包括一些基本命题、原理、公式、事实以及事件的掌握与理解。有人从当代知识激增的态势出发,认为这些基础性的知识在当今已经不足以构成学生未来发展或终身发展的基础，因为它们可能很快就会老化、过时或得到新的发展。这些人提出，对于学生的未来发展或终身发展来说，最重要的是掌握知识的本领或方法，简称"基本方法"。当前，教育界流传的"授之以鱼，不如授之以渔"的说法就是这种观点的反映。还有人认为，在当今时代，对于学生的未来发展或终身发展来说，最重要的既不是基础知识，也不是基本方法，而是"基本态度与价值观"。这些人论证说，当前社会对基础教育最不满的并不是学校没有很好地传递基础知识或训练基本方法，而是学校在培养青少年学生基本态度与价值观念方面取得的成绩不尽如人意。所以，基础教育应该侧重培养学生一些基本的、积极的学习态度和人生态度以及价值观念，如自信、自立、合作、宽容、友善、同情、乐于助人、责任感、爱国主义等。也有人持一种综合的观点，认为这三者共同构成了学生未来发展或终身发展的基础，即基础教育的"基础性"体现在学生发展方面就是，其既包括了基础知识的掌握，又包括了基本方法的训练，还包括了基本态度与价值观的养成，三者缺一不可。

我很同意最后一种观点。不仅如此，我还认为这三者之间不是并列的关系，而是相互交融、相互支持的关系。以我个人有限的基础教育经验，我的体会是，对于青少年学生来说，基础知识的掌握与基本方法的训练是不可分割的。重基础知识掌握的人必定重基本方法的训练，否则学生就不可能有很高的学习效率；重基本方法训练的人也必定重基础知识的掌握，不能为训练而训练，那样的话岂不是无的放矢？而且，对某种学习方法的掌握与理解不结合具体知识的习得也是不可能的。不仅如此，当前大家所强调的基本态度与价值观的养成也离不开基础知识的掌握与基本方法的训练。从理论上说，人类对于万事万物的态度以及价值评价或判断，都不是出自本能，而是出自对万事万物的认识与了解。没有对万事万物的基本认识与了解，就谈不上正确的态度或价值观。例如，如果学生对于自然没有起码的知识，就不会产生正确地对待自然的态度。他们只有了解了自然与人类生存之间休戚与共的关系，才能对自然充满感激和敬畏，并由此产生保护自然就是保护人类自己的价值判断。他们只有应用一定的方法去发现人类活动对自然造成的破坏以及这种破坏反过来给人类自己带来的灾难，才能更深刻地体验到保护自然的意义和责任，并自觉地同一切破坏自然的行为做斗争。

不过，说这三者是统一的，并不是说在每堂课上都要致力于实现这三种基础性的发展目标。众所周知，课有不同的课型：有的是知识性的课，以新知识的传授和掌握为主；有的是方法性的课，以方法的应用和训练为主；有的是实践性的课，以学生经验的反思和态度的养成为主。在一节课中，不同阶段的任务也不一样。因此，那种在每一节课上都均匀地实现三种基础性的发展目标的意图是不现实的，也是违背基础教育教学常识的。而且，就这三种基础性发展目标实现的紧迫程度来说，恐怕基础知识的掌握是最紧迫的，因为学生不掌握这些基础知识，就不能或很难进行下一步的学习，就会导致未来学习或发展遇到困难。基本方法的训练不是一蹴而就的，往往需要一定频次的训练。至于基本态度与价值观的养成，就更不是短期内可以实现的，更别说是一节课了。所以，作为一名教师，在每一节课上，还是应该高度重视基础知识的掌握，要兼顾基本方法的训练，在基本态度与价值观的养成上要持之以恒，面向未来，不能急功近利。否则，学生表现出来的态度倾向或价值取向很可能是虚假的，而不是真实的。当前，一些课堂实践中出现基础知识的掌握、基本方法的训练以及基本态度与价值观的养成"三张皮"的现象，在很大程度上就反映了上述问题。

有关基础教育基础性的第二种理解是："基础教育要为高等教育打基础。"这种观点看起来也没有什么问题，因为现代高等教育确实是以基础教育为基础的，基础教育为高等教育输送了大量合格的新生。但是，这种说法同样比较模糊，因为基础教育究竟怎样才算为高等教育打基础的问题没有得到深入的思考，至少基础教育界对于这个问题思考得还不够多。不少人认为，基础教育的任务就是为高等教育输送新生，新生送走了，任务就完成了，中小学校也不用关心学生在大学里的表现。如果仅从基础教育为高等教育输送新生的角度来说，那么基础教育的"基础性"基本上就是一个事实判断，无可争议，因为无论基础教育怎么办，都会为高等教育输送新生。但是，从高等教育的角度来说，"基础教育要为高等教育打基础"就绝不仅仅指提供源源不断的生源，而是更加强调学生具备适合高等教育的身心结构和人格特征。大学既是一个职业预备的场所，也是一个学术研究的机构，还是一个成熟的个体和具有自觉意识的公民诞生的地方。所以，大学对基础教育的期望，不仅仅是提供生源，更是提供有良好的知识基础、积极的求知欲望、充沛的生命活力、自觉的社会责任感、纯洁的学术理想、健全的自我观念以及明确的公民意识的人。基础教育在这些目标方面完成得怎么样，将直接关系到大学的生源质量和大学本身的教育质量。

有关基础教育基础性的第三种理解是："基础教育是整个社会和国家发展的基础。"关于这一点，表述虽有不同，但大意基本如此。有的人甚至提出，基础教育是社会文明的"基础工程"。这种提法，我也是同意的。但同样美中不足的是，这种提法没有获得深入和系统的论证。人们不禁要问：比起经济、政治或高等教育来说，基础教育真的是整个社会和国家发展的基础吗？它的基础地位又是如何确立的？限于篇幅，这里不可能给出冗长的论证，但是有一种逻辑关系是必须说明的：在当代，基础教育在很大程度上决定了全体国民的"基本素质"的高低，从而决定了一个国家劳动力或公民的基本素质的高低，决定了这个国家经济发展后劲的大小、政治生活理性化水平的高低以及文化创新潜力的大小，最终从总体上、根本上影响或制约这个社会和国家的未来发展。不过，基础教育的这种基础性地位的确立，反过来需要国家与整个社会的重视和支持。只有当整个国家与社会都认识到基础教育的这种基础性并为基础教育改革和发展提供其所需要的充分条件时，基础教育的这种基础性才能充分实现。

　　总结以上分析，我认为基础教育的基础性不仅是一种事实陈述，也是一种价值选择；不仅是一种结构性特征，也具有质的内涵；不仅是针对青少年学生的个体发展而言的，也是针对国家与整个社会的发展而言的；不仅是有待实现的价值目标，也是需要必要而充分的条件保障的。

（原文发表于《人民教育》2005 年第 24 期，

收录时标题有改动）

第 二 编

现代教育的文化根基

孔子的"仁"的价值观是一面历史的镜子，有助于反观和解决个人主义价值取向带来的人与人之间的冲突以及极端个人主义对各级各类社会共同体的侵害问题，有助于理解和消除功利主义的极端化所带来的社会发展不平等、不公正和频繁的社会冲突与对抗，有助于解释和克服科学主义泛滥所带来的对人文精神的压抑，有助于澄清和疗治绩效主义所带来的对共同人性成长的忽视和遗忘，从而为现代教育的未来发展，为青少年学生的健康成长、社会的和谐稳定、人类的共同发展以及人类命运共同体的最终形成打下坚实的价值基础。

1

孔子"仁"的教育思想及其当代教育意义

在孔子哲学思想中，"仁"的思想毫无疑问占有核心地位，以至于有学者将孔子的哲学称为"仁的哲学"。黄济认为，孔子的教育和政治思想是与他的"仁"的基本思想分不开的，人们若不理解他的"仁"的思想，就很难把握其教育和政治思想。但是，对于如何理解孔子的"仁"，历史上一直有各种不同的观点。如孟子说："仁也者，人也。"（《孟子·尽心下》）孟子用"人"来解释"仁"，一方面彰显了"仁"的人文或人道精神，另一方面也给人以解释泛化的感觉。朱熹在注疏《论语》时，认为"仁"即"爱之理，心之德也"（《四书章句集注》）。朱熹站在理学家的立场将"仁"与"爱"区分开来，并将"仁"看作"天理"，这种将"爱"从"仁"中区别开来的解释与孔子有关"仁"的论述确实存在较大的不一致，以至于李泽厚直斥这种解释为"歪曲"①。王阳

---

① 李泽厚认为，朱熹把"仁"说成"天理"，"殊不知如此一抽象，就失去了那活生生、活泼泼的人的具体感性情感内容而成为君临事物的外在律令，歪曲了'仁'不脱离情感的（本体不离现象）的根本特点"。参见：李泽厚. 论语今读［M］. 北京：生活·读书·新知三联书店，2004：109.

明则从心学立场出发，认为"仁，人心也"，"仁者，心之德，人而不仁，不可以为人"（《王阳明全集》）。他将"仁"解读为无善无恶心本体的"表德"，与"义""礼""智"等诸德相并列，与朱熹的解释大相径庭。本文主要基于对《论语》文本内容的阅读，结合历史上其他学者有关"仁"的论述，对孔子"仁"的思想进行再分析，希望能够提供一种更加融通的解释，回应学界在"仁"的理解上的一些分歧和论争，并在此基础上进一步讨论孔子"仁"的思想对于当今教育理论和实践的重要意义。

孔子"仁"的思想要义

在孔子有关"仁"的直接论述中，有三句话是比较重要的，需要重点分析和整体理解。第一句话是"樊迟问仁，子曰：'爱人'"（《论语·颜渊》）。这句话是孔子对"仁"的一种纲领性表述，其在历史上多次为孟子等后世思想家所引述，今人理解孔子"仁"的思想，也多从此出，甚至因此将"仁""爱"并举。理解这句话的关键是理解"人"。有一种观点认为，这里的"人"是指"一切人"或"人类"。照此理解的话，"爱人"就是"爱一切人""爱人类"。这种抽象的、在类的意义上理解的"人"及"爱人"，可能并不符合孔子的思想。从《论语》中对"人"这个概念的使用以及孔子对"不仁"行为的批评来看，这里的"人"应当是与"己"相对而言的，是指"他人"。任继愈在《中国哲学史》中也持这种观点。照此理解，"爱人"是指"爱他人"，而不是"爱一切人"或"爱人类"，当然更不是"爱自己"。一个只懂爱抽象的人类或只爱自己的人，在孔子那里肯定是配不上"仁者"称谓的。

第二句话是孔子在回答仲弓问"仁"时所说的："出门如见大宾，使民如承大祭。己所不欲，勿施于人。在邦无怨，在家无怨。"（《论语·颜渊》）这句话有三层相互关联的意义。第一层是"出门如见大宾，使民如承大祭"。孔子通过日常生活和国家治理的事例说明"仁"的具体要求，强调仁者内心对他者的尊重和管理者对百姓的敬畏，是"爱人"思想在日常生活和政治生活中的体现。第二层是"己所不欲，勿施于人"。这是基于前述事例的理论总结，将"仁"上升到准则层面，意思是：一个人自己不愿意接受的，也不要强加于他人。这里，行为者所关切的不是自己，而是他人，不愿意让他人承受连自己都不能接受的某些事物或不当对待，体现了对他者的伦理关怀。第三层就是"在邦无怨，在家无怨"。这句话阐明了践行"仁"的社会效果，意思是：一个人如果能够做到"己所不欲，勿施于人"，那么无论在国家政治生活还是在家庭日常生活中，都不会招致他人的怨恨。而"怨恨"正是孔子生活的那个时代国家政治生活以及士大夫家庭生活中一个非常普遍的社会现象，也是导致当时社会礼崩乐坏、动荡不安的一个心理根源。

第三句话是孔子在回答子贡的问题时所说的："夫仁者，己欲立而立人，己欲达而达人。能近取譬，可谓仁之方也已。"（《论语·雍也》）这句话的意思是：那些有"仁"的精神的人，自己希望在社会上立足，也帮助他人在社会上立足；自己想要实现自己的目标，也帮助他人实现他们的目标；能够推己及人，可算是为"仁"的根本方法。这句话中的"己欲立而立人，己欲达而达人"明显是与上一句中"己所不欲，勿施于人"相对而言的。如果说，"己所不欲，勿施于人"是"仁"的消极要求，强调仁者不应当对他人做什么的话，那么，"己欲立而立人，己欲达而达人"就是"仁"的积极要求，强调仁者应当对他人做什么。两者合起来，阐明了"仁者爱人"这个有关"仁"的纲领性表述的丰富内涵。"爱人"不单单是一种指向他者的积极情感，更是一种尊重他者、体谅他者、关心他者和成就他者的积极行动。也正是由于"仁"是指向他者的积极情感和适宜行动的统一，所以孔子才会说"巧言令色，鲜矣仁"。如果一个人对待他人只是嘴巴上说得好听，表面上很恭敬，但是实际上什么也不做，那么这个人就很难说是一个真正的仁者，或者说他动听的言辞、貌似谦恭的态度离真正的"仁"的精神相去甚远。

孔子对如何践行"仁"的建议

"仁"是孔子哲学的核心范畴，其基本的含义是"爱人"，它有两条基本的准则：一条是"己所不欲，勿施于人"，另一条是"己欲立而立人，己欲达而达人"，根本的方法就是能近取譬、推己及人（"恕"）。可是，受制于人我之别，特别是个人及其所属集团私欲的影响，要真正按照"仁"的精神去行事并不容易，否则，孔子就不会说"回也，其心三月不违仁，其余则日月至焉而已矣"（《论语·雍也》）。但是，"仁"也并非像有些学者所阐释的那样，是什么"最高的道德理想"或"全德"，以至于普通人都做不到。实际上，孔子在与弟子的对谈中就多次表达过对践行"仁"的信心与希望，并结合弟子们提出的问题和他们各自不同的性格特点提出一些如何做的指导意见。

第一，孔子建议人们要发挥自己的主体性。孔子相信，"仁"作为一切善的行为的"种子"，是人人都具有的，并不是只存在于一些具有特殊禀赋的人那里。同时，由于"仁"最基本的表现就是对于他者的一种积极的态度、情感和价值关怀，因此，"仁"是发乎人心，人人具有，人人可以做到的。正如孔子所说："仁远乎哉？我欲仁，斯仁至矣。"（《论语·述而》）与此相关，孔子认为践行"仁"的要求，并不需要什么特殊的能力，因此，没有什么人是力量不足的。"我未见好仁者，恶不仁者。好仁者，无以尚之；恶不仁者，其为仁矣，不使不仁者加乎其身。有能一日用其力于仁矣乎？我未见力不足者。盖有之矣，我未之见也。"（《论语·里仁》）不过，比起普通百姓来，在如何践行"仁"方面，孔子还是对包括自己在内的士大夫阶层提出了更高要求。当子贡问孔子："有一言而可以终身行之者乎？"孔子答道："其'恕'乎！己所不欲，勿施于人。"（《论语·卫灵公》）曾子也说："士不可以不弘毅，任重而道远。仁以为己任，不亦重乎？死而后已，不亦远乎？"（《论语·泰伯》）在曾子看来，士大夫阶层有责任以顽强的毅力去终身践行和弘扬"仁"的精神，至死方休。在践行和弘扬"仁"的精神方面，孔子甚至还说过"当仁，不让于师"（《论语·卫灵公》）这样的话，表达了孔子对新生一代在践行和弘扬"仁"的精神方面的热情鼓励和衷心希冀，这与西方哲学家亚里士多德所说的"吾爱吾师，吾更爱真理"相映成趣。

第二，孔子把"克己复礼"看成是施行仁道的重要举措。"仁"作为一种对待他人的积极态度、情感和价值关怀，其最大的敌人就是自己的私欲。人的这些私欲一旦得不到控制，就会恣意生长，支配人的态度、情感和价值观，使人成为私欲的奴隶，陷入自我的牢笼，从而阻碍人走向他人、感受他人、关心他人，更不用说与他人共创共享美好生活了。正是基于这种考虑，当颜渊向孔子问"仁"的时候，孔子直言不讳地回答："克己复礼为仁。一日克己复礼，天下归仁焉。为仁由己，而由人乎哉？"当颜渊进一步"请问其目"时，孔子又说："非礼勿视，非礼勿听，非礼勿言，非礼勿动。"（《论语·颜渊》）在这里，"克"是"克制""约束"的意思，并不是"克服""消灭"的意思。因此，所谓"克己"，就是要"克制""约束"自己的私欲，不要使之膨胀。从这里可以看出，孔子并不反对人们有自己的欲望，他的"克己"思想也不同于佛教的"灭欲"和道家的"寡欲"。在孔子看来，一个人对于自己私欲的克制，要达到不违反"礼"的要求、不破坏"礼"所代表的秩序的程度，不符合礼的就不要看、不要听、不要说、不要做。这里的"礼"当然是孔子心目中的周礼，而建立在周礼之上的社会秩序就是孔子心目中理想的社会秩序。"克己复礼"从人生方面看，有其积极的意义；但是若从社会和文化进化方面看，也显示了孔子思想中比较保守的一面。

第三，孔子非常强调持之以恒地践行"仁"的精神。孔子认为，要做到长久践行"仁"的精神是不容易的。一个人要想成为真正的仁者，就必须不断努力，时时反省和约束自己的欲望，这样才能够使"仁"的思想长久地驻扎在自己的心中，体现在自己的行动中。孔子说："富与贵，是人之所欲也；不以其道得之，不处也。贫与贱，是人之所恶也；不以其道得之，不去也。君子去仁，恶乎成名？君子无终食之间违仁，造次必于是，颠沛必于是。"（《论语·里仁》）这句话的大意是：为富不仁的事情，君子是不能做的；离开了"仁"，君子也就不成其为君子。因此，君子每天都应当按照"仁"的要求去为人处世，即便在困顿和危急的情况下也不例外。

第四，孔子强调榜样学习在领会和践行"仁"的精神方面的积极作用。孔子有一句名言："三人行，必有我师焉。择其善者而从之，其不善者而改之。"（《论语·述而》）在领会和践行"仁"的要求方面，孔子也持同样的态度。虽然在孔子眼中，真正的仁者很少，但是他还是指出，"殷有三仁焉"，"微子去之，箕子为之奴，比干谏而死"。（《论语·微子》）殷纣王时期，纣王的哥哥微子、叔父箕子和比干劝谏纣王，不被采纳，最后微子离开，箕子被贬为奴隶，比干被杀害。孔子称赞他们为仁者，大概是认为他们为了制止商纣王后期暴殄天物、害虐烝民的行为，不避风险和牺牲，做了他们为亲为臣所该做的事情。孔子赞扬的另外一位有"仁"的精神的历史人物是齐国宰相管仲。当子路问孔子"桓公杀公子纠，召忽死之，管仲不死""未仁乎？"时，孔子回答："桓公九合诸侯，不以兵车，管仲之力也。如其仁，如其仁。"（《论语·宪问》）孔子对管仲的"不知礼"批评得很厉害，但是也认为管仲有"仁"的精神，主要是因为管仲协助齐桓公多次会盟诸侯而没有采取武力讨伐的办法，避免了百姓的伤亡，这种行为符合孔子"仁政"的思想。除了这些历史上著名的人物外，孔子在回答子贡有关"仁"的问题时，还建议他向士大夫中那些有贤德和仁爱精神的人学习。

此外，在谈到如何践行"仁"的精神时，孔子还提出了许多有价值的主张。例如，"孝弟也者，其为仁之本与!"（《论语·学而》），意思是践行仁德要从孝悌开始，然后不断向外扩展，不可本末倒置；"里仁为美。择不处仁，焉得知?"（《论语·里仁》），强调风俗淳美的社区环境对于一个人"仁"的精神形成的重要性；"仁者先难而后获，可谓仁矣"（《论语·雍也》），强调仁者有难事做在人前面，有收获则甘居人后，正确对待付出和回报之间的关系。孔子的这些具体论述，是对前面有关"仁"的要义的进一步补充，使得孔子的仁学思想体系更加丰富、具体并具有很强的可操作性。

从以上的分析来看，孔子的"仁"既非一种专门调整某种人伦关系（如君臣关系、父子关系、兄弟关系、夫妻关系或朋友关系）的德目，又非所有调整人伦关系的德目的总称或上位概念。"仁"为礼乐之本，也是所有美德之本、善行之源。离开了"仁"，离开了对他者的尊重、体谅、关心和成就，人既不能形成所有的美德（德性），更不可能真诚地践行这些美德从而成为真正有道德的人（德行）。

孔子"仁"的思想在当代的教育意义

孔子"仁"的思想对儒家后来学者的影响很大，对中国人的日常生活秩序的建立也有较大影响。孟子就在孔子"仁"的思想基础上，比较系统地建构了他的"仁政"和"民本"思想，两者具有内在一致性。他在与梁惠王对话时说："王，何必曰利? 亦有仁义而已矣。"（《孟子·梁惠王上》）他又提出："三代之得天下也以仁，其失天下也以不仁。国之所以废兴存亡亦然。天子不仁，不保四海；诸侯不仁，不保社稷；卿大夫不仁，不保宗庙；士庶人不仁，不保四体。今恶死亡而乐不仁，是犹恶醉而强酒。"（《孟子·离娄上》）由此可见，仁之存废，不仅涉及个人人格的完善，而且涉及社会秩序与国家社稷。也正是基于这种仁政的思想，孟子提出了著名的"民为贵，社稷次之，君为轻"（《孟子·尽心下》）的民本主张，影响至今。从日常生活层面来观察，孔子"仁"的思想也已经浸透到中国社会生活的方方面面，如人伦、商业、教育、医疗等。

首先，孔子"仁"的思想从一个角度启迪我们去继续思考究竟"什么是人性"以及"如何才能成人"这些哲学和教育哲学的基本问题。教育的对象是人，教育的目的是成人，教育的过程是人与人之间的精神交流和对话。在此意义上，教育者必须对人性问题有系统的思考，并将其作为开展教育工作的前提。人性是什么？古今中外有各种不同的说法，西方哲学史上有一些为大家所熟知的人性主张，中国哲学史上也有人性善、人性恶、人性无善恶、人性善恶相混、自然人性以及"性三品"等各种主张。比起这些鲜明的人性主张，孔子并没有明确提出自己的人性主张，只说了一句"性相近也，习相远也"（《论语·阳货》），承认人与人之间具有相同或相近的人性。另外，孔子"仁"的思想中"能近取譬""推己及人"的方法论，也暗示着他承认人与人之间存在一些共同乃至本体性的需要、情感、态度和价值观，所谓人同此心、心同此理，否则"能近取譬""推己及人"就是不可能的事情。当代学者钱穆也认为："非仁无以群，非群无以久，非久无以化，非化无以成文。是为人类文化之大源，亦为人类文化之通性。"[1] 如若孔子"仁"的思想真的体现了共同人性，那么践行"仁"的过程也就是"成人"

---

① 钱穆. 文化与教育［M］. 北京：生活·读书·新知三联书店，2009：4.

的过程。"成人"不单单意味着一个人到了某个年龄或生理上出现了某种特征，更是意味着一个人在思想意识上能够走出自我中心主义，愿意并能够走向他者，感受他者，体谅他者，努力为增进他者的福祉而做出自己的努力，不仅"己立立人""己达达人"，而且在"立人"中"立己"，在"达人"中"达己"。从这个意义上说，作为人生和教育目的的"成人"，应当是一项有待通过出于"仁"的行动来完成的价值使命，而非一个可以自然到来的事实。

其次，孔子"仁"的思想指明了道德情感教育包括同情心教育的极端重要性。与西方道德教育哲学的传统不同，孔子的"仁"并不完全是一种思维的抽象或逻辑的概括，也不是一种像康德所言的"绝对律令"一类的东西，它本身包含着丰富的情感意义，体现着每个人对他者的尊重、关注、体谅、责任以及希望等。仁者的行动不单单是按照原则行事，也是出于自己内心的情感要求的，源自每个人身上的共同人性。个人在日常生活和国家政治生活中"爱人"的行动理念以及"己所不欲，勿施于人""己欲立而立人，己欲达而达人"的准则都是建立在"能近取譬""推己及人"的同情心基础上的。孟子在他的性善论中也将"恻隐之心"看成是"仁之端"，这种恻隐之心实际上就是同情心的一种表现。正是这种恻隐之心或同情心使得每个人对于他者的尊严、处境以及需要等保持一种高度的敏感性，引导每个人以一种伦理上正当的方式对待他者。努斯鲍姆（Martha C. Nussbaum）也认为："具备同情或怜悯能力的儿童（他们往往靠同情地观察获得这种能力）知道了自己对另一个人做出的攻击行为产生的影响，便会越来越关心那个人。……关心之情的发展，使儿童越来越希望克制自己的攻击性；儿童开始懂得其他人不是自己的奴隶，而是独立的生命，都有权为自己生活。"①

---

① 努斯鲍姆. 告别功利：人文教育忧思录 [M]. 肖聿，译. 北京：新华出版社，2010：42.

因此，同情心的缺失，或者说，仁爱之心的缺失，是导致个人道德认知和行动脱节以及整个社会冷漠蔓延、人与人之间相互伤害乃至社会失序的一个根本性的原因。要培养真正有道德的人，并希望通过道德教育来制止社会上的冷漠和彼此伤害的行为，重建美好的社会与国际秩序，就必须在强调榜样学习、行为训练、道德判断、价值澄清等的同时，加强道德情感教育和同情心教育，为个体的道德成长和社会的道德重建打下坚实的心理基础。

再次，孔子的"仁"的思想中所包含的价值主张启示我们重新反思现代教育的价值取向。现代教育的价值取向是教育随着社会现代化而逐渐形成的，其主要内容包括个人主义、功利主义、科学主义和绩效主义，强调个人权利优先、功利满足优先、智力成就优先和绩效评价优先。这些价值取向推动了现代教育的发展，但同时也带来了许多现代教育自身难以克服的问题，并最终汇聚在受过教育的人的身上，成为现代人自身不能不面对或承受的问题。孔子"仁"的思想中所孕育的价值取向则与之不同，从前文对其要义的分析来看，它显然不是个人的自由权利优先，而是他者的权利和福祉优先；不是功利的满足优先，而是道德的正当优先；不是智力的成就优先，而是社会的和谐优先；不是绩效评估优先，而是人性的成长优先。[①] 从这个意义上说，孔子"仁"的价值观是一面历史的镜子，有助于反观和解决个人主义价值取向带来的人与人之间的冲突以及极端个人主义对各级各类社会共同体的侵害问题，有助于理解和消除功利主义的极端化所带来的社会发展不平等、不公正和频繁的社会冲突与对抗，有助于解释和克服科学主义泛滥所带来的对人文精神的压抑，有助于澄清和疗治绩效主义所带来的对共同人性

---

① 陈来指出，中华文明的价值观念与西方近代价值观念比较而言，是责任先于自由、义务先于权利、群体高于个体、和谐高于冲突，它们最集中地体现在孔子"仁"的思想当中。参见：陈来. 中华文明的核心价值：国学流变与传统价值观［M］. 北京：生活·读书·新知三联书店，2015：36-74.

成长的忽视与遗忘，从而为现代教育的未来发展，为青少年学生的健康成长、社会的和谐稳定、人类的共同发展以及人类命运共同体的最终形成打下坚实的价值基础。

（原文发表于《教育研究》2018 年第 4 期）

2

长期被忽视的中国传统教育智慧

教育在无边的时空中穿行。

如今，人类已经进入知识社会，比起工业社会和农业社会的教育，今天人类的教育形态，从教育的目的、教育的制度、教育的内容一直到教育的方式方法等，已经发生了很大的变化。可以说，自20世纪60年代以来，一种适应知识社会要求的新教育正在酝酿和形成之中。与此同时，许多新的教育思想或主张，像新自由主义教育思潮、批判教育学、解放教育学、后现代教育思潮、新实用主义教育思想等，也开始陆续登场，相互竞争，相互激荡。"主体间性""生活世界""合法性""学校选择""文化抵制""霸权""赋权""对话""多样性""反讽""规训""服务""知识/权力"等来自不同知识领域的概念风靡中国教育界，为教育实践提供了一幅近乎全新的概念地图。在这样的时代，具有悠久历史的中国古代教育智慧还有价值或意义吗？如何从实践的立场看待中国古代教育智慧？中国古代教育智慧能不能实现它的当代转换，能不能在当代教育理论和实践中有栖息和表达的空间？这些都是非常值得思考的问题。

传统文化离我们有多远？

遗憾的是，据我个人的观察，在中国教育学界，除了一些从事中国教育史研究的学者外，许多其他教育学科的学者似乎并不经常思考这样的问题，中青年教育学者尤其这样。我自己也不例外。前不久，国内同行所熟悉的、首提"西方教育理论本土化"的杜祖贻教授和黄济先生在英东楼我的办公室会谈，两位老友见面，谈得非常开心。其间，黄济先生向杜先生汇报说自己离休后正在从事中国传统文化的整理工作，准备搞一个中国优秀传统文化读本，涵盖经史子集、诗词歌赋、小说散文乃至家书楹联等，已经写出了大纲，并开始在《中国教师》杂志上连载。杜先生听了由衷地高兴，赞扬黄先生此项工作对于普及传统文化、培植青少年文化自信心功德无量。杜先生说完这番话，就转过头对我和北京大学的青年学者蒋凯博士说，年轻人在教育研究和实践中继承老一代的文化理想和情怀，祖国的文化就有希望了。当时，我心里是很惭愧的。为什么呢？因为尽管我的导师黄济先生对于传统文化情有独钟、了如指掌、身体力行，但是我自己在学术研究和日常生活中对传统文化并没有多少涉猎和体会。尽管我在研究著作和学术演讲中也时常谈论儒家、道家、佛家的一些思想，但说实话，我对它们的阅读和认识还是很肤浅、很皮毛、很初步的，对它们的感情也远不似先生们那样深厚。

坚守师道尊严

曾经有位朋友，对于当前国内教育理论和实践中西方教育理论"泛滥"的现象愤愤不平，认为国人对西方教育理论的过度热情和迷信毁坏了学校、家庭和儿童青少年。他想邀我写一本大概叫"中国教育的智慧"的书，以回应当前的教育现实。我当时也很激动，觉得他言之有理，觉得我有责任写这样一本书，并梦想着靠它来医治中国教育的时弊。激情之下，我还力邀了我的一位在中国古代教育史研究方面非常有造诣的同学一起写。后来终因我对于中国古代教育文献不甚熟悉，加上日渐繁忙的管理工作，只好作罢。

　　不过，从那以后，我在教育学教学和研究中的"中国意识"确实增强了许多。比如，在课堂上讲到师生关系时，我对于"师道尊严"有了新的认识。经过仔细查找资料，我发现"师道尊严"堪称有中国特色、中国风格的师生关系命题。师道尊严所要表达和维护的并非不平等的、等级制的、专制型的师生关系，而是教师本人对于教育之道的深切体会和不懈实践。用今天的学术语言来说，它应该是一个教师伦理学的命题。根据这种认识，我写了《老师们，让我们自重》一文。至于把师道尊严理解为不平等的、等级制的、专制型的师生关系，那是"文化大革命"时期有意扭曲或歪曲的结果。试想一下，如果一个时代的教师不能严守师道，学生不能尊重教师，社会上嘲讽教师，那么还能有什么真正的教育可言？当我和另一位朋友合写《论"师者，所以传道授业解惑也"》一文，最后援引韩愈"嗟乎！师道之不存也久矣，欲人之无惑也难矣"一句时，我听见了自己心颤的声音。作为一名曾经的小学教师和现在的高校教师，我扪心自问：我是否严守了师道？我是否是一名"合格的"教师？

深入理解古人的教育智慧

　　中国古代的教育智慧博大精深、丰富多彩，作为教育工作者，我们恐怕穷尽一生也很难全部领会和掌握它。这里再试举几例。在教育和政治的关系上，我们中国人强调"政教合一"。西方人也讲"政教合一"，但意义大不相同。他们讲的"政教合一"强调"（世俗）政治"与"宗教信仰"的统一，是想通过宗教的途径获得政治的合法性。我们中国人讲的"政教合一"强调的是"政治"与"教化"的统一，既强调教育的政治功能，更强调政治对于全体百姓的教育意义。在中国古代思想家看来，皇帝或政治家是百姓的老师，皇帝或政治家的好坏决定着社会风气的好坏，影响着整个社会的性情和行为。"上之所好，民必从之。"上好色，则社会淫乱生；上好财，则社会腐败生；上好弄权，则社会上小人得势；上好长生不老，则社会上仙家术士横行。所以，在中国古代思想家看来，一个好的皇帝或地方官抵得上 100 所学校所发挥的教育作用。这样精辟的教育思想，恐怕连今天西方最著名的政治学家、教育学家也未必能够领会。

再如，中国古代思想家论学习，既讲博学，也要求有概括能力；既强调文化经典的学习，也主张结合实践加以领会；既强调个人的自主努力，也重视同伴之间相互切磋、观摩；既强调择师、尊师，也强调学生反躬自省；既强调循序渐进、学不躐等，也主张体察顿悟；既强调立下志向，也规劝从小事做起；既强调有教无类、人皆可以为尧舜，又承认人有上智下愚之别和因材施教之必要；既强调刻苦学习，也提倡积极思考；等等。这些学习的智慧比起西方 20 世纪时髦的学习理论，像行为主义、认知主义甚至时下最热的建构主义来说一点也不逊色。只是我们的教育理论和实践工作者对于它们还掌握得不够系统、理解得不够深刻、实践得不够艺术罢了。前些年，一本引进的《学习的革命——通向 21 世纪的个人护照》在商业操作下席卷中国教育界，力图给许多家长和孩子带来学习的福音。可结果呢？除了带来浮躁的学习心态外，似乎什么也没有留下。如今，再仔细体会《中庸》中所说的"博学之、审问之、慎思之、明辨之、笃行之"，我们会发现先贤们对于学习阶段、形式和目的的把握精妙绝伦。

关于科举与高考制度的一点认识

谈中国古代教育智慧，绕不开科举制度。在一些人看来，似乎整个古代教育都是为科举服务的，科举成了古代教育的"原罪"。对古代教育的诟病与对科举的批评是联系在一起的。说实话，我对于科举的了解不是很多，但知道科举和教育不是一回事儿。科举是一种国家选才制度，类似于今天所说的"凡进（政府部门）必考"。这种制度比起之前的世官制、察举制、九品中正制等要先进得多、合理得多，有利于广开门路、选拔优秀人才。据说，近代以后科举制传入西方，对西方的现代文官制度产生了直接的影响，推动了西方社会政制的现代转型。果真如此，科举制也算是中国对于现代文明的一大贡献了。当然，当教育为科举而教并完全成为科举的附庸时，其原本培养人的意蕴就丧失殆尽，成为帮助青年人参加科举的工具。可这也不是设立科举的原意啊！只是随着科举制度的日益巩固，教育逐渐失去了主体性，不能体现教育之道，放弃了自己的责任，心甘情愿地堕落了。要拯救堕落的教育，一定要废除科举吗？或者反过来说，废除了科举，堕落的教育就自然能够得救吗？

　　现代的高考与古代的科举有些地方类似，但实质上是不同的。高考有选拔性，科举也有；高考竞争很激烈，科举考试竞争也很激烈；高考中的作弊和反作弊类似于科举时代的作弊和反作弊，作弊者和反作弊者所花费的心思和精力都非同一般。尽管有这些类似之处，但高考只涉及高等教育入学机会分配问题，而科举则涉及封建国家各级行政职位的分配问题，大体上相当于我们今天的公务员或其他岗位的入职考试。今天，有人利用人们长期形成的对于"科举"的消极印象和高考与科举的一些相似之处，主张废除高考，实在是糊涂。当年废除科举未能拯救清王朝，如今废除高考就能拯救中国教育？问题不在于要不要考试和竞争，而在于如何维护考试和竞争的公平性与科学性，在于考什么、如何考、谁来考以及教育如何引导青少年正确对待这种考试和竞争。考场失利的人将来未必没有出息，古今皆有这种现象。但是以这些人的事例来彻底否定古代科举制度和现代考试制度在大规模人才选拔与培养中的作用，则是不合适的。要知道，这些制度的建立和延续也是社会理性不断比较和选择的结果。

不可忽视的道家教育思想

谈论中国古代教育智慧，道家独特的教育智慧也不容错过。在学术界，有不少同仁认为道家没有教育思想，甚至认为道家是"反教育、反道德、反文化"的。这些同仁之所以有此议论，恐怕主要是因为看到了老子"绝圣弃智""绝学无忧"之类的话。如果果真是出于这些原因的话，那我是不能苟同的。阅读老庄的著作，我感触最深的是他们对于为圣而圣（伪圣）、为智而智（伪智）、为学而学（伪学）的深恶痛绝。他们不是反对个人道德上的精进和知识上的努力，他们所反对的只是人们遗忘自己道德上和理智上的本性而一味地追求圣人模样、口舌之辩。《道德经》第二章中明确说："天下皆知美之为美，斯恶已；皆知善之为善，斯不善已。有无相生，难易相成，长短相形，高下相倾，音声相和，前后相随，恒也。是以圣人处无为之事，行不言之教；万物作而弗始，生而弗有，为而弗恃，功成而弗居。夫唯弗居，是以不去。"这一章的大意是：当普天下的人们都把某一事物看成是美好的并争先恐后地加以追逐时，这种美好的事物就失去了美好的本性，逐渐显露出其丑陋的一面；当普天下的人们都把某一种行为看成是善良的并争先恐后地加以仿效时，这种善良的行为也就变成恶劣的了。一切都是相对的、辩证的：有无相生，无中生有；知难不难，知易不易；尺有所短，寸有所长；燕雀鸿鹄，志向不同；宫声羽调，相互配合；前因后果，相以为继。"圣人"做事，不以外界标准为标准，不刻意强求，不虚伪矫情，唯独在意其自然本性而已；"圣人"教人，不重言语，不拘形式，不立门派，不争名利，如同世间万物，各因其性，在不同的季节发芽开花，不争先后。已经存在的东西不要太去在意它；已经做了的事情不要太去强求它；已经取得的功名不要天天去想它。正因为不去天天想它，所以不为其所累。这一章大体上反映了老子和后世道家对于人生的总体态度、对于教育的总体要求，集中表达了道家自然主义的教育哲学主张。细细品味，时时反思，精妙深刻，意义无穷。

古人的教育智慧在文化之中

中国古代教育智慧在哪里？就在中国古代的文化里。要了解中国古代的教育智慧，只从教育史学家那里知晓一言半语是不够的，必须比较系统地学习中国古代文化。正如当代著名教育学家顾明远先生在《中国教育的文化基础》一书前言中所说的："十多年前我就萌发了研究教育和文化关系的念头。直感地觉得，教育有如一条大河，而文化就是河的源头和不断注入河中的活水，研究教育，不研究文化，就知道这条河的表面形态，摸不着它的本质特征，只有彻底地把握住它的源头和流淌了五千年的活水，才能彻底地认识中国教育的精髓和本质。"确实，无论是教育研究者还是从事实际教育工作的教师，都应该专门拿出时间来阅读一些古代的文化典籍，了解古代丰富多彩的文化形式。

人们除了通过阅读古代文化典籍来了解中国古代教育智慧外，还可以通过正视和分析教育习俗来洞察中国古代教育智慧。教育习俗是人们习惯性的教育思维、言语和行为方式，是社会习俗的一种。教育习俗是在漫长的教育生活中逐渐形成、积淀和传承下来的，具体表征和诠释着传统的教育智慧。教育习俗的观念形态就是教育常识，这是一种支配着人们日常教育言行的观念系统，被布鲁纳称为"民间教育学"。对于教育习俗，人们经常处于一种日用而不知的状态，处于一种非反省性思考的状态。正视和分析教育习俗，要求我们分析和理解那些与教育有关的习惯性思维、言语和行为方式，看看它们当中究竟包含着怎样的教育智慧。比如，"师生如父子"，这句话到底是什么意思？是意在强调师生之间的等级和依附关系，还是意在强调师生之间的伦理关系和伦理责任？国学大师启功先生与其老师陈垣先生之间感情深厚，1971 年陈垣先生去世后，启功先生悲恸万分，写下了"依函丈卅九年，信有师生同父子；刊习作两三册，痛馀文字答陶甄"的挽联，千言万语尽寓其中，既歌颂了老师在艰难时期对自己的鼓励、支持和帮助，也表达了自己痛失良师、无以言表的沉痛心情。

用教育寻根疗救教育躁动症

当代社会，孩子的教育已经成为众多家庭不能承受之重。独生子女在家中缺少可以交流的伙伴；父母忙碌，无暇照顾孩子的众多需求，要么放纵孩子，要么简单地苛责孩子。电视网络对商业利润的追求，遮蔽了其对教育的责任。在广大农村地区，年轻父母外出打工，由老人照顾年幼的孩子。如果说，家庭教育是整个教育的根基，那么毫无疑问的是，这个根基现在已经开始动摇了，已经出现了裂纹和缺口。

如何拯救家庭教育？如何重新发挥家庭的教育功能？如何使孩子在家庭中受到良好的教育？家长们整日地思考这些问题，受到这些问题的困扰。他们一次次地涌向书店和礼堂，希望能够从书本、学者那里找到一些应对问题的良方。他们究竟得到了什么呢？他们是否得到了自己想得到的好建议呢？这个问题只有家长们自己才知道。育儿图书、电视节目和各种名目繁多的家庭教育讲座中充斥着各不相同的观点，操弄着种种国外的育儿经！一本书上说，千万不要管孩子；另一本差不多同时上市的书却说，一定要管孩子。一次讲座中有人说，父亲在教育孩子中起关键作用；另一次讲座中另一位学者却说，母亲是孩子最重要的老师。读来读去，看来看去，听来听去，只能使人产生这样的印象：中国式的教育注定是失败的，最好的办法是把孩子连同孩子的父母、爷爷奶奶、姥姥姥爷一起送到国外去！

中国的父母们已经快失去自信心了！中国的教师们已经快失去自信心了！中国的教育学者们也快失去自信心了！一个人失去了自信心是可怜的，一个时代的教育失去了自信心是可悲的！在放眼世界、吸取世界各国优秀教育文化精华的时候，我们这些为人父母者、为人师者和从事教育研究的人，应该多花一点时间去系统了解中国古代绵延不绝的教育传统，在复述西方教育话语的同时领悟一下那古老的中国式教育智慧！

"笨鸟先飞""严师出高徒""身教重于言教""桃李不言，下自成蹊""独学而无友，则孤陋而寡闻""上善若水，水善利万物而不争"……

（原文发表于《中国教育报》2007 年 8 月 30 日，

收录时标题有改动）

3

中国传统文化阻碍创造性人才培养吗？

随着知识经济时代的来临，国家和社会对于提升青少年创新精神、造就大批创造性人才的需求更加强烈和紧迫，这成为推动21世纪各级各类教育改革的重要动力。然而，当谈到创造力培养和创造性人才培育的时候，很多人包括部分学术界同仁时常会有一种认识，即中国传统文化缺少一种尊重和支持创新的创造性基因，使得整个民族的创造力在国际上相比较而言处于劣势。这既是一种比较片面、简单的认识，也是一种比较危险和有害的观点。如果任由这种观点传播而不对其加以批判，就可能会使人们对文化与创造力的关系以及中国传统文化和创造性人才培养之间的关系产生完全错误的认识，进而在培养中华民族创造力和创造性人才方面得出悲观的结论：不彻底改变我们的传统文化，不彻底转变我们的文化身份或文化认同，就不能培养和提升广大青少年的创造力，不能造就大批创造性人才。下文拟就文化与创造力的关系以及中国传统文化所蕴含的丰富创造性因素进行概述。

文化与创造力

"文化"的定义成百上千。从哲学角度来说，"文化"是与"自然"相对而言的，是人工的产物而非自然的馈赠。自然慷慨地给予了人类许多的必需之物，但是却不能给予人类一点点的文化。文化是人类创造力的表现与确证，是最愚笨的人类区别于最聪明的动物的标识。正如联合国教科文组织的科学顾问拉兹洛（Ervin Laszlo）在《联合国教科文组织国际专家研究报告：多种文化的星球》一书中所说，"文化是一个历史进程：人类既是文化的创造者，又是文化的创造物。就像语言和宗教或法律和艺术一样，科学、技术和经济基本上是文化现象，由社会在它们的历史进程中创造，影响它们的进一步发展。文化是人类为了不断满足他们的需要而创造出来的所有社会的和精神的、物质的和技术的价值的精华"。① 从这个角度来说，世界上根本找不出一种缺少创造性基因的文化。所有的文化，都是基于并富于创造力的；所有的民族，都是富于创新精神并善于根据自然和社会历史环境的变化不断进行创新的民族。这是我们关于文化与创造力关系的总的看法和基本立场。

所有的文化都是基于并富于创造力的，创造力也是以人类已经积累的文化为土壤的。离开了人类已经积累的丰厚文化，任何一个人，哪怕他是一个天才，恐怕也做不出任何创造性的行为来。从概念内涵上说，创造力就是主体——个人或组织以独特新颖、不同于常规的方式解决问题的能力。这些问题可能是科学研究中的问题，也可能是社会管理中的问题，或者是艺术实践中的问题。不管是哪一个领域的问题，不同领域的人们要想以独特新颖、不同于常规的方式去解决它，不深入地了解该问题的历史以及其他人已经采

---

① 拉兹洛. 联合国教科文组织国际专家研究报告：多种文化的星球 [M]. 戴侃，辛未，译. 2 版. 北京：社会科学文献出版社，2004：216.

取的解决策略，不全面地了解解决该问题所需要的主客观条件或社会空间，肯定是办不到的。达尔文晚年在谈到自己的科学发现时说："作为一个科学家，我的成功，不管它有多大，是取决于种种复杂的思想品质和条件的。其中最为重要的是：热爱科学；在长期思考任何问题方面，有无限的耐心；在观察和收集事实资料方面，勤奋努力；还有相当好的创造发明本领和合理的想法。"① 达尔文所说的这些思想品质和条件，对科学的热爱也好，思考的耐心也好，或者是合理的想法也好，无不是他从少年时代就努力学习、勤于观察、善于思考的结果。离开了他的前辈包括与他同时代的人在植物学、动物学、矿物学等领域所取得的理智进步，达尔文肯定什么也发现不了，更不用说提出著名的物种起源学说了。从这个角度来说，个体的创造力是人类已经积累的某方面文化财富在个体身上的增值；一个时代的创造力则是既往人类创造的文化财富在这个时代的增值。因此，无论是对于个体还是对于一个时代来说，创造力的获得、创造性地解决问题的可能性与继承人类已经积累的文化财富是密不可分的。对于那些动辄轻视文化传统（思想传统、知识传统、制度传统等）的人，人们很难相信他们能够在面对复杂的现实问题时在某方面做出创造性的贡献。

中国传统文化的基本特征

中国传统文化源远流长、内涵丰富，要想从总体上概括它的基本特征确实有些困难，难免会犯厚此薄彼、挂一漏万的毛病。这是任何一位论者在谈论中国传统文化基本特征时首先要自觉意识到的。因此，有关中国传统文化的基本特征，学术界有多种多样的看法，它们彼此之间相互交织，互为补充和映照。

---

① 达尔文. 达尔文回忆录：我的思想和性格的发展回忆录 [M]. 毕黎，译. 北京：商务印书馆，1982：97-98.

当前，学术界包括教育学界多数人赞成把儒家文化看成是中国传统文化的主干，以儒家学说的基本主张来描述中国传统文化的基本特征。如梁漱溟先生把中国传统文化的特征概括为"伦理本位""以道德代宗教""缺乏集团生活""无阶级""无革命""早熟"等；张岱年先生侧重从"刚健自强""厚德载物""以德育代宗教"等方面阐释中国传统文化；任大援先生则着重讲了传统文化"天人合一""以人为本""刚健有为""贵和尚中"等方面。顾明远先生在《中国教育的文化基础》一书中把中国文化的基本精神概括为"天人协调""自强不息""贵和尚中""矢志爱国""敬老爱幼""诚信待人""勤劳节俭""慎独自爱"等方面，并认为"这些方面长期影响着中华民族一代又一代人的思想和行为习惯，也深刻地影响着我国的教育传统"[1]。因此，不了解中国文化的这些基本精神，就很难理解中国的教育传统和现实。

根据这些前辈大家们的论述，遵循"儒家主干说"的主张，加上自己学习传统文化的粗浅体会，我把传统文化的基本特征理解为"天人合一"（本体论）、"人性本善"（人性论）、"民惟邦本"（政治论）、"居仁由义"（人生论）、"知耻自省"（良心论）、"贵和尚中"（方法论）、"自强维新"（发展论）七个方面。这七个方面，有的继承了上面各位前辈大家们的主张，像"天人合一""贵和尚中"等；有的则与他们的概括在精神上相通，如"知耻自省"的提法与顾明远先生所说的"慎独自爱"其实是一致的，一个人只有做到了知耻，并不断地自我反省，才能够达到慎独的境界，并具备自爱的品质；而"自强维新"的提法与张岱年先生"刚健自强"的提法及其有关中国传统文化重视维新的思想是一致的；有的则是新提出来的，像"人性本善""民惟邦本""居仁由义"等，需要加以分析论证。

---

①   顾明远. 中国教育的文化基础［M］. 太原：山西教育出版社，2004：70.

　　"人性本善"能否作为儒家乃至整个中国传统文化的一个特征？恐怕有人有不同意见。因为在儒家内部，关于人性也有不同的主张。众所周知，孟子讲性善，荀子讲性恶，董仲舒、韩愈、王阳明、朱熹等人也都有自己不同的看法。为什么要把人性本善作为儒家人性论的代表乃至整个中国传统文化中人性论的特征呢？主要原因有四点：第一，在历代儒家内部，接受性善说的还是主流，是多数；第二，就不同人性主张对社会和历史生活的影响来说，性善说最为有力；第三，就性善说和性恶说的论证来说，性善说的论证在逻辑上最为严密，窃以为今天仍然有效；第四，就中外传统文化中人性论的比较来说，性善说最具中国特色。基督教讲"原罪"（性恶），佛教也认为人生来是"痛苦"的，儒家则强调性善。正是基于这四点考虑，我认为它可以作为儒家包括整个中国传统文化标志性的理论主张和价值基础。

　　"民惟邦本，本固邦宁"出自《尚书·五子之歌》，在现代政治哲学中被简称为"民本"，阐明了中国传统文化中有关国家和民众关系的看法，是中国传统文化所崇尚的政治价值观。《尚书·泰誓》中还说："天视自我民视，天听自我民听。""民之所欲，天必从之。"《尚书》中的这些主张，可以看成是"天人合一"思想在政治领域中的应用或体现。《左传·襄公十四年》中也使用了这种论证逻辑："天之爱民甚矣！岂其使一人肆于民上，以从其淫而弃天地之性？必不然矣！"《荀子·大略》中也说："天之生民，非为君也；天之立君，以为民也。"孟子则将其更加直接地表述为著名的"民为贵，社稷次之，君为轻"。有人可能会反对把"民惟邦本"作为文化传统的一部分，理由是在两千多年的封建社会中，从来都是"君惟邦本"的家天下，"民惟邦本"不过是皇帝及其官僚机构统治百姓的借口或粉饰自己行为的说辞而已。怎样看待这种政治思想和政治现实之间的矛盾？两者之中哪一个构成了中国古代社会的政治文化传统？关于这个问题，启蒙思想家梁启超先生有精辟的论述。他说："要之，我国有力之政治理想，乃欲在君主统治之下，行民本主义之精神。此理想虽不能完全实现，然影响于国民意识者既已甚深，故虽累经专制摧残，而精神不能磨灭。欧美人睹中华民国猝然成立，辄疑为无源之水，非知言也。"① 从历史上看，尽管秦朝之后历朝历代在政治上一直都实行高度的中央集权制，但是"民惟邦本"的思想也不断通过各种渠道、以各种形式反映到封建社会的政治现实中来，并顽强地发挥影响现实的能力。历史学家们和普通百姓都经常用民心之向背来解释或预测封建王朝之更迭。正如梁启超先生上面所言，"民惟邦本"所体现的民本主义精神"虽累经专制摧残，而精神不能磨灭"。鉴于此，同时考虑到"文化"一词的应然向度，本文将其作为传统文化的一个重要内容来加以认识。

　　"居仁由义"出自《孟子·尽心上》："王子垫问曰：'士何事？'孟子曰：'尚志。'曰：'何谓尚志？'曰：'仁义而已矣。……居恶在？仁是也；路恶在？义是也。居仁由义，大人之事备矣。'"在孟子看来，一个称得上"士"的人，所言所行都应该践行孔子提倡的仁爱精神，体现道义的要求，并将此作为自己终身的志向（"尚志"）。在孟子所处的时代，居仁由义还主要是对"士"——一种有别于农工商贾的特殊社会群体的要求。孟子之后，居仁由义就逐渐为广泛的社会阶层所接受，成为指导中国人日常生活的价值原则。与之相反，"不仁不义"之徒则为历代所唾弃，就连匪盗也不能容忍。到了唐代，著名的古文运动发起人韩愈则不顾俗流，尊儒排佛，在《原道》中强调"博爱之谓仁，行而宜之之谓义，由是而之焉之谓道，足乎己无待于外之谓德。仁与义为定名，道与德为虚位"，把居仁由义的生活诠释为有"道"的生活，把仁与义解释为"道"本身，并在著名的《师说》中提出"师者，所以传道

———————————

① 梁启超. 先秦政治思想史［M］. 北京：商务印书馆，2014：7-8.

授业解惑也"的命题，把传"道"作为教师或教育的第一要务。凭借教育的力量，居仁由义的人生观得以代代相传，提供了中国人生活的基本伦理原则。

中国传统文化蕴含着丰富的创造性因素

以儒家思想为主干形成的中国传统文化蕴含着丰富的创造力，具有多种激发人们创造力的因素。正是由于这些因素的存在和不断发挥作用，才使得中国传统文化不断推陈出新、绵延不绝，形成一个又一个在世界上领先的发明或发现。反过来，中国过去在世界上一个又一个领先的发明或发现，又确证了中国传统文化所蕴含的巨大创造力。正如李约瑟所说："中国的文献、考古证据或图画见证，清楚地向我们显示了一个又一个不平凡的发明与发现，确实一般而言，它们比欧洲类似的或引进的发明与发现领先很长一段时间。无论是二项式系数排列，还是旋转运动与直线运动相互转换的标准方法，是最早的钟表擒纵装置，还是可锻铸铁犁铧，是地植物学与土壤学的开创，还是皮肤——内脏反射或天花痘苗接种的发现——不管你探究哪一项，中国总是一个接一个地位居'世界第一'。"① 遗憾的是，由于近代以来中国社会因落后而挨打，在许多人那里，传统文化成了阻碍中国社会发展的替罪羊，屡遭诟病，更谈不上正确认识它所蕴含的丰富的创造性因素了。这一点，就连一些国外学者也感到遗憾和不解："我们发现，我们周围许多被认为理所当然的事物的真正来源是中国。我们有些最伟大的成就，原来根本并不是成就，而只不过是借用。……认识到这些是很令人鼓舞的。我们对此极缺乏认识这一事实，或许是人类存在以来历史愚昧的最突出事例之一。为什么我们会无视如此重大而明显的真理呢？主要原因确

---

① 坦普尔. 中国的创造精神：中国的 100 个世界第一 [M]. 陈养正，等译. 北京：人民教育出版社，2004：序 4.

实是中国人自己的忽视。"①

　　中国传统文化所蕴含的创造性因素首先表现为它是一种鼓励创新、追求创新并勇于创新的文化。正如张岱年先生所指出的："历史证明，中华民族是具有创新精神的民族，是一个坚强不屈、不断发展的民族。"② 人们可以从学理和经验事实两个方面来理解中国传统文化的这种特征。从学理上看，中国传统文化强调天人合一，强调天道与人道的统一。这种统一有不同的表现，各家各派也有不同的理解。然而，不管哪家哪派，都承认天道与人道既有"常"（规律）的一面，也有"易"（变动）的一面。《易传》中则直接把"易"看成是"常"，看成是万事万物得以形成的根本原因。所谓"富有之为大业，日新之为盛德，生生之谓易""天地设位，而易行乎其中矣"。张岱年认为，后世学者，如孔子、孟子、老子、庄子、贾谊、张载、程朱、王阳明、戴震等人，"都承认变化是实在的，一切物质都是变动的，宇宙是一个如川的大流。西洋及印度的哲学家，有认为变动是虚幻者，在中国似乎没有"③。这种对"易"的本体论层面上的认识，应用到社会生活和知识领域当中，则会直接导致对"维新""革新"或"创新"的要求。因为唯有不断地自强维新、革故鼎新或勇于创新，才能反映并适应不断变化的自然、社会和人类精神生活的要求。商汤的盘铭上说"苟日新，日日新，又日新"，就是这种精神的反映。与此相关联，在中国文化史上，无论是在知识领域，还是在广泛的社会生活领域，确实写满了自强维新、革故鼎新或勇于创新的故事，有的人为此甚至不惜牺牲自己的生命，从而取得了一个又一个创造性的成果，引导着中国

　　① 坦普尔. 中国的创造精神：中国的 100 个世界第一 [M]. 陈养正，等译. 北京：人民教育出版社，2004：序 8.

　　② 张岱年. 文化与哲学 [M]. 北京：教育科学出版社，1988：79.

　　③ 张岱年. 中国哲学大纲 [M]. 北京：中国社会科学出版社，1982：98.

文化从一个时代进入另一个更丰富的时代。

　　中国传统文化所蕴含的另一种创造性因素在于其独特的方法论和思维方式——贵和尚中。什么样的方法论和思维方式才有利于创新？一种观点认为，只有那种片面的思维方式才能够把问题推向极端，才能够打破常规，做出与众不同或不同寻常的事情。与之相反，那种注重关系的整体思维则不利于创新。这种观点也是值得商榷的。片面的思维是否易于引出新的发现？并不一定。在通常情况下，片面的思维只能导致对事物片面的理解，而片面的理解并不等于创新。如果那样的话，形而上学的思维方式就会成为科学的惯常思维方式，因为形而上学就习惯于片面地、静止地看待问题。大量的科学事实说明，真正的创造应该是博采各家之长的结果，是对已有的方案进行批判性检验的结果，是多样综合的结果，而不是盲目地自我崇拜或对一切进行简单否定的结果。从这个角度来看，强调贵和尚中的中国传统文化是一种健康的创新文化，它有助于人们既尊重他人的成果，又注重形成自己独立的观点和方案。这才是真正的创新，是推陈出新，是温故知新，是革故鼎新，是综合创新，而不是为创新而创新的文化猎奇。同时，贵和尚中的思维方式还造就了中国传统文化海纳百川、有容乃大、自由开放的品格。这种品格，也是文化创新的关键。纵观人类文化的历史，文化创新的鼎盛时期，都是不同文化相互交流和激荡的时期。没有多种文化的存在和相互交流，就没有文化创新。正如《国语·郑语》中所说："夫和实生物，同则不继，以他平他谓之和，故能丰长而物归之。若以同裨同，尽乃弃矣。"不同事物之间彼此为"他"，"以他平他"即把不同事物联结起来，使其取得平衡，就能产生新事物，也即"和实生物"；而如果把相同的事物放在一起，就只能是量的增加而不会产生质的变化，就不可能产生新事物，事物的发展也就停止了。这种情形已被人类历史上几次创造力高峰的形成所证实，西方的古希腊时期、文艺复兴时期和科学革命时期，我国的春秋战国时期、唐宋时期以及清末民初，之所以创新成果纷呈，就在于各种不同文化的交流与碰撞冲击了原有的文化秩序，迫使其不断发生变革。

　　中国传统文化所蕴含的第三种创造性因素就是其正确的价值原则，它们为创造性行为注入了强大的精神动力。创造不是一种纯粹的智力行为，而是基于对所创造对象的价值的深刻认识，是一种受价值指引的行为。一个人要想成为一个有创造性成就的人，就必须具有正确的价值目标，并在创造过程中遵循正确的价值原则。这是理解人类所有创造性行为的重要视角。回顾人类文化的历史，审视那些了不起的创造性贡献，人们不难发现，激励、支撑和引领无数创造性行为的绝不是什么个人的蝇头小利，而是对知识的热爱、对社会责任的体认和对人类福祉的关切。中国传统文化一贯强调的"民惟邦本""居仁由义""知耻自省"等原则以及"知之为知之，不知为不知"的求知态度，都可以为创造性人才的成长提供正确的价值原则。"民惟邦本"把人民的利益作为国家的根本利益所在，这就能够激励有志之士从事创造性的劳动。中华人民共和国成立后，中国科学技术领域在极其艰苦的条件下所取得的一系列创造性成就生动地说明了这个道理。"居仁由义""知耻自省"的原则尽管是一般的人生哲学，但是应用到科学研究或丰富的社会实践过程中，依然可以对人们的创造性行为产生价值约束作用，能够帮助人们预防和杜绝创造性认识与实践过程中弄虚作假、坑蒙拐骗以及其他违反科学伦理、生命伦理的事情发生。韩愈说的"文以载道"，老一辈学者所倡导的"板凳要坐十年冷，文章不写半句空"，都表达了撰写文章和进行科学研究过程中的价值要求。反过来说，如果一个人具有很强的创造力，却没有正确的价值原则，那就是一件非常可怕的事情。进一步说，不以正确的价值观念为指导，人们就不可能克服创造过程中的种种困难，做出实际的创造性贡献。

　　最后，中国传统文化崇尚独立自主的人格，强调怀疑精神，这两者都构成创造性人才的重要品质。独立自主是创新人才最重要的人格特征。无论是儒家还是道家，都反对过度的人生依附，强调形成一种自主的人格。在这方面，孟子有系统的论述，他把"富贵不能淫，威武不能屈，贫贱不能移"的大丈夫气概作为理想人格来追求。人民教育家陶行知先生在孟子三句话的基础上增加了"美人不能动"一句。历史上，有许多仁人志士为了保持这种独立的人格而甘愿牺牲自己的生命。当然，也有人认为，中国传统的人格类型根本上是依附性的而不是独立性的，因而责备传统文化。怎样看待这种观点？其实，依附性的人格不是传统文化的主张，而是封建政治统治的需要。或者说，依附性并非中国人的人格特征，而是封建的政治体制与经济关系的产物。在依附性的社会关系背后，中国人在自己的历史生活中依然完好地保持着一份清醒的、独立自主的判断力。像孔子尽管强调"君君、臣臣、父父、子子"，但也不是把君臣、父子关系绝对化、等级化，而是强调发乎情、止乎礼、晓以大义。那种认为中国传统文化压抑人的主体性和自主人格的主张主要不是从文化角度提出的，而是从政治角度来认识和讨论的，把自主性的人格理想和依附性的人格现实混淆起来。这是一种错误的认识，而且迄今为止仍在流传，没有得到系统的质疑和修正。

怀疑精神是创造力的源泉之一，从中国文化传统的表面来看，似乎这种怀疑精神并不非常显著，常见的倒是对传统与权威"述而不作"式的遵从。但是，实事求是地说，中国传统文化还是非常富有怀疑精神的。虽然孔子在传统文化史上处于"定于一尊"的地位，但是在其后两千多年的封建社会中，"问孔""刺孔""难孔""打倒孔家店"的呼声还是延续不绝，孔子的思想不断地受到历代学者和普通百姓的质疑、批判与重构。比起孔子来，在西方，亚里士多德的思想则长期处于权威地位，直到现代哲学诞生。所以，那种认为中国传统文化缺乏批判精神的看法是站不住脚的。实际情况是，这种充满批判精神的文化习惯在长期的封建社会和小农经济时代缺少其政治和经济基础，没有能够得到发扬光大，更没有成为鼓励人们从事创造性活动的强大动力。而今天，过去的政治障碍与经济约束都已经不复存在，吸取传统文化中的批判精神，实事求是，勇于创新，应该是培育创新人才、大力提高民族创造力的重要途径之一。

此外，中国传统文化中还有许多与创造力培育有关的宝贵品质，如不断进取的人生态度、刻苦勤奋的学习文化、"知之为知之，不知为不知"的求知态度、"知行合一"的价值取向等。总的来说，中国传统文化具有丰富的创造基因，只不过由于种种原因而没有能够在封建社会特别是明代以后的社会里得到很好的表达。中国传统文化是创新人才培育和中华民族创造力提升的丰富资源，而不是阻碍创造力培养的罪魁祸首。对于这一点，我们必须有足够清醒的认识。

(原文发表于《中国教育学刊》2008 年第 8 期)

4

师道尊严的历史本意与时代意义

什么是"道"与"师道"?

要为师道尊严正本清源,首先要弄清楚何为师道。而要弄清楚何为师道,又必须了解儒家对"道"这个范畴的认识,因为师道的内涵与外延取决于对"道"的认识。而"道"是中国古代哲学中一个非常深奥的范畴,儒家和道家都把它放在一个很高的类似于西方哲学中本体论的层次上。

孔子在与学生的对话中,就多次阐释过对"道"的认识,如:"志于道,据于德,依于人,游于艺"(《论语·述而》),将"道"看成是一种高远的人生理想;"朝闻道,夕死可矣"(《论语·里仁》),表达了悟"道"、践行"道"对于人生的极端重要性,其价值甚至在生命之上;"人能弘道,非道弘人"(《论语·卫灵公》),表达了人在弘道方面所应当承担的责任和使命。孔子不仅在《论语》中大量表达了对人之道、君子之道等的认识,还多次谈到"天子之道""国之道";不仅在伦理的范围内谈论"道",还扩展到政治的范围，将其视为最高的政治原则。如他在回答原宪何种行为"可耻"的问题时就说道："邦有道，谷；邦无道，谷，耻也。"（《论语·宪问》）意思是说：如果一个国家的政治生活是符合"道"的要求的，那么一个人出来做官拿俸禄是可以的；如果一个国家的政治生活在根本上是违背"道"的要求的，那么一个人还在那里做官拿俸禄就是可耻的。孔子在这里区分了国家的"有道"与"无道"，孟子后来进一步将这种思想阐发为"得道多助，失道寡助"，奉劝统治者要"直道而行"。

《中庸》中对"道"的论述则更加系统化、理论化。《中庸》开篇就说："天命之谓性，率性之谓道，修道之谓教。"根据朱熹的解释，这三句话的意思是，人生而有之的东西就是人性，如仁义礼智之性，就是人生而有之的，是人有别于动物的地方。按照这种天命之性来做人，在日常生活中致力于达到这些天命之性的行为要求，这就是有道或符合道义要求的行为与人生，在这方面，天之道与人之道是统一的。但是，人由于禀赋不同，因而在葆有这种人性或天道方面有差别，需要通过后天持续不断的实践和反思才能够体认或实现这种人性的要求，走上正道。教育的责任和使命就在于此，即引导或帮助人们去"修道"。在这里，"道"依然表示正确的价值方向，并且有了天命和人性的基础，有赖教育的辅助。《中庸》中还说："道也者，不可须臾离也，可离非道也。""道不远人，人之为道而远人，不可以为道。"这些话再次表达了儒家有关"道"的规范作用的普遍性和主体性的思想：人不可远"道"，"道"也需要人来弘扬，弘道在根本上还是为了人本身。从这个角度来说，至少在先秦儒家看来，"道"是一种最高的、普遍的伦理范畴，不管是个人还是国家，都应该时时刻刻加以体会、恪守和践行。"道"在不同社会生活领域中的具体表现和要求，就是各行各业具体的"道"，如为官之道（"官道"）、经商之道（"商道"）、为父为母之道（"父母之道"）等。由此看来，师道只是

"道"的普遍精神在教育领域内的具体化。

关于师道，现在学界的解读有三种。第一种解读认为师道就是指"师承、师传"，比如《汉书·匡衡传》里面谈到萧望之向汉宣帝推荐匡衡时说："衡经学精习，说有师道，可观览。"汉代关于经学的解读，各家有不同的观点。一个人跟随某一家学习，自然就传承了某一家的观点。所以，师道的第一种解读讲的是师承、师传。第二种解读认为师道就是"教育之术"。在《后汉书·桓荣传》中，桓荣向汉光武帝辞去教职时说："今皇太子以聪睿之姿，通明经义，观览古今，储君副主莫能专精博学若此者也。斯诚国家福祐，天下幸甚。臣师道已尽，皆在太子，谨使掾臣汜再拜归道。"这里的大意是说皇太子聪慧通经，博览群书，专精博学，可以无师自通，而太子师的教育之术已经发挥不了什么作用了。第三种解读认为师道即"为师之道"。典型的用法就是韩愈在《师说》中提出的"师者，所以传道授业解惑也"，界定了教师的职责、使命。也有人认为该文中所说的师道是指"求学之道""求师之道"。不能说韩愈在《师说》中没有这个看法，但是推究韩愈写作此文的动机，恐怕主要是借李蟠求师这件事强调教师负有传承孔孟之道的责任与使命。因而韩愈所说的"师道"主要还是"为师之道"，直指教师职业的文化和价值使命。

以上是学术界对师道的三种理解，这三种理解在不同的语境中都是可行的。现在的问题是，当历史上人们谈论师道尊严时，所用的师道究竟当取哪一种理解呢？基于上文对"道"的分析，我认为还是第三种理解比较合理，即把师道理解为"为师之道"，与"教育之术""师承、师传"等区别开来，指称为师者在履行自己职责时所应当秉持的根本价值原则和应当追求的根本价值使命，是儒家之道在教育领域内的具体化和规范化要求。弄清楚了这一点，我们再来看看古人为什么提师道尊严以及师道尊严的历史本意。

师道尊严的历史本意

现在学界公认"师道尊严"的命题出自《礼记·学记》（以下简称《学记》）。《学记》里面谈道："凡学之道，严师为难。师严然后道尊，道尊然后民知敬学。是故君之所以不臣于其臣者二：当其为尸，则弗臣也；当其为师，则弗臣也。大学之礼，虽诏于天子无北面，所以尊师也。"这里的"学"应当理解为"教育"，因为中国古人论教育都是以论学的名义展开的，如《学记》本身就是一部教育论著，涉及教育的价值、目的、方法等各个方面。这里的"严"字，郑玄注释为"尊"。按照郑玄的观点，"严师"即为"尊师"。照此看来，"凡学之道，严师为难"这句话的意思就是发展教育事业，最要紧的是要尊重教师。

根据韩愈的理解，教师职业的首要职责是"传道"，因此只有尊师，才能重道，才能弘道。在古人看来，统治阶级只有率先重道、弘道，才能够使老百姓知道教育的重要性，进而明白人之道、君之道、国之道，以及经商之道、为官之道、待友之道等。也就是说，一个国家只有尊师重道，才能够民风淳朴、秩序井然，才能真正地使个人知荣辱，懂进退。也正是认识到了尊师与重道之间的内在联系和二者的极端重要性，《学记》中才规定老师在给君王授课时不必拘泥于君臣之礼，"大学之礼，虽诏于天子无北面，所以尊师也"。这并非反映了君王的美德，而是体现了"道"在国家政治生活和个人生活中的崇高地位。很显然，从《学记》的上下文来看，"严师"之"严"不是针对学生而言的，而是针对"教师"而言的，这与我们今天的理解截然相反。"严师"本身也不是目的，更不是将教师的地位抬高到无比崇高的地步，而是为了"道尊"，为了"民知敬学"，更进一步，是为了达到"化民成俗""建国君民"的目的。所以说，先秦儒家对于"师严道尊"的倡导，彰显了儒家德治仁政思想的核心价值观。从这个角度来说，师严道尊的教育要求与化民成俗、建国君民的政治理想是紧密结合在一起的。提倡师道尊严的根本目的在于实现教育发展、人的发展和国家发展的内在统一。基于这种理解，古人所说的师严道尊或师道尊严，与人们今天一般理解的作为一种严格的等级关系的师道尊严有着根本不同的意义。

韩愈在《师说》里面对"师"与"道"的关系有进一步的论述："古之学者必有师。师者，所以传道授业解惑也。"这里直接指出教师的职责或价值使命就在于传承儒家之道，并帮助学生解决人生与学业方面的困惑。在"传道""授业""解惑"三者中，"传道"位于首位。韩愈特别强调"师"与"道"的关系，在他看来，一方面教师的职责或价值使命在于"传道"，另一方面教师的存在依赖于其对"道"的体悟和把握。"生乎吾前，其闻道也固先乎吾，吾从而师之；生乎吾后，其闻道也亦先乎吾，吾从而师之。吾师道也，夫庸知其年之先后生于吾乎？是故无贵无贱，无长无少，道之所存，师之所存也。"这里，"道"与"师"已经一体化了，甚至可以说，道为师魂。师不可离道，离道则不可为师。也只有实现了"师"与"道"一体化的教师，才能完成"传道授业解惑"的职责和价值使命。

师道尊严在历史上为何遭到批判？

从以上的分析可知，师道尊严在古代并不包含严格的师生等级关系的意思。然而，理想归理想，现实归现实。虽然师道尊严本身并不指严格的等级式的师生关系，但是重身份、讲特权的封建社会关系包括行会中的师徒关系难免也要透过师生关系折射出来，从而导致封建社会师生关系的等级性、不平等性，这一点无须讳言。一些教师习惯于运用源自政治的、家族的、知识的或年龄的权威来控制学生，导致师生之间尊卑分明，充满等级性、不平等性。这种师生关系极易引发学生对教师的不满，而批评和挑战教师权威的事情在历史上也屡见不鲜。可能正是这种现象导致了近代以来人们对师道尊严乃至师道的误解，以为它们旨在维护一种不平等的、超强控制的师生关系。

真正把师道尊严完全看成是师生之间严格的等级关系并加以批判还是现代的事情。众所周知，"文化大革命"后期，有一位北京的学生因为作业的问题受到教师的批评，学生不认可教师的批评，就给《北京日报》写信，反映自己的想法。这本来是正常的教育问题，也完全可以通过师生之间的交流得到解决。但是，在当时那种特殊的历史时期，该事件很快就被别有用心的人放大为教育战线的两条路线的斗争，随即在全国掀起了一场批判师道尊严的运动，号召青少年学生做反潮流的英雄。在这场运动中，师道尊严一方面被严重曲解，另一方面在政治上受到彻底批判，这对学校的教育教学秩序以及历史上尊师重教的良好风气都造成了极其恶劣的影响，对教师的尊重、对教师传道的敬重乃至对"道"的敬畏被极大地削弱了。这种情况一直到"文化大革命"结束之后才得到改变。但是，人们对师道尊严的曲解却一直没有得到纠正。直到今天，教育界内外的很多人依然把师道尊严理解为一种传统的不平等的师生关系并加以猛烈批判。

从历史上看，批评师道尊严的原因有很多，上面所说的现实中的师生关系违背真正的师道是一个重要原因。其他的还有政治上的原因，比如在儒学失势的时代，师道尊严遭遇的批评就比较激烈，韩愈所在的中唐时期就是这么一个时期；有文化上的原因，比如魏晋南北朝时期的门阀思想严重，人们根本看不上对于经典的学习，也就没有人认可师道尊严；当然也有教育管理方面的原因，比如一些教师违背教育原则，过度运用教师的权威来约束学生、压迫学生甚至体罚学生，这也会招致学生的反抗。所以，总的来说，历史上人们批判师道尊严主要还是与儒家文化的命运有关。儒家文化勃兴，师道尊严受到重视；儒家文化式微，师道尊严就被忽视乃至受到批判。

师道尊严的时代意义

改革开放以来，中国社会已经进入一个新的历史时期。教育在整个社会进步和国家建设中的基础性地位日益得到重视，科教兴国、人才强国的战略被提出来并得到贯彻执行。在党和政府以及社会各界的关心倡导下，尊师重教的风气逐步形成，古代师道尊严的一些积极意义在新的时代背景下得到实现。尤其是《中华人民共和国教育法》《中华人民共和国教师法》等法律文件的颁布，明确了教师的法律权利和义务，极大地提升了教师职业的地位和影响力，代表了我国几千年教育文明达到的新高度。

在这种尊师重教的大背景下，重提师道尊严合不合适？答案是肯定的。因为古代的师道尊严和现代的尊师重教在精神实质上是一脉相承的。但是，也需要注意，重提师道尊严不是搞文化复古、教育复古，而是要结合时代精神对古代师道尊严传统进行创造性继承和转化。

对古代师道尊严传统的创造性继承和转化主要体现在以下几个方面。

首先，重提师道尊严，社会需要进一步营造尊师重教的风气，延续我们的优秀教育传统，防止"贱师""耻师""辱师"等现象的出现。对教师的尊重、对"道"的尊重是有内在联系的。全社会只有从这个高度来认识教师，才能够对教师这个职业有一种内在的敬重。在这方面，政治家的态度至关重要。中国社会历来是以政治为中心的，政治家的态度对于社会的态度有一种直接的、强有力的影响。历史上教师的地位比较高，也是因为历朝历代政治家们真正地敬重教师这个职业。今天中国社会尊师重教传统还保持在比较理想的水平上，与历代党和国家领导人的倡导也有直接的关系。

其次，重提师道尊严，我们需要重新阐释"道"、师道、传道等的含义。师道尊严，关键是一个"道"字。对"道"的不同理解，就会导致对师道尊严的不同态度。中国古代各派思想家对于"道"的认知是不同的。师道尊严中的"道"主要还是儒家之道、孔孟之道，是一种仁爱精神。这一点，韩愈在《原道》一文中讲得比较清楚。这种"道"维系了中华民族几千年的文化命脉，有其历史的合理性，也需要在建设中国特色社会主义文化强国中加以批判性地继承和弘扬。当前中国社会传统文化的复兴，也有助于社会公众重新认识这个传统文化的根本所在。不过，时代毕竟不同了，对于传统文化中一些消极的东西，我们也应当加以摒弃，这是不言而喻的事情。今天我们的教育除了要继承优秀文化传统之外，更要要求每一位教师做培育和践行社会主义核心价值观的表率，倡导富强、民主、文明、和谐，倡导自由、平等、公正、法治，倡导爱国、敬业、诚信、友善。这是对"道"、师道和传道的时代内容的新概括。只有从这个高度来重新理解师道尊严，才能赋予它们新的时代气息，才不会走上文化泥古、教育复古的旧路。

再次，重提师道尊严，政府和社会需要多为教师做实事、好事，想教师之所想，解教师之所难。师道尊严固然只是社会对待教师职业的一种态度，但是这种态度不是简单讲讲话，说说教师职业的重要性就可以广泛培育起来的。教师是一种古老的职业，在现代社会中要维护其职业尊严和社会地位，需要让其成为有竞争力的职业。教师职业在劳动力市场上有没有竞争力，一看收入，二看待遇，三看工作环境，四看专业化水平。如果在这些方面，政府和社会能够不断发力，那么教师职业的尊严和社会地位就会处于一个较高的水平，职业的吸引力就会比较大。而如果做不到这一点，那么不管如何提倡尊师重教，社会上依然会出现韩愈当年所批评的那种现象：民众重视为孩子选择良师，但是却禁止自己的孩子去当教师，甚至不经意中流露出以师为耻的心态。

最后，重提师道尊严，教师需要不断提升自己的道德品质，牢记"道之所存，师之所存"的训诫。我们常说，经师易得，人师难求。人师与经师的主要差别就在于人师是"道"的化身，而经师则是"师""道"分离的。一个社会，教师及其从事的工作要想真正得到社会发自内心的尊重、敬重，教师自己没有高尚的道德品质与道德境界是不行的。一方面，政府和全社会要为教师创造良好的工作和生活条件；另一方面，教师自身要不断地体认教师职业的价值追求，真正地把每一个学生的健康发展放在心上，兢兢业业，不计名利，学而不厌，诲人不倦，力求做到经师和人师的统一。在这方面，教师不仅要关注课堂，更要关注社会，尤其要把握社会进步的方向和变革的脉搏，使学生从个体人成长为社会人，从现代人扩充为历史性的存在，从物质性的人升华为精神性的存在。

总之，教师的高度决定了教育和学生发展所能达到的高度，而教师的高度恰恰源于其对师道传统的体认和对现时代社会主义核心价值观的弘扬。

（原文发表于《当代教师教育》2017 年第 2 期）

第 三 编

今天我们怎样做教师？

一位教师只有具备了较好的社会素养，对社会现实有比较正确的认知，对社会的发展进步抱有坚定信心，对推动社会发展进步满怀希望，才能够点燃学生学习和发展的热情，真正成为学生健康成长的好老师、引路人与"大先生"。

1

老师们，让我们自重

　　我 20 年前曾经是一名小学老师，现在是一名大学老师。因为这个缘故，我对教育实践领域和新闻媒体中有关教师的议论非常敏感。每当我看到或听到一些老师秉承师道，教书育人甚至舍身救人的优秀事迹，我都会感到由衷的骄傲、自豪和敬佩，并从中受到触及心灵的教育；反过来，每当我看到或听到个别老师不尽责任，不讲师德，误人子弟甚至害人子弟时，我也会感到十分难过、惭愧乃至羞耻。当前，由于受到许多比较复杂的社会不良因素的影响，个别教师逐渐地忘记了国家和人民的重托，模糊了教育者的职责和伦理要求，做出了一些不符合国家法律、教师伦理的事情，这些是很让人痛心的，也极大地影响了社会公众对教育界的评价。面对消极的公众评价，我从内心里发出呼吁：老师们，让我们自重。

　　老师们，我们是教育者，教育者要肩负责任。尽管现代教育强调学生在学习活动乃至整个学校生活中的主体地位，但是，无论如何，老师是我们而不是他们。我们不要看轻了自己。国家和人民把教育青少年一代的重任放在我们的肩上，而不是他们的肩上。这一点，无论如何，也是不能和不该忘记的。我知道，这个时代，作为老师要承受比以往任何时代都重的精神压力。学业的竞争越激烈，老师的压力也就越大；学生和家长的权利意识越强烈，老师也就越难当。老师的心理健康和职业倦怠问题已经引起了专家和社会广泛的关注。尽管这样，我们还是要认清自己的责任，要顶住压力，要尽职尽责，用自己全部的热情、爱、理性和智慧把教育工作做好。我们不能懈怠，不能推诿，我们就是教育的万里长城。让我们共同努力，守护好那片无数先人为之奉献的教育沃土，不要让别人说我们是没有责任感的人。

老师们，我们是教育者，教育者要有爱。教育的爱不同于亲子之爱，也不同于夫妇之爱。亲子之爱是建立在血缘关系上的，用现代生物学的观点来说，是建立在基因的关系基础上的，有很大的生物学成分，有先天的色彩。夫妇之爱是建立在志趣或利益基础上的，是两情相悦、同舟共济，当然也有不少的经济学考量，具有世俗的色彩。教育的爱既不是建立在生物学基础上的，也不是建立在纯粹的个人偏好或利益互换基础上的，而是建立在责任基础上的：它是一种"博爱"，不同于亲子之爱的"私爱"；它是一种高尚的情感，不追求私人的、世俗的回报。此外，教育的爱也是无差别的、无条件的，老师应该给所有的学生以同等的爱。越是那些学业不良、家庭条件不好的学生，越需要和渴望教育的爱。对于他们，我们不能吝啬自己的爱。我们多给他们一份爱，他们的内心就会多一分阳光，他们的未来就会多一分希望。老师们，为了教育，让我们培育自己心中的爱，付出自己心中的爱，不要让别人说我们是没有爱的人。

老师们，我们是教育者，教育者要有理性。每天，我们都要面对各种各样的教育问题，如学生的成绩下降了，同学关系不和睦了，学生品行出问题了，等等。处理这些问题，没有经验是不行的。经验丰富的老教师比青年教师高明的原因就在于他们有着丰富的教育经验。但是，在教育快速变革的今天，处理许多教育问题只靠经验是不够的，还必须运用我们的理性。作为教育者，我们要注意用理性来思考和解决教育问题。康德曾经说过，真知灼见需要教育，教育更需要真知灼见。而要获得教育的真知灼见，不听从理性的声音是不行的。这就要求我们不仅做教育的行动者，更应该成为教育的思考者；要求我们不仅要用"心"来教育学生，更应该用"脑"来教育学生。古今中外那些伟大的教师，现实生活中那些让人钦佩的名师，无不是在教育实际工作中勇于思考、善于思考和乐于思考的人。因此，在教育生活中，我们做任何事情，说任何话，都要想一想它们的教育后果，不要意气用事，不要迷信经验，不要让别人说我们是没有思考、没有理性的人。

老师们，我们是教育者，教育者要有人格。谁都知道，教育者不仅通过他所传授的知识来促进学生的发展，而且通过他的人格来影响学生的发展。比较起来，前者的影响是直接的，后者的影响是间接的；前者的影响是一时的，后者的影响是一世的。如果我们自己的人格有问题，连人都做不好，动不动就在学生面前表现出贪得无厌、患得患失、斤斤计较、自暴自弃或言行不一的样子，那么我们的人格不仅起不到教育学生的作用，反而会给学生留下坏的印象，引导他们向错误的道路上走去。如果我们注意自身的人格修养，时时处处表现出诚实、正直、宽容、自信、自主、勇敢的样子，那么，我们的学生也将会成为这样的人。

当然，老师不是神，也不是完人，老师也有七情六欲、喜怒哀乐以及各自的短处与缺点。过度的压抑与刻意的掩饰是不对的，但是，不顾自己的人格及其对学生的影响，不顾法律的约束和道德的劝诫，肆意地放纵甚至不择手段地满足自己的私欲是根本错误的。在这方面，我们应该严格自律，不断反省，不要让别人说我们是没有人格的人。鉴于老师的人格在教育过程中的巨大作用，一个人如果失去了人格，也就失去了当教育者的资格。

成为一名名副其实的教育者，我们需要具备许多方面的素质。

上述的责任、爱、理性和人格只是其中很小的一部分。但是，千万不要小看了这部分，因为这部分关系到教育者的尊严。一位老师，如果能够体认到这些并矢志不渝地追求这些，他就能够得到别人的尊重；一位老师，如果忽视了这些或看轻了这些，他就失去了教育者应有的尊严。面对这个功利主义甚嚣尘上的时代，面对社会舆论对于教育和教师的指责，老师们，让我们一起努力，让我们自重，一起寻回并守护教育者应有的尊严。

（原文发表于《安徽教育论坛》2005 年第 3 期）

2

蜡烛精神过时了吗？

2002 年 12 月中旬的一天晚上，北京教育学院宣武分院的一位老师给我打电话，谈及他们那里正在进行的基础教育课程改革教师培训，问了一个问题："蜡烛精神过时了吗？"经过询问，我了解到她问这个问题的缘由是：一位全国知名的课程改革专家在培训班上谈到新课程期待的"新教师"角色时，认为广为人知的"教师是蜡烛"这个隐喻不妥，今后不宜再提了，并建议用"长明灯"来代替蜡烛。

对于这个问题，我一时回答不上来，因为尽管将老师比作蜡烛的事情我是知道的，但是为什么认为它过时了以及该用长明灯来代替，我确实不知道。后经多方查询，我发现该专家的观点源自教育科学出版社 2001 年 9 月出版的"基础教育课程改革通识培训丛书"之《新课程与教师角色转变》一书。该书设计的主题活动"1.3我对教师角色的新期待"概括了北京大学教育学院陈向明教授在《教育研究与实验》2001 年第 1 期上发表的一篇论文，它的题目是《教师的作用是什么——对教师隐喻的分析》，其中就包括对蜡烛隐喻的分析。在《新课程与教师角色转变》一书中，编者对于蜡烛隐喻给出的阅读提示是"肯定：奉献与给予；不足：忽视教师的持续学习与成长；淡漠教师的内在尊严与劳动的欢乐"。至此，我方才明白了一点儿。鉴于陈向明教授的论文中还有"有老师认为，与其把教师比喻为蜡烛，不如比喻为长明灯，为学生的发展和自己的成长而不断充电，于人于己都受益无穷"一句，我推测那位专家的"长明灯"一说也由此而来，只是不知道谁该是其"知识产权"的所有者。

把教师比喻成蜡烛或红烛是我国教育界乃至整个社会都比较熟悉的事情，至于该说始于何年何人还需要另外做一些考证。在学生们每年教师节给老师们的贺卡上，经常会出现蜡烛的图像；在一些叙述和反映优秀教师们呕心沥血、忘我工作、为国育才的报告文学、诗歌散文和影视作品中，也常以蜡烛作比喻。不过，对于蜡烛隐喻，教育界人士恐怕大多和我一样，虽然熟悉，却并不一定十分清楚也从未深究过它究竟喻指什么。

在我的记忆中，人们在使用这种隐喻时根本不进行逻辑的说明或阐释。凭直觉，蜡烛隐喻让我联想到的就是明亮的光、温暖的爱和不图报答也无以报答的恩，它们如同空气一般充盈在青少年学生的周围。凭理智来分析，"明亮"是与"黑暗"相对的，"光"是与"影"相对的，"温暖"是与"寒冷"相对的，"爱"是与"恨"相对的，"不图回报"是与"斤斤计较"相对的，"无以报答"是与"货款两清"相对的，"恩"是与"仇"相对的。因此，蜡烛隐喻所喻指的内容可能包括以下三点：

第一，教师是学生的启蒙者，帮助学生冲破无知的黑幕，激发他们探索未知世界的愿望，引导他们走向光明的真理之途。这与古希腊哲学家柏拉图的"洞穴喻"似乎有异曲同工之妙。

第二，教师是学生的健康、幸福和未来的守护者，教师对学生的爱如同太阳给地球的爱（17世纪捷克教育家夸美纽斯也曾将教师比作太阳）、春雨给庄稼的爱（"春雨贵如油""润物细无声"）、自然给人类和万物的爱（老子所说的"作而弗始，生而弗有，为而弗恃，功成而弗居"），既温暖又慷慨，既充裕又静谧，既深厚又绵长。

第三，教师是无私和高尚的，他们一生之中给予众多学生的启蒙、激励、关心、指导、爱护、帮助，是无从言说、无法计量也从不谋求学生报答的，他们从工作中所能获得的最大幸福就是学生的健康成长。

师恩难忘，师恩难报！看起来，人们用蜡烛来比喻教师，不仅是要表达他们对教师职业无私奉献特性的生动认识（隐喻本身就是认识的手段之一），更重要的是要表达他们对于某些具体教师形象及其在教育活动中所体现出的上述种种人文精神和人性关怀的肯定、感激、赞美和颂扬。而且，从日常语言中蜡烛隐喻的使用情况来看，后一种用法应该是最基本和最主要的用法。这种用法与其说反映了社会对教师的某些角色期待，毋宁说表达了人们对教师精神的某种主观体认。

因此，蜡烛精神过时论者的基本观点是值得质疑的。首先，蜡烛隐喻所表达的教育精神并不是一种"定位过高"，以至于接近"圣人"的崇高期待或要求，而是每一位教师在日常的教育工作中都应该体现并且都能够体现的基本专业或伦理态度。反思我们青少年时期的学习经验，哪一个人不是在教师的正确引导、悉心呵护和无私教诲下走向真善美的王国的？凡是那些对我们一生成长产生过重要影响的教师，哪一位的身上没有闪烁出蜡烛精神的光芒？相反，那些缺乏蜡烛精神的人，不仅成不了教育家，而且连做教师的资格恐怕都不具备。那些不能给学生以理智之光、文明之光的人，怎么配做教师？那些心若冰霜、斤斤计较、自私自利甚至贪得无厌的人，怎么配做教师？

其次，蜡烛作为一种教师隐喻，并不是将蜡烛的全部物理特征与教师职业生活的全部特性直接等同起来（如蜡烛越烧越短，教师的生命也越来越短；蜡烛燃烧得很炽烈，教师牺牲得也很悲壮；蜡烛的光很弱，教师的作用也有限；等等)，而只是将蜡烛的某些物理特性如"光""热"以及由此引申出来的心理感受如"爱"等直接添加或传送到教师形象上，从而表达隐喻使用者对教师精神的独特和生动理解，达到使用严格的逻辑语言所不能达到的语言和心理效果。事实上，不独蜡烛隐喻如此，人类曾经使用过的所有其他隐喻也是如此。那种将喻体与比喻对象的所有方面全部直接等同起来的做法，只会造成对隐喻本身的误读。

再次，蜡烛隐喻的创制和使用只是要表达人们对无数教师身上所体现的教育精神或态度的肯定、感激、赞美和颂扬，而不是要据此形成一整套有普遍约束力的教师资格或管理制度，不是要阻止教师的自我发展、终身发展或专业成长。因此，倡导蜡烛精神与提倡教师专业发展或不断充电是根本不矛盾的。事实上，教师的专业发展不仅包括专业知识的不断学习、专业技能的不断更新，也包括专业态度和专业信念的不断形成、改变和提升。蜡烛精神恰恰体现了专业教师应该具有的态度和信念。因此，蜡烛精神过时论者所提出的蜡烛隐喻"忽视教师的持续学习与成长"的观点是片面的和错误的。

最后，蜡烛隐喻的使用也并非一味地强调教师职业的"悲壮"，以至于"淡漠教师的内在尊严与劳动的欢乐"。事实上，一切从事过教育工作包括高等教育工作的人都不难体会到，教师职业的真正尊严并不来源于教师的专业知识、技能或外表，而是来源于他们的工作态度、职业道德与教育信念。可以断言，一个不具备蜡烛精神的教师，不管其学识多么渊博、教学技能多么纯熟，都不能赢得学生发自内心的尊重。至于教师劳动的"欢乐"或"幸福"，也离不开对蜡烛精神的体悟和实践。否则，我们就无法理解那些"把整个心灵献给孩子"的人，那些"为孩子烧心香"的人。难道他们终生受着教育的"煎熬"吗？事实上，正如陶行知先生所言，"教师工作的最大幸福就在于培养能够超过自己的学生"；或正如孙志文所说，"教师唯有忘却自己的私利，才能够享受他的工作"。一位教师从自身专业发展中所获得的欢乐、幸福，无论如何也是不能与他从直接的教育活动中所获得的欢乐、幸福相比的。

总之，我认为，在日益深化的基础教育改革过程中，提倡、关注和千方百计地促进教师的专业发展是对的，但是由此认为蜡烛隐喻所表达的教师精神过时了的观点是错误的。造成这种错误的主要原因在于对蜡烛隐喻的误读和误解。如果不及时纠正这个错误，任其蔓延，以讹传讹，就会使人们片面地理解教师专业发展，就会在教师们的职业意识和态度中引起混乱，甚至会降低整个教师队伍的职业道德水平。

作为一名教育学者，我坚信，只有越来越多的教师领悟并体现了蜡烛精神，中国的教育事业才能兴旺发达；作为一名教师，我愿意向无数的教育前辈和同行学习，做一支小小的燃烧自己、照亮他人的红烛。

（原文发表于《人民教育》2003 年第 9 期，

收录时标题有改动）

3

向陶行知学做民主的教育家

　　陶行知先生是我国教育界公认的著名教育家。近百年来，陶行知先生的教育情怀、理想和实践感染着、鼓励着一批又一批的教育者，指引着他们的教育人生。陶行知先生的民主教育思想我们耳熟能详，他与蔡元培先生一样是中国民主教育的先驱，对传播民主的理念、造就民主的公民、促进社会的现代转型做出了卓越的贡献。结合陶行知先生的教育理念和实践，我们可以思考以下几个问题：何谓民主的教育家？为何要做民主的教育家？怎样成为民主的教育家？

何谓民主的教育家？

　　要回答何谓民主的教育家，先要回答什么是教育家。

　　陶行知先生认为，教育家要有创新精神，要有开拓精神，要勇于面对教育的困难和问题。教育家绝不是在教育的条件都变好的情况下才出现的，他们的情怀和智慧正是在面对教育的困难和问题中呈现出来的。比如中国历史上伟大的教育家孔子、孟子、蔡元培、晏阳初以及苏联的苏霍姆林斯基等，他们所处的时代的办学条件、社会背景、政治经济状况和技术都无法与现在相比，他们之所以能成为世人景仰的教育家，就是因为有一种创新和开拓的精神。

到底什么是教育家，我们可以重温陶行知先生说过的话："在教育界有胆量创造的人，即是创造的教育家，有胆量开辟的人，即是开辟的教育家，都是第一流的人物。"与此同时，他也批评了几种教育家，如经验型、政客型、书生型的教育家。在他眼里，经验型教育家没有创新精神；政客型教育家身在教育，心不在教育；书生型教育家只知道按照教条办教育，根本不顾及教育的实际情况。

对于教育家，当代著名教育学家顾明远先生的看法是：长期从事教育工作，热爱教育，热爱孩子，愿意献身其中；在工作中肯钻研、敢于创新，有自己的理论见解和思想体系；工作出色，能够得到社会公认，能够产生积极的社会影响。他的看法，有的与陶行知先生的观点一脉相承，有的则反映了他自己对于教育家的独特认识，如"有自己的理论见解和思想体系""能够得到社会公认"等。

基于上面的认识，何谓民主的教育家？在我看来，简而言之，民主的教育家首先是持有民主的社会理想的教育家。在当下的中国，就是持有中国特色社会主义民主理想并通过教育努力为之奋斗的教育家。反观我们当今的教育，作为学校的管理者，一些校长对于什么是好教育、好学校心中有答案，但对于什么是理想的社会、理想的国家思考得却不是很系统、很完整。我认为，校长如果想成为民主的教育家，首先要有民主的社会理想，将促进社会的民主化、建设更加富强民主文明和谐的中国作为自己教育工作的根本价值追求。没有这种眼界和胸怀，就难以成为民主的教育家。

其次，民主的教育家应具有民主的工作风范，自身应该成为民主精神的践行者，能够在教育教学管理、师生交往、社会交往中展现民主的风范。这就要求我们的校长和教师在工作中能够平等地对待同事、学生、家长以及其他相关的人士，不能摆出一副高高在上、唯我独尊的样子；针对教育问题，能够广泛听取各方面的意见和建议，能够虚心地向自己的工作对象学习和请教，集思广益，促进教育事业健康发展，促进孩子健康成长。

再次，民主的教育家要传播中国特色社会主义的民主精神，建设民主课堂、民主学校，努力造就社会主义民主公民，引导广大学生成为能够担当民族复兴大任的时代新人，成为德智体美劳全面发展的社会主义建设者和接班人。

为何要做民主的教育家？

做民主的教育家是历史的使命。中国是一个有着两千多年封建专制传统的国家，不难理解，中国传统文化和教育中存在着一些不民主的因素，包括排斥、等级、特权、体罚、对错误的不宽容等。受这些因素的影响，中国现代的教育体系中也依然存在着一些不平等的因素，学校之间、教师之间等级明显，学生在学校不敢大声讲话，不敢大胆尝试，不敢表达自己的观点和见解，他们的个性、创造性乃至人格在这样的学校里得不到健康发展。我们国家要进入现代国家的行列，相应地，我们的文化和教育也必须实现现代化转型。

教育民主化恰恰是教育现代化的重要维度。到 2020 年，我国要基本实现教育现代化。谈及教育现代化，人们提出了各种不同的指标维度，民主性一定是教育现代化的核心指标。如果我们的教育不是民主的教育，我们就无法称其为现代的教育；如果师生之间还保持着那种封建的等级制关系，我们同样也无法称其为现代的师生关系；如果学校管理还是搞"一言堂"，学校怎么办、课程怎么改、教师怎么评价仍然是一个人或者少数人说了算，那么这样的学校管理也就称不上民主的管理。所以，要基本实现教育现代化，首先必须大力推进教育的民主化，教育现代化呼唤民主的教育家。

　　教育民主化是 20 世纪以来中国教育现代化的价值追求。蔡元培、陶行知、晏阳初等在这些方面都有大量的论述并亲身实践过。一百多年来，教育的先驱们不断推进中国教育的民主化进程，取得了历史性的成就。中国的学校有数不清的学生社团，各班级有民主选举，学校管理中有教职工代表大会制度，学校决策有党政联席会议制度等，还有各种意见箱、接待日。这些具有中国特色的学校民主化实践经验值得好好总结并进一步深化，今日的教育家也一定要努力向前辈们学习，为未来教育的民主化做出新的更大的贡献。

　　总之，做民主的教育家是时代的召唤，是建设高度的中国特色社会主义民主政治的需要，是建立现代教育治理体系、激发教育活力的需要，是保证各级各类教育质量的制度需要。

怎样成为民主的教育家？

　　做民主的教育家，要有家国情怀。包括陶行知先生在内的一批先进知识分子引进民主和科学，是为了改变中华民族落后挨打的命运，唤醒广大人民群众的权利意识、主人翁意识、国家意识，建设一个独立、自由、富强的国家。陶行知先生办教育，除了心中有对孩子的爱，可能更多的是心中始终装着国家。陶行知先生将他对国家的使命感倾注到了他对教育事业的热爱上。因此，我们要做民主的教育家，也是源于对国家的热爱、对民族的热爱。尤其是校长，必须有这样的境界和心胸，要有家国情怀，让学校真正成为学生、教师健康成长的家园，为国家培育人才。

　　做民主的教育家，要重新思考教育和学校的目的。人才的培养不是为了一个虚幻的人类共同体，首先要考虑为自己脚下的这片土地培养人才，为赋予自己公民身份的国家培养人才。我们要造就和培养德智体美劳全面发展的社会主义建设者和接班人，要培养社会主义公民，就必须弘扬法治精神，履行社会义务，遵守社会规范，勇于担当社会责任。今天我们有不少学校仍然秉承"精英主义"理念，将少数学生的发展放在心上，认为这些学生能够给学校争光，带来荣誉和声望。这种只关注少数学生发展的精英主义学校，在办学上根本就不符合民主精神。

做民主的教育家，要努力向教育先辈们学习。民主教育并非始自今日，从1919年开始，民主教育的理念就像种子一样在我们这片古老的土地上生根、开花、结果。今天，我们学校的民主制度已经普遍建立，但还有完善空间。可喜的是，有些学校已经将教职工代表大会看成是学校全体教职工参与民主管理、进行民主监督、建立民主的教育共同体的重要机制和平台；有些学校的学生社团如雨后春笋般发展起来，这对培养学生的自由精神、民主意识、自治精神非常重要。

做民主的教育家，要做民主精神的践行者、普及者和示范者。教育者以身作则，这是中华民族最古老的教育智慧。学校变革要有民主的价值取向，以教人者教己，欲做学生的先生，先做学生的学生。在学校中，有些教师教学生诚信，有时自己尚不诚信；教学生要有民主情怀，自己说起话来却缺少民主的雅量；希望学生成为有平等意识的人，自己却颐指气使；希望学生成为有正义感的公民，自己在班级管理中却不能一碗水端平：这样是不可能实现教育目的的。教育的内容和方法只有与教育者的人格融为一体，才能真正发挥教育的效力；否则，虚伪的教育培养不出真正的人，更不可能造就民主的社会主义公民。另外，我们要注重学生自主参与、协商与合作精神的培养，要将建立以学习者为中心的新型教育关系真正落到实处。

做民主的教育家，要注意完善学校的民主制度，与一切反民主、伪民主现象做斗争。我们还要善于运用家庭和社区的力量，协同培养学生的民主意识、民主习惯和民主信念。在此意义上，那些迷信"封闭式教育""军事化管理"的教育思想和实践，都是与教育的民主化格格不入的。民主的教育家一定要走出校园，走进社区，善于运用家庭和社区的资源与力量培养合格、优秀的中国特色社会主义民主公民。

（原文发表于《中国教师报》2017 年 9 月 20 日）

4

对"师生关系平等"的一点反思

"师生关系平等",被广泛地看成是处理当代学校师生关系的一个基本价值尺度。根据许多学者的论述,它所要反对的是那种"不平等的""专制的"师生关系。乍一看,这个基本的价值尺度似乎没有任何问题,语句简单,语意明确。但是,大量的师生关系个案说明,人们对这个基本价值尺度的认识并不很清楚,相应地,在实践中也出现了许多值得深思的现象。比如,北京某中学一位学生在课堂上直呼教师的名字,理由是:师生平等,既然教师能够直呼学生的名字,学生反过来也可以直呼教师的名字。该学生还举例说,国外的学生都是直呼教师名字的,他这么做就是要挑战中国几千年来形成的"不平等的""专制的"师生关系。又如,也是出于建立平等的师生关系的考虑,一些青年教师特别热衷于和学生"交朋友",其中一些人干脆与学生以"兄弟""姐妹"相称,个别人甚至接受学生称自己为"老大"。这些现象的存在,说明一部分师生对于"师生关系平等"内涵的认识还有模糊之处。这种认识,于教育无益,于学生有害。

"师生关系平等"的内涵究竟指什么?是不是指教师能怎么样,

学生就能怎么样？是不是指教师如何对待学生，学生也可以如此对待教师？是不是指教师和学生之间是无差别的、一样的？我看不能这么来理解。

教师是教育者，是教育的主体，负有教育的责任；学生是学习者，是学习的主体，负有学习的责任。两者的主体地位和责任都是不一样的。教师在履行自己责任的过程中也需要学习，但是教师的学习无论是在目的上还是在内容上与学生的学习都是不一样的。学生学习的目的是更好地发展自己，教师学习的目的则主要是更好地指导学生发展学生自己；学生学习的内容是他们自身的发展所需要的各种材料与活动，教师学习的内容主要是如何提供这些材料、组织这些活动并以适当的方式向学生反馈其发展的状态。所以，就社会角色的意义来说，师生之间确实是不一样的。"师生关系平等"不是在"角色平等"的意义上说的。

依我看，"师生关系平等"只适用于人格领域，指的是"人格平等"。前面已经说过，教师和学生是两种不同的社会角色或身份，双方构成了一种独特的社会关系。在社会关系的意义上，师生天然是不平等的。但是，在人格关系的意义上，师生之间却是绝对平等的。这就是说，尽管师生所承担的社会角色和责任是不同的，但是他们作为人的存在却是相同的。用一句通俗的话说：教师是人，学生也是人，在这一点上，师生之间是没有任何差别的。作为人，教师需要爱，学生也需要爱；教师需要被尊重，学生也需要被尊重；教师不愿被人辱骂，学生也一样。因此，师生双方在审视对方的时候，应该透过社会角色的面具，看到面具背后共同的人性或人格，采用"换位""移情""理解"的方法去建立一种无差别的人格关系，以超越那种有差别的角色关系。这种人格关系是师生关系最核心的组成部分。有时候，师生人格上的相互熏陶和砥砺对于学生成长的意义，胜过任何外在的要求和规范。

中国古代教育传统重视这种有差别的角色关系，更重视这种无差别的人格关系。无论什么时候，一位不对自己和学生提出严格要求的教师不是一位尽职尽责的好教师。不能把教师对学生提出严格要求看成是在维护不平等的师生关系。至于孔子提出的"学而不厌，诲人不倦""三人行，必有我师焉""当仁，不让于师"的思想，则主要是从教师人格和学生人格的意义上说的。孔子自己也与学生之间建立起了千古传诵的人格关系。据记载，孔子的学生颜渊不幸病亡后，孔子悲痛欲绝，其伤心的程度远远超出了为人师者应该有的表现，反映了他们师生间深厚的感情。

　　回到本文开头所举的例子和所提的问题上来。师生的称谓属于社会角色范畴，而师生所承担的社会角色又是受文化限制的，在不同的文化环境中，师生之间的称谓方式可能是不一样的，彼此之间没有可比性。因此，以"师生关系平等"的名义去直呼教师的名字是不妥当的，师生之间的称谓方式应该体现出他们所代表的社会角色的差别，这里面没有平等不平等的问题。以国外师生之间的称谓方式作为辩护理由也是无效的，因为这种做法没有考虑到师生社会角色与文化传统之间的内在关系。把基于人格平等的"师生关系平等"简单地应用于日常的师生交往过程之中，强调无论在何种条件下师生都是平等的，这种观念无疑是错误的。在日常教育教学活动中，正如赞可夫所指出的："教师既是学生的年长的同志，同时又是他们的导师。无论对集体或是对每一个个别的学生，都时刻不要放松自己肩负的指导的责任——这一点正是应该做到的，虽然做起来相当困难。"

（原文发表于《中国教师》2005 年第 7 期，

收录时标题有改动）

5

教师的基本价值品质及其形成

　　著名文学家闻一多先生曾经说过，艺术作品的灵魂取决于艺术家的灵魂，如果艺术家的灵魂不高尚，那么艺术作品也只能是一些哗众取宠、俗不可耐的东西。闻一多先生的这个观点用于评论教育也是同样合适的。教育的灵魂取决于教师的灵魂，如果教师的灵魂不够高尚，那么他们所从事的教育工作也必然是"缺乏灵魂的教育"（education without soul）；在这种教育环境中，学生即使取得了成就，也是"没有灵魂的卓越"（excellence without soul）。因此，唤醒教师的灵魂就成为唤醒教育的灵魂的一个必要条件。

　　从学理上说，教师的灵魂是什么？仔细思量，应该就是教师所应具备的一些基本价值品质，是教师从事教育工作所不可缺少的基本价值品质。

什么是教师的基本价值品质？

　　价值品质也称"价值素养"，指一个人所认同并努力体现在自己的日常生活、工作和社会交往中的价值原则。那些只是口头上承认，实际上内心并不认同、生活中更不打算遵循的价值原则，不能构成一个人的价值品质或价值素养。从性质上看，作为一个人的价值品质的那些价值原则既是观念性的，又是情感性的，它们引导和支配着人的行动，构成一个人行动的依据。所以，价值品质与价值观既有联系，也有区别。从联系的角度看，各种各样的价值观是价值品质的基础，离开了价值观，价值品质就成了无本之木、无源之水。从区别的角度看，一个人理解和掌握了某种价值观念，并不等于他具备了这种价值品质或价值素养，只有当他不仅理解和掌握了这种价值观念，而且从态度和情感上接纳它并自觉地在日常生活、工作和社会交往中遵循它的时候，才能说他真正地形成了这种价值品质或具备了这种价值素养。

根据上面的理解，教师的基本价值品质是指教师个体在从事各种具体的教育教学和管理工作中所应具备的最基础性的价值品质。一方面，这里的基础性是从教师的岗位职责及其所承担的教育使命角度来说的。也就是说，这些价值品质是教师所必须具备的，是教师开展丰富多样的教育工作、构建有教育性的课堂生活和师生关系的前提条件。缺少了这些价值品质，教师的教育教学和管理工作就会失去方向，就会违背教育的意图和目的。另一方面，基础性也是从它们与教师专业发展的关系角度来说的。教师的专业发展不单单表现在教师的学科知识和管理能力方面，还表现在教师的专业态度和伦理方面。教师的基本价值品质构成了教师专业态度和伦理发展的基础。如果教师的基本价值品质缺失的话，教师专业态度和伦理的发展、教育理想和使命感的获得就根本谈不上。

教师的基本价值品质有哪些？

如何确定教师的基本价值品质的类型和范围？这是一项比较困难的工作。本文通过以下几方面的研究提出了教师的基本价值品质的类型和范围，供广大教师和教育研究者批评指正。一是案例研究，通过收集和比较大量的实践案例，分析深受学生欢迎的优秀教师身上的一些优秀品质以及不怎么受学生欢迎的教师身上的一些不良品质，以寻找教师的基本价值品质。二是文本研究，通过阅读包含教育内容的个人传记或回忆文章，寻找让传主们或作者们难以忘怀的教师身上的一些价值品质，试图理解教师的某种价值品质如何深深地烙印在学生的生命当中，探究此种价值品质究竟是以何种方式打动学生并使他们终身难忘的。三是理论研究，主要是综合应用哲学、教育学、心理学等学科领域的知识，分析论证某种价值品质为何对于教师所从事的教育工作来说是必不可少的。通过以上几方面的初步研究，参照教师所从事的主要工作类型，可以将教师的基本价值品质粗略地做如下划分。

第一，与学生有关的基本价值品质，包括"平等""信任""希望""爱""公正""宽容""同情""民主"等。"平等"是指"人格平等"，把学生当成和自己一样的人来尊重。"平等"是打开学生心扉、倾听学生心声、培育学生尊严和寻找教育机会的前提条件。没有"平等"，就没有师生之间真正教育性关系的建立。"信任"是激励学生自我完善的力量，教师对于学生的无条件信任更是学生发愤图强、自我超越和创造奇迹的强大心理动力。教师不应该总是用怀疑的眼神来打量学生，更不能直接或间接地监督学生的一举一动，这样做只是"控制"，而不是教育。"希望"是教师对学生未来的瞩目与肯定，当教师把自己对学生的希望传达到学生内心中去的时候，会点燃学生对自己未来的希望之火。反过来说，当一位教师不对某位学生抱有任何希望的时候，也是该学生自己的希望之火熄灭的时候。"爱"是教育的源泉，是教师全部工作合法性的基础。"没有爱就没有教育"，这是永恒的教育真理。"公正"即公平合理地对待每一位学生。在许多有关理想教师素质的研究报告中，"公正"都排在前面；反之，"不公正"（偏心）是学生最不喜欢的教师品质。"公正"是形成和维系良性师生关系与班集体的重要价值原则。"宽容"是对学生多样化的个性、观点和行为模式的尊重，也是对学生所犯错误的理解，并给予学生改正错误的机会。教师的宽容对于青少年学生的重要意义远远超出教师们的想象。"同情"是一种能够理解他人的遭遇并愿意与他人一同承受的价值品质。当学生遭遇学业失败、家庭危机、交往障碍、身体疾病等情况时，教师发自内心的同情能够给学生"老师站在我这一边"的感受，从而增强学生战胜困难的信心和勇气。"民主"则要求教师能够倾听学生的意见和建议，在班级管理活动中实行民主原则，在学生民主活动遭到破坏时能够帮助他们重新回到民主的轨道上来。

第二，与同事有关的基本价值品质，包括"关怀""赞美""信任""团结""谦逊"等。教育工作是一种集体性的劳动，单靠个人的努力是不能完成任务的。教师必须学会和同事们一同工作，这样才能够符合教育的意图，才能够尽到教育的责任。一种充满冷漠、龃龉、冲突的同事关系，无论对于教育工作还是对于教师个体来说都是糟糕的。要建立良好的同事关系，教师必须具备诸如"关怀""赞美""信任""团结""谦逊"等基本价值品质。"关怀"是一种温暖人心的态度和行为，不论是年长者对于年轻者，还是新教师对于老教师，彼此之间真诚的关怀是交流和沟通的前提。在一个充满关怀的集体中工作，教师之间更容易针对学生学习和发展中出现的问题开展沟通和交流。"赞美"是给予别人的肯定和表扬，为同事们取得的优异成绩而发出赞美之声能够创造一种积极向上的工作氛围，被同事们所赞美也会进一步强化自我良好的工作态度、方法和习惯。"信任"是团结的纽带，彼此之间的信任会降低交往的成本，提高合作的可能性。"团结"是消除不必要的猜忌、建立集体自尊、应对外部压力的基本原则。一个团结的教师团队（年级组、教研组、课题小组等）有助于提高每一位教师的工作满意度。"谦逊"是一种生而不有，为而不恃，功成而身退的态度，不自满，不表功，不盛气凌人。"谦逊"要求教师在学生发展、班级管理、课题研究等方面多肯定他人的努力和贡献，少宣传自己的付出和成绩。

第三，与实际工作有关的基本价值品质，包括"投入""敏锐""理性""自主""反思""创造""信仰"等。教师对于自己所担负的工作如果能够全神贯注地投入，会产生极大的教育意义。课堂上，教师的高度投入会激发学生学习的热情，提高学生的注意力；在课外活动中，教师的投入会使师生关系变得更加密切，赢得学生发自内心的尊重。"敏锐"作为教师的一种基本价值品质被提出来，是与教师工作的对象和特征相关的。教师面对的是活泼可爱的孩子，孩子的心思富于变化。教师应该对孩子身上的任何一种变化保持高度的敏感，能够洞悉他们内心世界的秘密，只有这样才能为教育找到合适的时机和途径。一个对孩子身心变化非常迟钝的人是不适合做教师的。"理性"是一种客观的态度，能够帮助教师在碰到问题时有条不紊地分析问题，寻找原因，选择有效的策略。对于学生学习和发展中出现的问题，教师应该像医生对待病人那样，尽管主观上很着急、很同情，但是在教育过程中首先要遵循理性的要求。"自主"强化了教师的能力和责任，帮助教师摆脱对于制度和权威的过度依赖，根据自己的观察和判断采取合适的教育行为。教育的每一个对象、每一个时刻都是非常特殊且不能复制的，这就决定了教师的教育工作不能机械地听命于任何外在的要求，必须依赖自己的独立思考和判断。"反思"和"创造"作为教师工作的基本价值品质，也是基于同样的道理。"自主"的教师一定也是"反思"的教师和充满"创造"精神的教师。"信仰"是指对于教育价值的信仰，包括对于学生可教性的信仰。在夸美纽斯、杜威、陶行知等人的著作中，我们都可以看到这种信仰及其对于教育工作的重要意义。如果一位教师怀疑教育的价值，怀疑学生的可教性或发展的可能性，那么他就会从内心里失去对教育的热情，其工作也不会产生教育的意义，发出教育的光芒。

如何培育教师的基本价值品质？

虽然以上对于教师的基本价值品质的分类和分析还很粗略，但是许多经验表明，如果一位教师缺乏其中的一些价值品质，他确实算不上一位合格的教师，更谈不上成为一位优秀的教师。那么，如何培育教师的上述基本价值品质呢？

第一，通过案例研究的方式，帮助教师理解这些价值品质为何是"基本的"。在学校实践中，存在着大量彰显或违背这些基本价值品质的案例。教师的不公正会引发师生关系紧张和学生之间的矛盾，教师对于学生人格的不尊重易导致学生的暴力行为，教师缺乏教育的信念会导致其工作缺乏内在动力，这样的事例随处可见。学校可以利用学习或培训的机会，引导教师分析这些案例，理解某些基本价值品质与教育教学工作的内在联系，从而提高教师对于这些基本价值品质重要意义的认识。学校应该通过这种方法帮助教师认识到，这些基本价值品质实在是教育工作本身对于教师所提出的基本要求，也是教师成长的基本条件。

第二，通过他者的视角，帮助教师认识到青少年学生、同事、家长期望教师具有哪些重要的价值品质。学校可以组织开展"学生心目中的好老师""同事眼中的好伙伴""家长眼中的好老师"等调查活动，归纳总结出学生、同事、家长最看重教师的那些价值品质，并将它们依照重要性程度加以排列。每一位教师都希望成为学生心目中的好教师、同事的好伙伴和家长的好朋友，当他们知道了对于自己的工作来说至关重要的学生、同事和家长对自己的期待以后，会提高自己锤炼基本价值品质的自觉性和积极性。

第三，通过促进教师的自我反思，帮助他们真切地体会基本价值品质与教育教学和管理工作以及自身成长之间的内在关系。应该说，不存在一点基本价值品质都不具备的教师。每一位教师在自己的职业生涯中总是多多少少地具备为人师者的基本价值品质。但是，能够始终如一地践行基本价值原则的教师也不是很多。由于受各种因素的影响，不少教师在实际工作中不遵守或违反某些基本价值原则的事情还是经常发生的。通过促进教师基于自身经验的自我反思，能够帮助他们更真切地理解基本价值品质的教育意义，从而不断增强他们提升基本价值品质的信心。

第四，通过营造崇尚基本价值品质的学校文化氛围，促进广大教师对这些基本价值品质的认同。校长和其他学校管理者一方面要率先垂范、以身作则，另一方面也可以通过学校的各种活动如开学典礼、表彰大会、教职工代表大会等不断地阐释这些基本价值品质的教育意义，鼓励广大教师追求一种有原则、有理想和有方向的教育人生。此外，学校还应该大力表彰那些能够始终不渝地践行基本价值原则、展现基本价值品质的教师楷模，注重教师基本价值品质的提升，把教师基本价值品质的提升作为学校校本培训与师资队伍建设的重要内容和任务。

（原文发表于《中国教师》2009 年第 1 期）

6

谈谈教师的社会素养

什么是教师的社会素养？

　　教师如何才能成为"四有"好老师、学生健康成长的引路人和塑造学生品格的"大先生"？这是当下教育界要深思、要回答的大问题。从要求上说，一位教师无论是做"四有"好老师，还是做"四个引路人"或"大先生"，应当具备的素质都远远超过了专业学识的范围，包含了他本人的思想道德情操，特别是他对于传统、社会、国家、民族以及人类未来等问题的立场和观点等。来自一线的观察也表明，有的教师虽然有不错的专业学识，个人的思想道德修养也不错，但是对于传统、社会、国家、民族以及人类未来等问题缺少正确的认识，价值立场有问题，也就无法担起"大先生"的重任。像孔子、王阳明、陶行知那样的伟大教师，不仅是以自己渊博的学识来从事教育工作，更是以自己对于传统、社会、国家、民族以及人类未来等问题的深刻洞见和满腔热忱来引领学生的思想与行动的。

为了与教师应当具备的专业学识或专业素养相区分，我把教师应当具备的对于传统、社会、国家、民族以及人类未来等的观点、态度和价值观统称为教师的社会素养。如果一位教师缺乏基本的社会素养，在对社会问题的认识上很幼稚，那么，他就根本不能回应学生成长中对于社会问题的关切，也不能引导学生的思想意识、理想信念向着推动社会进步的方向发展。如果一位教师的社会素养有问题，面对复杂的社会现象和社会问题，站在了落后的、消极的甚至完全错误的立场上，那么，他就不仅不能完成教书育人、立德树人的重任，甚至还有将学生引向错误人生道路的危险。一位教师只有具备了较好的社会素养，对社会现实有比较正确的认知，对社会的发展进步抱有坚定的信心，对推动社会发展进步满怀希望，才能够点燃学生学习和发展的热情，真正成为学生健康成长的好老师、引路人和"大先生"。

提升教师的社会素养是当务之急

现在的中小学一线教师，大多是从校门（大学的校门）到校门（中小学的校门），书生气比较重，对于社会现实了解得少，社会素养的底子不厚。入职后，各级各类的教师培训也主要聚焦在专业素养（含学科素养、教育素养）的提高上，对于社会素养的提升多有忽视。再加上现在的社会变化比较迅速，人们的社会认知、态度、情感和价值观需要对变化保持高度的敏感性，并不断地进行重构。所以，以我个人的观察，当前我国一些中小学教师在社会素养上是不够理想的，主要表现就是对于中国社会的文化传统了解不够，对于一些突出的社会现象和问题缺少正确认识，在一些社会价值纷争中找不到正确的价值方向，对于国家在政治、经济、文化、科技、人口、环境以及社会保障等方面出台的政策和取得的进步缺乏比较完整的认识与丰富的体验，对于中华民族多元一体关系格局的认识和理解也有待深化，对于人类社会美好未来的期望与责任意识还需要加强。

提升教师社会素养的两条途径

提升教师的社会素养，基本的途径有两条：一条是理论学习的途径，即在教师的职前培养和职后培训中，增加有关社会素养的通识教育模块，与作为教育内容的学科模块以及作为教育专业的教育学模块并列，帮助广大教师从理论上拓宽和深化对社会方方面面的认识；另一条是实践学习的途径，即在教师职前和职后培训中，大力开展社会实践学习，引导师范生和在职教师到政府机关和企事业单位、农村地区、民族地区等不同的社会区域参观考察、座谈交流，使他们有机会零距离接触社会、认识社会，发现社会中那些积极的、闪光的、进步的因素，增强为推动社会进步而不断提高教育质量的责任感和使命感。在这两条途径中，最根本的还是实践学习的途径。因为，教师的社会素养不单单是一种正确的社会认知，还包括正确的社会态度、丰富的社会情感和积极向上的社会价值观，后者的形成和提升显然不是通过单纯的理论学习就可以完成的，非通过真实的社会实践学习不可。

（原文发表于《北京教育·普教》2017 年第 10 期）

7

教育智慧的根源

前几年看过一部美国电影，片名已经记不清了，电影的主要内容是讲述一位老校长如何管理一所纪律很差的学校。在学生们的眼中，这位校长比较"无能"，一点儿也不可怕，甚至有点软弱可欺。他们预期，此校长会同前几任校长一样，干不到任期结束就"气急败坏"地要求调走。但是，结果却出人意料，就是这样一位白头发老校长，娴熟地运用自己的教育智慧，逐渐赢得了学生们的尊重和爱戴，最终把整个学校变成秩序良好、生气勃勃的发展园地，受到学生、家长和社区的高度赞誉。

电影中有这么一个感人的情节。老校长找到一位个子不高，然而却习惯于说谎的孩子，问他："别人都叫你说谎大王？"孩子尴尬地回答："是。"校长又问："难道你不愿意做一个诚实的孩子吗？"孩子认真地想了想，说："不，我愿意！但是我已经习惯说谎了，我说实话班里同学也不相信我了。"校长认真地看着他说："既然你愿意做一个诚实的孩子，为什么不去试一试？我相信你一定会改掉自己爱说谎的毛病的！"看到孩子半信半疑的样子，老校长说："让我们做个秘密约定吧！如果你一天能做到不说谎，放学后就请到我的办公室里来，我会奖励你一块精美的巧克力。"也许是出于对巧克力的渴望，孩子爽快地答应了。

此后一天，孩子果真做到了没有说谎。下午放学的时候，他高高兴兴地来到校长办公室，敲了门。"请进！"老校长似乎早就知道谁来了。"报告校长，今天我没有说谎。"说这话的时候，孩子的眼中除了有些贪婪的表情，还有一份诚实以及战胜自我所带来的自信和自尊。校长微笑着注视着孩子，打开抽屉，拿出一块巧克力，走近孩子："你是一个诚实的孩子！"孩子从校长的手中接过巧克力，又看看校长满意的表情，似乎有点儿不敢相信眼前的一切，然后就飞快地跑出校长办公室，跑到同学们中间，高高举起手中的巧克力："你们看，这是校长奖励我的！这是校长奖励我的！"之后，孩子在同伴们既羡慕又嫉妒的眼神中吃掉了这块巧克力。可是，第二天，这孩子说谎的毛病又犯了。下午放学的时候，为了得到校长的巧克力，他还是踌躇地走到校长办公室门口，用截然不同于昨天的表情和声调说："报告校长，我今天没有说谎。"校长端详了他一会，仍然高兴地打开抽屉，拿出一块精美的巧克力递到他的手中："我知道你是个诚实的孩子！"孩子拿到巧克力，也是如同昨天一样飞快地跑了，甚至比昨天跑得还快。只是，他这一次没有跑到同伴们那里炫耀，而是跑到一个没有人的地方忏悔和自责。他的头低垂在胸前，心里复杂极了。他不能原谅自己，骂自己是没有出息的人，想把巧克力送回去，又怕校长从此不信任自己。望着手中慢慢融化的巧克力，孩子发誓："明天，明天我一定要做一个诚实的人！"

可是，就在当天晚上，一场针对这个孩子的"阴谋"开始酝酿了。原来，看到这个孩子得到校长的奖励，平日里几个调皮的孩子嫉妒了，他们要破坏这个孩子在校长眼中的形象，迫使他重新回到说谎的生活中。第二天下午的课间，他们找到这个孩子，用各种语言和手段逼迫他在一个恶作剧中扮演"传话者"的角色。当然，需要他说的话是谎话。望着这些昔日一起玩耍的同伴们，孩子也犹豫了。但是，他想起了昨天自己的誓言，想起了校长满意地注视自己的眼神，最后坚定地拒绝了同伴们的要求。拒绝的代价是被同伴们毒打一顿，并被他们骂为"叛徒""走狗"。倒在地上的孩子痛苦地忍受着这一切，但心里越来越坦荡。下午放学的时间到了，孩子带着满身的伤痕来到校长办公室门前："报告校长，我今天没有说谎！"看到孩子明亮的眼睛，校长明白了一切，从抽屉里拿出全部巧克力，送到孩子手上，抚摸着孩子的头，眼睛里闪动着泪花："你已经是一个非常诚实的孩子了！"

　　电影看过已经很长时间了，但是上面的故事情节却给我留下了深刻的印象，至今不能忘怀。我常常思考：究竟是什么力量使得一个说谎成性的孩子克服了说谎的毛病？究竟是怎样高超的教育艺术使得一所纪律很差的学校变得秩序井然，生气勃勃？我想，不是个人的权威、专业知识、社会地位或工资收入，而是教师对学生纯真的爱与无条件的信任。看到学校的纪律那么差，老校长心中时常感到的不是愤怒，而是同情和怜悯。这种同情和怜悯是基于对学生纯粹的爱而产生的，其基本内容就是：他们不幸生活在这样的学校里，他们不该生活在这样的学校里，他们应该有更好的学校生活。孩子们需要帮助，需要走出原来的自我。在所有可以帮助孩子们的措施中，没有什么比老师无条件的信任更重要的了。所谓无条件的信任，就是不把给予学生信任与任何外在的条件，如是否足够优秀、是否足够努力、是否表现得足够令自己满意等结合起来，因而这是一种根本的、绝对的和普遍的信任。无论如何，教师应该深信，没有哪个学生愿意被称作"差生"，没有哪个学生不愿意进步，也没有哪个学生不愿意在老师、家长和社会公众面前有良好的表现。师生交往过程中教师通过各种途径所传达并被学生所捕捉的这种爱和信任，会极大地唤醒和激发学生的自爱和自信，会变成他们强大的自我教育的力量，激励他们不断地挑战自我，超越昨天，持续发展。

因此，我可以断言：古今中外，教育智慧的表现形式有千万种，其共同的根源在于教师对于学生纯真的爱与无条件的信任。

（原文发表于《基础教育参考》2005 年第 8 期）

8

重申教师家访的教育意义

2016 年以来，江西省委教育工委、省教育厅发文，在全省教育系统持续开展"万师访万家"活动，要求江西省全体教师走进学生家庭，特别是那些贫困学生、特殊困难学生家庭，主动开展家访活动，得到教育系统广大教师的积极响应和学生家长的高度评价。近日，又欣闻北京市丰台区委教育工委、区教委大力倡导家访，要求广大教师真正走进学生家庭，与学生家长面对面交流，并且建立制度化、长效化的家访制度。这些都是贯彻党的教育方针、办好人民满意的教育的好政策和好做法，是新形势下对我国优秀基础教育传统的继承和发扬，有助于教师了解学生的家庭情况，理解学生在校行为的家庭根源，开展更加积极的家校合作，采取更加有效的教育教学措施。

"进村入户式"家访真的过时了吗？

我国教师家访始于何时，有待史家考证。我父亲是 60 年前初当教师，据父亲说，他们那个时候就经常到学生家进行家访，宣传党的教育方针政策，了解学生家庭的经济、人口、阶级成分、实际困难等情况。我是 1985 年当的小学教师，那个时候也有家访，我们经常利用放学后、周末或假期时间进村入户，到学生家里了解学生的家庭情况，包括家庭人口情况、生产情况、兄弟姐妹的情况等。对于教师来说，家访能够帮助教师了解到许多有用的情况。例如，有的学生父亲身体不好，家里仅靠母亲下田做农活。因此，农忙期间年龄稍大一点的孩子（主要是四五年级的孩子）有时候也要帮助母亲做些农活，这样一来，上学迟到早退是在所难免的事情。尤其是抢收抢种的"双抢"季节，高年级学生的迟到早退现象愈加严重。如果教师不了解这些情况，就会对这些孩子进行武断的批评，而不能给予充分的理解和学习上的有效帮助。教师的批评多了，甚至有可能导致孩子厌学、退学，干脆回家帮父母种地，用他们羸弱的双肩早早地担负起农业生产和照顾家里大人的责任。有的家庭，父亲有精神疾病，发作起来就会不分青红皂白地打孩子，孩子头上脸上经常被打得青一块紫一块，到了学校又不好说是父亲犯病打的。不了解情况的教师可能会认为这些伤痕是孩子行为不良，与同学或其他人斗殴留下的印记，从而对孩子产生负面的刻板印象，伤害孩子的自尊。总之，回忆 30 多年前走村串户到学生家里进行家访的经验，我深深地认识到，对于教师来说，要想履行好教书育人的职责，不重视家访是不行的。家访实实在在是家校之间建立信任与合作的教育关系的桥梁。

近年来，因为各种原因，我国基础教育阶段的教师家访传统被严重忽视了，在不少学校和教师眼里，家访甚至是明日黄花。在一些校长和教师培训班上，我在课上课下时常问起现在还有没有教师家访的事情，得到的回答绝大多数都是否定的。再问一问那些不再进行家访的学校和教师的缘由，大家的回答主要是现在通信工具发达，有电话、短信、微信、QQ 等，不再像过去那样需要通过家访来了解学生的家庭情况了。

　　但是，实际情况却并非如此。我进一步询问他们是否通过运用这些发达的通信手段了解到学生家庭成员的构成、身体和健康状况、住房情况、职业与收入状况时，被问到的校长和教师都表示很少了解这些。看得出来，他们能够意识到，教师通过家访所获得的丰富信息，不是通过电话、短信、微信、QQ 等简单、快捷的通信手段所能够获得的。除此之外，谈到教师家访越来越稀少的原因，也有教师表示，农村很多学生的父母外出打工，平时由爷爷奶奶或姥姥姥爷负责照顾他们的生活起居。这些老人对孩子的学习、交往、游戏等情况也不是很了解，家访没有什么实质性意义。城里的校长和教师反映，城市学生居住分散，客观上不像农村学生那样居住相对集中，一家一家入户访问有困难；有的教师还认为，现在一些家长和学生并不欢迎教师到家里来，生怕暴露了家庭的一些隐私，影响教师和同学对孩子的看法；还有的校长以人身安全为由，认为小学女教师多，一个人去家访有不安全的因素。以上这些问题和担心是客观存在的，但是经过深入讨论之后，大部分校长和教师还是能够认同家访工作的教育意义，也有一些坚持家访的校长和教师在培训中分享了他们开展家访工作的经验和做法，对大家很有启发。

家访的教育意义

　　首先，教师家访是向广大家长宣传贯彻党的教育方针的重要途径。党的教育方针是党在一个时期内基于经济社会发展和国家建设的总体战略制定的有关教育工作的根本指针，对于整个国家的教育事业具有指导性和规范性作用。贯彻落实党的教育方针是教育战线的一项重要政治任务。党的教育方针的贯彻落实离不开广大家长的理解和支持。从这个角度说，向广大家长宣传解读党的教育方针是学校工作包括教师工作的一项重要内容，有利于为党的教育方针的贯彻落实创造更加良好的社会条件。

其次，教师家访是学校教育落实立德树人根本任务的客观需要。教育的根本任务是立德树人，这是教育的时代主题，也反映了教育的基本规律。但是，在具体立什么德、树什么人以及如何立德树人的问题上，在对学生学习和社会行为表现的态度与解释上，学校与家庭之间却并不是天然一致的，经常会出现家长不理解、不支持甚至投诉教师的情况，造成家长与教师、学校之间关系的紧张。要比较好地解决这方面的问题，学校仅靠召开几次家长会是做不到的，应当通过教师家访的方式走进学生家庭，面对面与学生家长互动交流，帮助他们理解学校的办学思想、教育教学改革以及学生在学校的学习与发展情况，争取在落实立德树人根本任务、促进学生健康发展方面能够与家长在目标上、行动上、态度上保持协调一致，避免出现相互脱节、抵牾甚至冲突的情况。学校、教师与家长之间在孩子教育问题上的相互了解、信任和团结，是一切成功教育的基础条件。

再次，教师家访还是促进教师专业成长的重要途径。教师所从事的教育工作是一项专业性行动，教师持续的专业成长是岗位胜任和教育质量提升的根本保障。但是，与有些高度个体化的专业行动不同，教师所从事的教育专业是一项集体性事业，既有着广泛的社会、国家和人类意义，也有赖于社会各方面，尤其是来自家庭的大力支持与协作。从这个角度来说，教师家访是建立和改善这种支持与协作网络的基本途径，在这个过程中所建立起来的教师与家长之间的良好关系是教师专业成长的重要目标。在与家长频繁的接触和交流中，广大教师的教育意识和教育责任感会进一步增强，对学生学习动机、兴趣爱好、交往行为、理想抱负等的社会成因会有更深层次的理解，对学生身心发展规律的特殊性和个性化教育教学要求会有更加精准的认识，有助于不断提高教师教育教学工作的专业化水平。

可见，无论是从宣传贯彻党的教育方针、落实立德树人根本任务来说，还是从形成家校教育合力、促进学生健康成长来说，教师家访都是亟待重新重视和加强的教育工作。

新时期进一步做好家访工作的对策建议

江西省委教育工委、省教育厅和北京市丰台区委教育工委、区教委的做法给全国树立了一个很好的榜样。为进一步做好此项工作，这里提出几点建议，供各地、各校和广大教师开展家访工作时参考。

第一，政府、学校和教师都要从认识上高度重视家访工作的多方面教育意义，政府、学校、社区、媒体等都要大力宣传和推动家访工作，将家访工作作为宣传贯彻党的教育方针、了解人民群众教育需求、落实立德树人根本任务、发展素质教育、培养德智体美全面发展的社会主义建设者和接班人的基本教育途径之一。

第二，将建立覆盖从幼儿园到高中各学段的教师家访工作体系纳入国家、地方及学校的"十三五"教育规划和中长期教育发展规划中，作为构建现代教育治理体系和教育社会支持网络的一个重要组成部分。

第三，制定全国性、地方性或学校的教师家访工作条例或实施办法，规范家访工作的目的、内容、要求、组织保障等事项，提高家访工作的法治化、制度化、规范化水平，建立教师家访工作的长效机制。

第四，在国家级、省级、市级、区级、校级等各级培训体系中增加家访培训模块，帮助广大教师提升家访的专业意识和能力，提高教师家访的科学化、专业化水平。

第五，针对当前我国基础教育均衡发展、质量保障和青少年身心健康中存在的突出问题，如学业负担过重问题、农村留守儿童问题、城市流动儿童问题、校园欺凌问题、青春期发育过程中的问题、心理健康问题、特殊需要儿童学校融入问题、贫困家庭儿童教育问题等，开展专门性的家访工作，与家长一起面对面研究和商量解决问题的有效策略。

第六，教育行政部门和学校要将家访工作列入教师的日常工作任务之中，纳入教师的年度考核和绩效奖励工作中，因地制宜，因校而异，建立以班主任为主体、全体教师自觉参与、社区和家庭充分配合的新时代教师家访工作新体系。

（原文发表于《人民教育》2018年第12期）

第 四 编

学生观与学生成长

　　教师要真正地理解儿童的个性和个性差别，把握儿童个性形成尤其是个性发展中的缺陷和不足，并力图寻找培养儿童良好个性品质的适宜途径，仅仅靠观察儿童自身是不够的，必须深入了解他们所处的各种社会关系，做一番社会学的研究。作为教育工作者，谁在这个工作上吝于付出时间和精力，谁就不能真正理解站在自己面前的儿童。

1

谈谈育人为本

《国家中长期教育改革和发展规划纲要（2010—2020年）》（以下简称《教育规划纲要》）明确提出，"把育人为本作为教育工作的根本要求"，重点是面向全体学生、促进学生全面发展，着力提高学生服务国家、人民的社会责任感，勇于探索的创新精神和善于解决问题的实践能力。这为新时期教育改革创新指明了方向。

众所周知，学校是教书育人的场所，"教书育人"是对教育工作的通常称谓。其实，在教书与育人的关系上，教书只是手段，育人才是目的。简言之，不管是学校工作的哪个方面，都是以育人为根本价值追求的，都是为更好地培育人才服务的。正是在这个意义上，各级各类学校作为特殊的社会组织才能区别于科研机构、企业或政府部门等。

学校要以育人为本，这似乎是一个不需要强调的教育真理。其实，之所以要在《教育规划纲要》中强调这一点，一方面是因为育人为本体现了教育工作的根本价值追求，另一方面是因为育人为本也是有现实针对性的。这种现实针对性主要表现为在基础教育阶段

（包括学前教育、初等教育和中等教育阶段）存在着片面追求升学率而忽视培养学生健康的身心素质的现象，而在高等教育阶段则存在着因为过于追求科学研究、社会服务而在相当程度上忽视人才培养的现象。

　　基础教育不仅是人发展的基础，也是社会主义公民成长的基础，更是高等教育的基础。基础教育阶段应该尊重学生，使他们喜欢学校，喜爱学习，对自己的未来充满信心；应该注重保护他们的好奇心、求知欲和批判精神，并将其引向科学的领域；应该唤醒和培育他们与生俱来的善良天性、同情心、爱心、责任感和和平意识等，为他们后天德性的形成、价值的学习和人格的发育打下良好的基础；应该帮助他们养成健康的生活习惯、高尚的审美趣味、爱护环境的意识等。但是，一些学校片面追求升学率，片面强调"不要输在起跑线上"，从学前教育阶段开始，只重视学生的知识学习，忽视其多方面素质的和谐发展。这种教育就违背了育人为本的思想，不是把人——每一个学生作为教育服务的对象，而是用分数、升学率等外在的目标来苛求学生、压迫学生，并最终导致他们在学校教育中被客体化、边缘化和等级化。

　　在高等教育阶段，人才培养本应该处于核心的位置。但是，在当今社会，此阶段教育还有其他两项主要的社会功能——科学研究和社会服务。本来，这三项功能之间应该是协调一致的、不矛盾的，科学研究也好，社会服务也好，也都应该服务于人才培养的目标。但是，在一些高校确实存在着重视科学研究和社会服务，而轻视或忽视教学和人才培养的现象。有的学校甚至存在教师在科学研究和社会服务中把学生作为廉价劳动力来使用的现象，根本不注重对学生的指导和培养。这样的高校算不上是以育人为本的高校，只能说是以科研为本的高校，以服务为本的高校。

　　因此，《教育规划纲要》中重提"育人为本"这一朴素的教育真理，就是为了重新唤醒所有教育机构和教育工作者的育人意识，使其克服种种不正确的教育价值取向，重新回归到教育的正确道路和应然的价值追求上来。

（原文发表于《教育科学论坛》2010 年第 6 期）

2

从 SARS 看人生与教育

自从北京爆发 SARS 疫情以来，我有将近两个月的时间待在校园里，哪里也不去。教学方式的改变，社会活动的取消，家庭生活时间的增加，在很大程度上完全改变了我以往的生活方式。这种改变不仅是外表上的，而且触及内心深处，促使我检视自己平素所持有的生活态度和价值理想。在健康甚至生命随时都有可能被 SARS 病毒入侵的日子里，我思考最多的一个问题就是：人生究竟为什么？

成就欲就是个无底洞

在 SARS 疫情爆发之前，关于这个问题，似乎并不难回答，因为迄今为止我所受过的所有教育——包括学校教育、家庭教育和社会教育——已经给了我一个明确的答案：成就。这个词在父母、老师、爱人和社会对我的期待中占据核心位置。我也以我的不断努力回赠他们对我的期待。为此，我的父母在我奶奶去世的时候没有通知我回家吊唁，我的孩子刚刚五个月大的时候我就出国访学，一年到头忙忙碌碌、四处奔波，平时在家里也以工作的名义放弃许多本该由自己承担的义务。一分耕耘，一分收获。在众多亲人、朋友、领导的关心、帮助与支持下，自己也不断地获得一些小小的成就：博士毕业、论文发表、著作出版、职称评审通过、收入增加，如此等等。这些小小的成就，确实给自己带来了一定的成功感，但同时也带来了很大的压力。成就欲似乎是个贪婪的无底洞，会吞噬掉所有的时间和精力。正常的工作时间早已不够用了，就只能加班加点地工作，经常工作到深夜。最后让人变得疲于奔命。

重视真实和完整的生活

SARS 的到来和肆虐，用一种强制的方式终结了这种以"成就"为价值轴心的生活。生活，突然回归到最简单、最朴素、最平常的状态——柴米油盐、老婆孩子、父母朋友、一日三餐、户外运动。时间，就在这样"琐碎"而真实的生活中平静地流过。就在此时，就在这样的生活中，以前被狭隘的成就欲所遮蔽的生活的本体性、完满性和目的性却逐渐地显现出来。当下的生活不再是未来生活的工具，"琐碎"的生活不再是"崇高"生活的陪衬，真实的生活也不再是获得成就的工具，它本身就是目的。沉浸于这样熟悉而又陌生的生活中，我体验到了一种前所未有的宁静、满足与幸福。我不禁欣喜：这不就是我曾经期盼的未来吗？我从内心里感叹：这才是生活，这才是幸福，这才是人生的终极目的。

一种惭愧与遗憾也由此产生：为了未来的成就，我错过了真正的生活。感谢 SARS，它教我认识到人生的终极目的不是成就，而是幸福，不在于将来，而在于当下。对于个人来说，有所成就是很重要的，但是，人们必须认识到，成就不过是人生价值表中的一种价值，不过是幸福生活的一种条件，而远非全部。因此，如果一个人对成就的追求达到了牺牲自己身体健康、伦理责任、亲情友情以至于牺牲生活完满性的地步，那么无论是从道德动机上还是从社会效果上看都是不值得鼓励和肯定的。从道德动机上看，这种行为是极端自私的；从社会效果上看，这种行为所放弃的责任、义务和爱被转嫁给了他人，构成了对他人权利的一种侵犯。与这种人共同生活，即便受到尊重，也很少有幸福可言。在许多情况下，人们会感觉到：成就是别人的，与自己无关；可以为之骄傲，但是却没有幸福的体验。

将幸福置于成就的前面

因此，在人生的价值表中，必须将幸福置于成就的前面，而不是相反。从日常生活的经验来看，幸福作为一种价值目标，是经由对当下生活完满性的体验而实现的，而不是基于对未来成就的想象。因此，为了幸福，人们必须全心全意地投入当下的生活之中，必须深刻地理解并庄重地守护当下生活的完满性。

然而，在当今社会，这是一件多么不容易的事情。快速的社会变迁，使我们忽略当下生活的价值；功利主义的价值观念，又使我们变得雄心勃勃并因此贪得无厌；基于个人主义的生活方式使得人们处于一种原子化的生存状态，传统的社会亲密感日渐淡薄。在这种现代文化氛围中，谁愿意投入当下的生活？谁又愿意将生活的完满性置于功利性之前？因此，在这个时代，谈论幸福，是一件非常奢侈的事情。

幸福是教育的终极目的

教育要教人去取得成就，更要教人去获得幸福。比起成就来，幸福才是教育的终极目的。学习和研究教育哲学十年有余，每每被人问起教育的终极目的来，总是含糊其辞，拿些抽象的理论和现成的政策来搪塞。如今看来，毫无疑问，教育的终极目的就是幸福——学生的幸福、教师的幸福、全人类的幸福。学生态度的改变也好，知识的增加也好，技能和能力的提高也好，德性与人格的陶冶也好，如果不是为了获得和增加他们自己以及整个社会和人类的幸福，那么就会导致和增加他们自己以及整个社会和人类的不幸。鉴于幸福系于生活的完满性，我想起了 19 世纪英国著名学者斯宾塞提出的"教育要为完满生活做准备"的命题。他说："怎样去完满地生活？这个既是我们需要学的大事，当然也就是教育中应当教的大事。为我们的完满生活作准备是教育应尽的职责；而评判一门教学科目的唯一合理办法就是看它对这个职责尽到什么程度。"①一百多年来，他的科学主义课程论广为人们所讨论，但是他的教育目的论却没有受到同样的重视。如今，SARS 的肆虐使我们看到了重新理解其教育目的论的必要性。

教育的终极目的是幸福，为此，教育应该关注学生生活的完满性并帮助他们做好准备，学校生活本身也应该是完满的。但是，受种种因素的影响，当前学校教育为"发展"的神话所控制，充满了功利主义的色彩，鼓励学生把尽可能多的时间投入为未来成就做准备中去。学校生活的完满性、学生生活的完满性以及整个社会生活的完满性都受到了损害。这样的学校教育能够使人成功，却不能使人幸福；能够促进社会进步，却不能使社会变得美好。

（原文发表于《教育研究与实验》2003 年第 3 期，
收录时标题有改动）

---

① 斯宾塞. 斯宾塞教育论著选［M］. 胡毅，王承绪，译. 北京：人民教育出版社，1997：58.

3

今天我们如何看待儿童？

儿童是教育的对象，这是毋庸置疑的。作为教育者，我们如何看待儿童，会直接影响我们如何对待儿童，即影响我们的教育理念、我们与儿童之间建立的教育关系以及我们所选择的教育内容和教育方法等。对我们所持有的儿童观进行反思，是进一步改进我们的教育行为、更好地促进儿童健康发展的一个前提条件。尤其是，当儿童被越来越多地置于当今学校生活的中心位置时，更应该审慎地思考我们究竟是如何认识和理解儿童的。

一想起儿童，我们就会想起他们可爱的模样、如花的笑脸与纯洁的心灵。任何一个人，只要看着这样的儿童，他的内心一定会有种种积极的情感被唤醒，一边欣赏儿童、赞叹儿童，一边不由自主地想去陪伴他们、呵护他们、帮助他们。这就是教育者不可或缺的教育意识的起源，它是由我们成人对于儿童的观察和注视引起的。谁不喜欢观察儿童自由活泼的生命，谁缺少这种意识，谁在儿童提出需要的时候吝于付出自己的时间和精力，谁就不适合做一名教育工作者。这种有关儿童是可爱的、美好的、纯洁的和充满希望的认识，是所有其他儿童观得以建立的基础，也是在哲学、文学、音乐、绘画等众多文化形式中儿童形象能够获得至高地位的原因。

一说到儿童，我们还会不由自主地认为他们是稚嫩和柔弱的，认为他们的智慧和力量是有限的，因而认为他们是需要成人的守护和保护的。这种观点是有道理的，否则国家就没有必要出台《中华人民共和国未成年人保护法》了。但是，需要注意的是，这种稚嫩和柔弱是相对的，而不是绝对的；是相对于成人而言的，而不是就儿童自身的生活而言的。事实上，在儿童的生活世界里，我们常常可以看到他们不管面临多么困难和复杂的问题，总有自己的解决办法。有时候，他们讨论问题和寻找解决问题办法的专注程度与水平简直达到了让我们成年人惊讶的程度。因此，在日常生活和教育活动中，我们切不可让"儿童是稚嫩和柔弱的"这种观念遮蔽了我们对儿童已经具有的能力和智慧的认识，更不可以让我们为人父母和师长的爱泛滥，时时处处剥夺儿童自己投入生活、直面问题、完成任务的机会与责任。

一谈起儿童，教育者还很容易谈到儿童彼此的不同，关注他们丰富多彩的个性，把他们看作一个大花园里姹紫嫣红、姿态各异的花朵。这种观念是普遍的，也是有道理的。个体的儿童确实都是非常独特的，不认识和尊重这种独特性，我们就不能走进儿童的内心世界，和他们建立起良好的关系。不过，我们也要注意到，个体的儿童并非孤立地存在于这个世界上，他们丰富多彩的个性差别背后是同样千差万别的家庭背景、家庭生活方式、学校生活方式、社区类型、社会制度和文化传统。马克思在《关于费尔巴哈的提纲》中曾经明确地提出："人的本质不是单个人所固有的抽象物，在其现实性上，它是一切社会关系的总和。"正是每一个儿童所处的总体性社会关系的不同，才形成不同儿童之间丰富多彩的个性差别。因此，要真正地理解儿童的个性和个性差别，把握儿童个性形成尤其是个性发展中的缺陷和不足，并力图寻找培养儿童良好个性品质的适宜途径，仅仅靠观察儿童自身是不够的，必须深入了解他们所处的各种社会关系，做一番社会学的研究。作为教育工作者，谁在这个工作上吝于付出时间和精力，谁就不能真正理解站在自己面前的儿童。

在许多教育工作者的眼中，"儿童""孩子""学生"是三位一体的。一些教师把自己的学生亲昵地称作"我的孩子们"，关爱之情溢于言表。日常教育生活中，这么来称呼学生，这么来认识学生，当然没有什么问题。但是，从教育学的角度看，如果我们对儿童的认识仅限于此，就显得有些不够了。一百年前，鲁迅先生曾经区分过两种父亲：一种父亲是"孩子之父"，只负责生孩子，把孩子看成自己的财富；另一种父亲是"人之父"，致力于将孩子培养成"完全的人"。他还发出呼吁："因为我们中国所多的是孩子之父，所以以后是只要'人'之父。"鲁迅先生对两种父亲的区分实际上是基于对孩子的两种认识：一种是将孩子当成父亲的"财富"，一种是将孩子当成"人"。这种区分对于我们今天认识儿童也有重要意义。一方面，儿童是孩子或学生，这没错；另一方面，我们也应该意识到儿童是人，是人类的一员，具有与我们成人一样的人的资格、尊严和权利。从"儿童-成人"或"学生-老师"这个维度上说，师生之间各自有着自己的角色责任和义务，是"不平等"的；但是从"作为人的儿童-作为人的成人"或"作为人的学生-作为人的老师"这个维度上说，师生关系又是平等的人与人之间的关系。任何不能准确地理解师生之间这种人格平等关系的人，都很难正确认识和对待师生之间的差异性，也很难构建积极和谐的师生关系。

（原文发表于《北京教育·普教》2017 年第 11 期，
收录时标题有改动）

4

要高度重视教学过程中学生的直接经验

一个案例

在小学低年级的一堂课上，教师让学生用"我爱……"造一个句子，并且提出了一个附加要求，就是不准说重复的句子。这样一来，当第一个孩子说了"我爱我妈妈"之后，第二个孩子就不能再造这个句子了，即使他想说这个句子，但再说也就重复了，于是他只好说"我爱我爸爸"。第二个孩子造完句子之后，第三个孩子也不能说"我爱我爸爸"了，只能说"我爱我老师"之类。越往后，孩子越难完成句子。有个孩子憋了半天，终于说"我爱五星红旗"。教师很高兴，进一步问她为什么爱五星红旗。孩子很为难，想了半天说："因为五星红旗是最大的。"教师不满意，就转而问其他同学有没有人知道为什么要爱五星红旗，有个同学说："因为五星红旗是我们的国旗。"教师很高兴，并让那个造句的同学记住。

以上是对一节课的真实描述，它非常典型地反映出了现代课堂教学过程中老师对待学生直接经验的态度，即"贬抑"，亦即"限制"与"压制"。这一节课的目的就是让学生学会用"我爱……"造一个句子，也就是要学生掌握这个句型。教师一切的教学语言和行为都是围绕着这个目的的设计的。教师之所以不准学生造重复的句子，是因为在他看来造重复的句子不利于学生尽可能多样地掌握和运用这个句型，他根本就不关注在"我爱……"这样一个句型背后学生独特的和真切的个人情感体验，并限制了这种体验在课堂中的出现。他之所以对"因为五星红旗是最大的"这个回答不满意，是因为他认为这不是"正确"答案，不是他脑子中的"正确"答案，从而压制学生独特的和真切的认识。

学生的直接经验与间接经验孰轻孰重？

像这样在教学过程中对学生直接经验的限制和压制，在我们今天的课堂教学中比比皆是。由此，我们就不得不问一个为什么。如果这只是极个别现象的话，可能只是个别教师的教学方法或艺术问题；可是这样的现象在教学过程中大量出现、反复出现，这就值得我们深思到底是为什么。类似现象普遍地、反复地出现是不是说明人们允许此种现象存在？是不是说明人们在执意地追求这种结果，甚至在一定程度上它是得到教学制度的保护和鼓励的？

之所以会普通地、反复地出现这种现象，主要是因为在我们的教学理论和实践中，人们对学生直接经验的地位和价值认识不够。众所周知，在教学过程中，有一个基本的关系，就是直接经验和间接经验的关系。所谓直接经验是指学生个体通过自己的亲身实践去认识事物、理解世界的行为及所得到的知识；所谓间接经验是指学生通过他人已经有的认识成果去认识事物、理解世界的行为及所得到的知识，这些知识是他人或前人认识成果的结晶，在教学过程中

就是体现在书本中的知识。在我们以往的教学理论和实践中，间接
经验是居于核心地位的，掌握间接经验是教学的主要目的，智力的
发展、品德的形成、体质的增强、美感和世界观的获得等目标都是
以掌握间接经验为前提的。人们把掌握间接经验看成是学生个体认
识的"高速公路"，认为间接经验凝聚了成百上千年的认识智慧，
是在他人或前人那里已经得到了某种程度证明或被证实了的具有真
理性的知识，学生一旦掌握了这种知识，就加快了认识世界的步
伐。这种知识的价值也因而被判定为高于学生个体在自己的实际生
活中所获得的直接经验的价值。于是，限制或压制直接经验、学习
间接经验就成为理所当然的事。即使重视学生的直接经验，也是出
于"直接经验是掌握间接经验的基础"的考虑，因为没有一定的直
接经验就不能掌握一定的间接经验。所谓的"直观性教学原则"就
是把学生一定的直接经验作为掌握间接经验的手段，直接经验是为
掌握非直观的间接经验服务的。一旦有可能，就会撤掉直接经验这
个"理性认识的梯子"，直接让学生学习间接经验。当教学时间不
允许教师充分地利用学生的直接经验的时候，机械的记忆与背诵就
成了常用的教学方法和教学要求。如果两者相互冲突，那么肯定是
直接经验让位于间接经验。总之，人们相信在教学过程中，一两的
间接经验胜过一吨的直接经验。

贬抑个体认识价值的认识论根源

　　教学生活是社会生活的反映。教学过程中教师对直接经验价值
的看法与社会历史生活中人们对直接经验的看法有非常密切的关
联。也正是后者赋予前者时代的合理性，并使其固化为常识，逃脱
理性的批判。早在古希腊时期，哲学家柏拉图就在《理想国》一书
中区分出了两个世界、两种知识。一个是理念的世界，一个是现象
的世界。理念的世界是本原，现象的世界只不过是理念世界的摹

本。理念的世界是永恒的、善的、真实的；而现象的世界被认为是变幻莫测的、恶的、虚假的。个体对理念世界的认识结果就是发现"真理"，而对现象世界的认识只能形成"意见"。真理是永恒的、普遍的、统一的，而意见则是充满纷争的、不可靠的、具体的。真理是高贵的，而意见则是鄙俗的。一般的人只能形成关于世界的意见，只有哲学家这种习惯于理性生活的人才能发现真理。所以柏拉图在"理想国"里，让哲学家做国王，哲学家是用理念来统治世界的。在理念面前，个体的认识是微不足道的，是应该被抛弃的。中世纪以后，上帝被认为是全知全能的，他的手中握有全部的真理，众人只能分享真理，而不能发现真理。如果有谁敢于发表与上帝的代理人——教会不同的看法，那么就会被认为是亵渎了上帝，或是被当成一个异教徒而受到血腥的审判与惩罚。个体的认识仍是无足轻重的，所需要的就是依上帝的旨意行事。文艺复兴与理性革命时期，上帝在认识与真理问题上的权威被打破了，但随之而来的是科学家的权威或理性的权威。科学家被认为是能够提供真正知识的人，因为他们或是具有高于别人的理性，或是占有了比一般人更多的资料，并且掌握了一般人所掌握不了的科学方法。科学在提供可靠的知识方面要比哲学家和上帝高明，而且它确实帮助人们创造了更加美好舒适的生活。在科学的知识面前，一切普通个人的认识就显得很零散、肤浅、不可靠，因而也是没有什么价值的。普及科学的知识成为近几个世纪以来普遍而强烈的社会要求。普通个人的认识价值又一次地被贬抑了。

以上概述的是西方认识论的大致情形，其实在中国，大致也是如此。中国文化的主干是以道德精神为核心的儒家文化，尽管没有宗教对人的认识的压抑，但是儒家文化有"颂古""是古"的传统，讲究"述而不作"，强调"唯书""唯上""唯大人之言"，也不鼓励个人提出自己的观点。

总之，历史上长期存在的种种贬抑个体认识价值的文化传统，直接导致了追求知识问题上的专制主义，导致了知识霸权的产生，导致了学校教育知识中贬抑学生个体直接经验的现象，为灌输式的教学提供了知识论和价值论的基础。

不幸的社会与教育后果

从社会历史的角度来看，这种对个体直接经验的贬抑的结果是什么呢？很显然有两个方面：一方面是维护了历史上形形色色的宗教的、道德的和政治的权威，因为受到褒扬的知识是由这些社会力量所掌握和垄断的知识，而受到贬抑的知识正是可能会对他们的统治构成威胁的知识；另一方面就是极大地阻碍了人类认识的发展，阻碍了历史的进步。

由于对个体直接经验的贬抑，少数人的"有知"所带来的是多数人的无知，后者甚至连求知的欲望和勇气都丧失了。因为如果一个社会只能由少数人来提供知识的话，新知识的数量必定是有限的，他们对社会的推动也毕竟是有限的。而且，有时为了维护自己的知识霸权地位，他们还会扼杀一些来自异己的真知灼见，宗教法庭对早期科学家的审判就是最典型的例子。也正因为这样，所以人类历史上很长一个时期都处于缓慢的自然进化阶段。在一个依靠暴力、道德或金钱统治社会的时代，个体直接经验被贬抑还不会引起社会的倒退或混乱；但是在一个各个方面以知识为基础的时代，个体直接经验被贬抑将会直接导致社会活力和创造力的丧失。这个以知识为基础的时代或社会已经来临，它就是贝尔（Daniel Bell）所说的"知识社会"或奈斯比特（John Naisbit）所说的"信息社会"。

从教育教学的角度来看，这种对学生直接经验的贬抑造成的结果是什么呢？首先是机械地记忆与背诵书本知识。其次是认识积极性的降低和学习兴趣的丧失。学习生活对于他们来说是完全外在的过程，是枯燥无味的。如果不是为了考大学或其他功利的目的，恐怕现在学校中的学生数至少要减少一半。再次是心智发展的停滞。那种没有任何生气的学习怎么能发展学生的心智呢？学生的心灵就如同其身体一样，需要呼吸、运动、营养，需要新鲜的空气、积极的锻炼和足够的养分。可是在贬抑直接经验的课堂里，学生的心灵只能蜷缩在一个不被人注意和需要的角落。没有积极的智力参与，学生所获得的间接经验根本不能为他们所消化。个体智力的参与是间接经验的"消化酶"，缺了它，间接经验就会像石子一样存在于学生的脑海里，成为怀特海所说的"没有活力的知识"。最后，也是贬抑学生的直接经验最严重的后果，就是使学生丧失知识创新意识和能力。知识创新意识和能力并不是高深莫测的东西，最基本的一点是，知识创新就是敢于提出自己的意见和见解，并能够论证或证明它们。在儿童的生活中，我们经常可以见到这样的行为。为了一件小事情，孩子们会七嘴八舌，发表自己的意见，并提供各种各样的证据来说服同伴。这种情形和科学家共同体工作的情形多么相似啊！可是，为什么在课堂上就很难见到这样的情形呢？而且年级越高这样的情形就越难见到呢？以至于到了大学，不少学生连一个有价值的问题都提不出来了呢？这难道不是由于课堂教学过分地贬抑学生的直接经验所结出的恶果吗？

深一点看，进行知识创新的个体不仅表现出一些外在的行为特征，其还具有一些内部的心理特征，如精神的专注、着迷，富于坚持精神，能够承受失败，能够不断地改变思维的角度、体验思想的快乐，等等。这些特征的形成与学生经验的直接性是密切相关的。也只有在发现、思考和解决与其存在密切关联的问题的过程中，学生才能形成这些品质。贬抑了学生的直接经验，用一种标准化的知识和方法去填充他的头脑，只会造成他在认识问题上的依附性、被动性，这样的人怎么能够成为有知识创新意识和能力的人呢？在知识经济已经到来的时代，这样的人，这样的教学，对于他自己，对于整个社会、国家和民族意味着什么呢？

面向未来的教学选择

因此，在跨世纪的基础教育改革中，要高度重视教学过程中学生的直接经验，努力改变以往的教学理论和实践把学生的直接经验看作次要的、从属的观点，把它提升到和间接经验同等重要的地位，甚至可以把它提升到高于间接经验的地位，颠倒两种经验各自原来的位置。这样说是什么意思呢？是不是说，间接经验反而不重要了呢？绝不是这样！间接经验作为人类历史文化遗产是非常有价值的，任何不注意学习间接经验的人是绝不会有什么新的知识贡献的。提升直接经验的地位绝不是贬抑间接经验的价值，只是要把间接经验从它所僭越的位置上拉回来，回归它原来应有的位置。它原本的位置在哪儿呢？这个位置就是：学习者用它来扩展、丰富、促进和提升自己已有的直接认识，而不是让直接认识匍匐在它的脚下，做它的奴隶，受它的压制，做它的传声筒。

这样一来，教学模式就要做出重要的改变。第一，教学的目的不是用标准的知识来钳制学生多样性的思想，而是要用间接的知识来促进学生多样性的思想。第二，课程的内容除了有书本知识以外，还应该整合学生多样性的直接经验，为不同的学生创造多样性的"经验课程"（指学生实际体验到的个性化的课程）。特别是，要改变目前的学科课程结构，组织起新的符合现代学生直接经验形式和科学综合发展趋势的新课程。第三，教学过程不能单纯根据书本知识的逻辑系统来划分，如复习旧课、导入新课、讲授新课、检查复习、布置作业等，而应该根据学生运用自己的直接经验理解和掌握间接经验的情况来设计，应该尽可能地使学生理解间接经验与直接经验之间的现实的、内在的关系，并体会到理解和掌握间接经验的价值。第四，教学的评价标准要改变，由对间接经验掌握数量和质量的检查转变为对运用间接经验的意识和能力的检查，也就是说，从重知识转变为重能力。第五，要对以往的教学原则进行重新思考，如系统性原则、巩固性原则、直观性原则等，因为这些原则都是被创造出来维护间接知识的核心地位的，曾被作为对教学过程的基本要求，贬抑了个体直接经验的价值。

当前的社会在许多方面正发生着我们意想不到的变化，人类即将进入一个新的世纪。新世纪呈现出许多新的特质。创造性、多样性、差异性将代替保守性、单一性、同质性成为社会生活的基本条件和样式，它们也将不再是少数高尚的人的一种追求，而是社会生活对每一个人的客观要求。而它们又都是从个体的直接经验中吸取养分的，因此，高度重视教学过程中学生的直接经验就成了面向未来的教学改革的重大主题之一。

（原文发表于《现代教育论丛》1999 年第 1 期）

5

教学认识过程中学生经验的地位和作用

一个案例

一位青年教师在进行公开课《伊犁草原漫记》教学。课文第二段第三层写秋天猎人猎熊的果敢，但一名学生没有按要求归纳猎人果敢的特点，而是说猎人残忍，同时指出猎人的行为是违法行为。原本课文中这一段是歌颂猎人的，学生却痛斥猎人的猎熊行为，这是教师所始料不及的。可喜的是，这位教师并不因为学生的不同意见而气恼，而是因势利导，让学生充分讨论，发表各自意见。最后全班同学从保护野生动物的角度出发，推翻了课文的观点。

这是某基础教育杂志发表的一篇教学案例，作者在介绍完这个案例后，还发表了下面的评论：

这样的教学方式打破了唯课本是准、唯教参是准的传统教学观念，实现了真正意义上的教学行为的转变。

作者的立场和观点是非常鲜明的，对案例中语文教师的做法持肯定与赞赏的态度。但是，当我看到这个案例及作者的评价后，却感到里面既有值得肯定的地方，也有值得质疑的地方。值得肯定的地方在于语文教师在上课时能够倾听学生的不同意见并组织学生进行讨论，值得质疑的地方在于教师在学生讨论中放任自流的做法，完全任由学生来根据自己的经验理解课文内容。语文老师的这种做法涉及教学认识过程中一个非常重要的问题，即学生自身的经验在教学过程中究竟处于什么样的地位，有什么样的作用。

对待学生经验的三种态度

从历史和现实来看，教师在具体的教学认识过程中对待学生的经验有三种态度。一种是完全否定学生个体经验在教学过程中的地位和作用，把学生个体经验看成是对教材知识的挑战或威胁，千方百计地在课堂教学中排斥乃至压制学生的个体经验，把课堂教学理解成学生凭借理性思维能力理解和掌握教材知识的过程。另一种是有限地利用学生的个体经验，把个体经验看成是接受与掌握教材知识的基础或台阶，教学论中的直观性原则就反映了这种观念。在运用直观性原则组织教学时，学生感官活动的经验只具有工具的价值，其目的是帮助学生更好地理解理性的教材知识。还有一种态度就像上面的案例中的教师那样，把学生个体经验看成是理解教材知识、解释教材知识意义的基础，并且认为凡是基于学生个体经验的理解都是正确的，在课堂教学中给予学生经验更重要的地位，甚至否认教材知识及其意义本身的相对独立性，否认超越学生自身经验的意义标准。在当前的新课程改革中，上述第一种对待学生经验的态度不常见了，第三种反而越来越多见了。许多教师在一些人文社会科学课堂上，如语文、历史、音乐、美术、哲学等课上，都愿意采取第三种做法和态度。这种对待学生经验的做法和态度的转变，确实给课堂生活带来了新的气象，具有一定的积极意义，但是其中也存在着一些隐患。这些隐患集中到一点上，就是学生基于自身经验对于教材知识的理解具有局限性，有些甚至是根本错误的。

正确认识学生经验的性质和价值

与人类其他群体的经验一样，学生的经验总是受到具体的时间、地点、其年龄以及感官和心智能力的影响，呈现出明显的历史的、地域的和心理的局限性。因此，学生从自己的经验出发对许多事物的认识，包括对教材知识的理解是不完整和不充分的，甚至是根本错误的。这一点，教师在调动和运用学生自身经验时必须意识到。

还是以上面那个案例为例。今天的孩子生活在一个人类能力无比巨大的时代，在人和动物的关系上，动物是弱势的，处于需要被保护的地位。国家也通过了相关的法律。学生们通过电视广播和其他新闻媒体逐渐地了解人类在爱护动物方面所肩负的责任。这都是非常正确的。但是，当他们运用这种当代社会生活中形成的经验去理解 20 年前、30 年前甚至是半个世纪前的人类生活境况时，就会出现不少问题。在野兽横行、威胁人民群众生命财产安全的时代（那个时代根本没有野生动物保护法），猎人为了保护人民群众的生命财产安全，勇敢地把熊打死，应该说是一种英雄行为，值得赞赏和学习。学生们尝试用今天的经验来理解以往的人物及事件是可以的，他们也可以得出自己的结论，但是任课教师应该对学生的经验及其认识的局限性有清醒的认识，应该帮助他们克服自身经验的有限性，历史地理解不同时代或社会背景下的一些事件或行为。只有这样，才能帮助他们形成正确的价值观念，克服青少年身上本来就比较突出的认知与行为的"自我中心主义",学会历史地、辩证地和社会地看待问题。所以,在上述案例中,教师非常重视学生的讨论,这是对的,但是不运用自己成熟的经验和理智来对学生的讨论加以引导,放任学生根据自己有限的经验来理解作品,则是值得质疑的。

杜威与陶行知的见解

谈到在教学认识活动中重视学生经验,美国著名的教育学家杜威的观点应该说很有代表性。他把教育简要地界定为学生经验的改组或改造,认为学生应该成为教育和教学活动的中心。但是,就是杜威也并不主张教学认识过程无原则地依从学生个体经验,不同意任由学生从个体经验出发对教材知识进行理解和解释,强调学生的经验应该向着专家们已知的东西发展。他明确说道:"儿童经验的组织和他的直接的实际兴趣中心有联系。例如,儿童的家乃是他的地理知识的组织中心。他自己在本地的行动,他的国外旅游,他的朋友们的故事,给他提供多种纽带,把他的一桩桩的知识结合在一起。但是,地理学家的地理……不是根据和他的家、他的身体运动以及朋友的关系组织起来的。对一个有学问的人来说,他的材料是广泛的,经过精确地界说的,而且是逻辑地相互关联的;对一个正在学习的人来说,他的材料是不固定的、局部的,而且是通过他个人的活动联系起来的。教学的问题在于使学生的经验不断地向着专家所已知的东西前进。所以,教师既须懂得教材,还须懂得学生特有的需要和能力。"① 在这里,杜威有关学生经验的观点表述得非常清楚:学生的经验很重要,但是有其局限性,需要不断改组或改造;学生经验的改组或改造需要通过专家知识或教材知识来进行;

---

① 杜威. 民主主义与教育 [M]. 王承绪, 译. 2 版. 北京: 人民教育出版社, 2001: 200.

教师应该在这个过程中发挥主导作用。

关于学生经验和教材知识的关系，我国伟大的人民教育家陶行知先生有一个生动的比喻，就是"接知如接枝"。这句话表面的意思是：把知识传递给学生，就像给树木嫁接新枝一样。引申的意思是：教学过程如同嫁接新枝的过程，老师意图使学生掌握和理解的知识就是"新枝"，这"新枝"要想成活，就必须利用原有的"树干"（学生经验），并且把两者很好地结合起来。"新枝"只有从原有的"树干"中不断地吸取营养（有价值的或积极的学生经验），才能不断地生长，最终成为"树木"（学生）的一个有机部分，而不至于"枯死"（成为假知识或无活力的知识）。同时，嫁接"新枝"的过程也就是剪除"旧枝"（过时的或错误的学生经验）的过程。比较起来，"新枝"意味着累累的果实（最有价值的知识），"旧枝"则相反（没有多少价值的经验部分）。也就是说，在陶先生看来，学生的经验有两种类型：一种对于新知识的学习来说是有益的，能够起到正向迁移作用；另一种对于新知识的学习来说是无益的甚至是有害的，对于新知识的学习只能起到负向的干扰作用。对于前一种学生经验，教师应该充分利用，以便为学生新的知识学习创造条件；对于后一种学生经验，教师则应该加以限制和引导，防止它们影响学生对新知识的掌握及其意义的理解。

对待学生经验的正确态度和立场

所以，教学过程中对待学生经验的正确态度和立场是：学生经验是有局限性的，需要丰富、扩展和逻辑化；学生经验在教学过程中的作用也是有条件的，一般情况下那种"你想怎么看就怎么看，想怎么理解就怎么理解"的教学观念是错误的。教师既不能简单地排斥学生经验的参与，又不能不加分析地利用学生经验来建构教材知识的意义，而应该结合具体的学习内容，实事求是地对学生可能的经验进行全面分析，在允许它们参与教学过程的同时，和学生一起对它们保持一种辩证的和批判性反思的态度。只有这样，学生从各种渠道获取的有关自然、社会和人文世界的经验才能不断地系统化、精确化和逻辑化，才能增强他们不断适应环境和创造美好生活的能力。

（原文发表于《今日教育》2007 年第 4 期）

6

创造性概念的五种神话
及其教育模式批评

培养创新型人才，提高整个民族的创新素质，是建设创新型国家对整个教育系统提出的历史性任务。这个历史性的任务，要由我们一代又一代的教育工作者来完成。我相信，在今后一段时间里，培养创新型人才，提高青少年的创新素质，将会成为指导我们整个教育改革特别是基础教育改革的一个价值原则和目标追求。

从哲学的角度看，实现这个历史性任务的一个前提性条件，就是要正确地认识什么是创造性或创造力。在我看来，教育工作者只有首先搞清楚了这个概念，才能够寻找到合适的教育策略，从而完成培养创新型人才、提高整个民族创新素质的伟大使命。

哲学的角度究竟是一个什么样的角度？哲学在认识创新型人才培养问题方面究竟能够起什么作用？从比较的角度看，哲学的角度不同于经济学的角度，不同于社会学的角度。从经济学的角度看创新型人才的培养问题，我想主要是分析这种人才培养的成本与效益问题或投入与产出问题。从社会学的角度看创新型人才的培养问题，我想主要是分析影响创新型人才培养的社会因素，如社会文化传统、经济结构、研究制度等。哲学的角度与它们都不同。看看哲学史就知道，从古到今，哲学有一个最基本的功能，就是分析我们所信以为真的那些观念。哲学家偏爱对我们日常生活、生产和交往实践行为中一些最基本的观念进行分析。这个观念分析的功能，在20世纪上半叶被放大了，成为哲学的唯一功能，并由此诞生了一个很有影响的哲学派别，叫"分析哲学"。分析哲学家们认为，哲学不给人们提供任何价值原则，但是要帮助人们去批判性地反思他们所信奉的价值原则，去分析各种支配他们的、让他们信以为真的观念。当然，在20世纪后半叶，分析哲学就衰落了。不过，哲学的概念或观念分析功能被保留了下来，直到今天仍然受到人们的重视。所以，从哲学的角度来看待创新型人才培养问题，最重要的就是要分析与此问题密切相关的概念——创造性或创造力。从逻辑上说，如果教育者连这个概念都搞不清楚，那么怎么能够搞清楚何谓"创新型人才"或"提升创造力"呢？怎么能够找到培养青少年"创新素质"的合适策略呢？

创造性概念的五种神话

当前，在大众舆论、学术研究以及政府政策文本中，时常能见到创造性或创造力等概念，可以说没有人会对这类概念感到陌生。几乎所有的领域都在使用这些概念，并赋予它们不同的内涵。可以说关于创造性或创造力，人们已经先入为主地形成了一些观念，甚至不加分析和反思地运用这些观念。说实话，要想知道这些观念是从哪里来的，还真的不容易。它们可能是从大众媒体上看到的，也可能是从科学论文中选出来的，还有可能是从政府工作报告中拷贝过来的。这些观念，牢固地支配着人们的创造性话语实践，对于教育者来说，它们毫无疑问地支配了其教育行为。在一些人那里，对于这些观念甚至失去了批判反思的意识与能力。我把这种社会公众中间存在的对于创造性或创造力观念缺乏批判反思的现象，称为社会上流行的"创造性神话"。

"神话"这个词的英文是 myth，音译成汉语是"迷思"，意思就是"走向了歧途的思想"。所以，我也愿意把这五种创造性神话称为"创造性的迷思"。哲学分析的任务，就是要认识这五种神话，分析这五种神话，从而打破这五种神话，走出这五种迷思，帮助教育者正确地认识创造性或者创造力问题，正确地对待青少年创造力培养问题。

通过对大量文献的阅读，仔细辨析各种话语实践中的创造性或创造力概念的用法，我认为在当前的中国社会乃至更为广大的国际社会里面，关于创造性或创造力的概念有以下五种神话：第一种是"特质神话"，第二种是"精英神话"，第三种是"右脑神话"，第四种是"文化神话"，第五种是"价值神话"。下文将具体分析这五种神话。

所谓特质神话是指，在大众常识与一些学科领域里，特别是在心理学领域里，倾向于或习惯于把创造性或创造力看成是一组专门的思维或人格特质。比如说在创造学领域最有名的一位心理学家吉尔福特（Joy Paul Guilford），他认为创造型的人在人格方面有以下八个特点：第一，有高度的自觉性和独立性，不肯雷同；第二，有旺盛的求知欲；第三，有强烈的好奇心；第四，知识面广，善于观察；第五，工作中讲求理性和严格性；第六，喜欢抽象思维；第七，富有幽默感；第八，意志品质出众，能长时间专注于感兴趣的问题。另一位著名的心理学家斯腾伯格（Robert J. Sternberg）认为，创造力高的人有七项人格特征：第一，宽容错误；第二，愿意扫除障碍；第三，愿意让自己的观点不断发展；第四，活动受内在动机的驱使，沉醉于活动之中；第五，有高度的冒险精神；第六，希望被人认可；第七，希望再次获得认可并为之努力。我国心理学家董奇教授也从八个方面概括了创造型的人的人格特征：第一，具有浓厚的兴趣；第二，感情丰富；第三，敢于冒险；第四，坚持不懈；第五，独立性强；第六，自信勤奋；第七，自我意识强；第八，一丝不苟。关于创造性人才的心理特质，尽管其他的心理学家在具体方面有不同的看法，但他们几乎一致同意，创造力是一组特殊的思维或人格特质。在他们看来，这些特质第一是内在的，是这些人所具有的；第二是稳定的，几乎是不变的；第三，就其来源来说，几乎是自然的或生来就有的；第四是综合一致地发挥作用的。毫无疑问，这些心理学提供的创造性观念是当前支配我们开展创造教育最重要的理论基础。

第二种神话叫精英神话，它与特质神话有关系，是有关创造性或创造力在大众中分布状况的一种观点。心理学家根据他们所分析出来的创造性人才的人格特质，制订出了很多的创造性或创造力量表。他们运用这些量表，检测哪些人在这些特质项目上得分高，哪些人在这些特质项目上得分低，从而鉴定哪些人是具备高创造性潜能的人。这些量表的编制，从理论上就假定，创造性才能或潜能是可以测量的，并且在不同的人身上有不同的表现，总体上呈一种正态分布，就如同智力一样。运用这种量表进行测量所得出的结果就是，不论是在一个社会团体内部，还是在不同的社会团体之间，创造性或创造力都不是平均分布的，注定会有一些人在测量项目上得高分，而另一些人在同样的项目上只能得低分。这就意味着，在某些心理学家看来，社会大众之中有一些人具备创造性才能或潜能，而另一些人则不具备。这样一来，结论只能是：有创造性才能或潜能的人只能是少数。也就是说，有创造性才能或潜能的人只能是少数"精英"，即使他们现在不是，将来也一定是。推而广之，创造性或创造力的培养问题，不是与每一个人有关，而只是与那些在相关测量中显示出较高创造性或创造力潜能的少数人有关。

第三种神话是右脑神话。这跟对创造性或创造力的生理基础的认识有关。曾几何时，在中国的社会舆论中，包括在学术界，有相当一部分人认为，创造性人才所具备的那些思维或人格特质，更多地与大脑右半球的功能实现有关。有的人甚至提出，一个人聪明不聪明，有没有创造性，主要看其右脑功能发挥得怎么样。大家都知道，现代脑科学认为，人类大脑的两个半球在功能上是有分工的。左半球主要负责数字、词汇、逻辑、分析、运算、推理等相关事务，还包括给事物分类、排序等。右半球则主要负责图像、想象、色彩、结构、空间等，与善于抓住机遇、富于冒险精神等有关系。根据这样的认识，有人就认为，创造性思维或创造力的形成主要与右脑的功能有关系。一些新闻媒体也加入进来，演绎科学发现的故事，突出科学家的艺术素养（和右脑的功能有关的部分）在科学发现过程中的作用。社会上一些极端的观点甚至把右脑开发直接与创造性培养等同起来。

第四种神话是文化神话。所谓文化神话是指，在某些人看来，某些文化传统特别有利于人的创造力的形成，而另一些文化传统则不利于创造力的形成。或者说，一些文化传统中成长的人创造性普遍比较高，而另外一些文化传统中成长的人创造性普遍比较低。例如，有学者统计了世界主要文化传统中获得诺贝尔奖的人数及其所占比例，结果发现，犹太人所占比例最高，是平均数的 28 倍，接下来依次是法国人（6.3 倍）、日耳曼人（4.4 倍）、意大利人（1.6 倍），而华人则低于平均数。这样的统计研究，从种族心理学角度来看，不能说没有意义。但是，这种研究隐藏着一种假设，或者说容易使人误解，即中国的文化是不利于创造性形成与发展的。有论者干脆以中西文化这对范畴作为分析框架，来分析创造性的全球分布，认为西方文化是有利于创造力形成和发展的，而中国传统文化是阻碍创造力形成和发展的。有一位著名的华裔诺贝尔奖获得者在一次公开演讲中也提出：美国文化崇尚个性，尊重自由，强调冒险，是有利于青少年的创造力发展的；而中国文化强调服从，强调安静，是不利于创造性形成的。类似这样的观点或态度社会上并不少见。

第五种神话就是价值神话。所谓价值神话是指，在很多人看来，创造性或创造力本身就是有价值的，就是好的，从而也是值得追求的。对于个体或社会来说，创造性或创造力总是有益的，越多越好，越高越好。根据这种认识，创造力的获得、创造性的提升本身就是有价值的，无须再对创造力或创造性的培养进行价值的反思或批评。这构成了有关创造性或创造力的价值神话。

基于五种创造性神话的创造教育模式

人类的行为模式都是受观念支配的。这和动物的行为模式有很大不同。动物的行为模式更多地是受本能支配的，是受遗传基因支配的。人类的行为模式尽管也有其生物学的基础，在一些方面也很受遗传基因的影响，但是比起动物来具有更大的选择性和可能性。就人类对于任何一个具体问题的解决来说，人类究竟采取哪种行为模式，在很大程度上取决于人类的观念。

创造教育也是如此，人们怎样开展创造教育，怎样培养青少年乃至全民族的创新素质，在很大程度上取决于人们如何看待创造性或创造力。如果你是特质神话的信奉者，你认为应该怎样培养青少年的创造力？也就是说，如果你认为创造性或创造力是一些特殊的思维或人格特质，在你的学校里面，你会怎样培养青少年的创新素质？我想，常见的做法就是开设一些课程，专门训练青少年的创造性思维或人格特质。今天在我们国家，能够见到的最基本的创造教育模式就是这样，在国家和地方课程之外，开设形形色色的旨在训练青少年创造性思维或人格特质的校本课程。这些课程，大都使用一些特别的方法（比如说头脑风暴法、自由联想法等），训练学生的发散思维、模糊思维、逆向思维、重组思维等被认为与创造性有关的思维能力以及形成一些突破已有结论或思维定式的心理习惯。

还有的学校则在日常教育教学和管理实践中，包括在一些课外教育实践活动（如小发明、小制作、小实验）中注重与创造性有关的人格特质的培养，如尊重个性、允许失败、鼓励批判、提倡冒险等。各级教育行政部门和大众媒体也都大力支持、鼓励这些旨在培养创造性思维或人格特质的校内外教育活动，这些活动的成果也经常被看作学校和社区实施创造教育、培育青少年创新素质的标志。

建立在精英神话基础之上的创造教育则只能是少数人的教育，是一种精英教育。既然创造性在某些人身上表现得更强一些，在另外一些人身上表现得弱一些，那么创造教育就主要是少数人的事情，而不是全体学生的事情，是面向少数学生的，而不是面向全体学生的。这样一来，创造教育就变成了"神童教育""天才教育"，小发明、小制作、小实验也被看成是少数学生的特权，而不是全体学生的需求。可以说，今天我国一些中小学校所开展的零零星星的创造教育实践，就带有这种精英性质：面向少数学生，培养少数尖子，让他们占有学校优质的教育资源，以期其将来成为对社会和国家有贡献的创新型人才。"人人都有创造力，创造教育为人人"的观念还远远没有为广大教育工作者所接受。

建立在右脑神话基础上的创造教育模式就是开发右脑。大概自20世纪90年代初期以来，学校里和社会上开发右脑的提法就很流行。大脑两半球的功能分区以及右脑与创造性形成有关的思想，几乎所有的教育工作者都知道。为了开发右脑，培养青少年的创新素质，为孩子赢得一个美好的未来，很多家长送孩子去学习音乐，学习美术，学习其他和右脑功能开发相匹配的科目。一些人甚至专门做起了开发青少年右脑的"生意"，在大众媒体上大打广告，虚假宣传，害得许多家庭上当受骗。

跟创造性的文化神话有关联，一些人强调，要培养我国青少年的创造性，不能仅仅从一些课程或教学方法入手，而要进行文化改造、国民性改造。这是因为，在他们看来，如果我们的文化传统

"天然地"是不利于青少年创造性形成甚至是压抑青少年创造性的,那么除了改造我们的文化传统以及由此形成的国民性以外,恐怕没有别的道路可走。或者说,在我们的文化传统以及国民性得到改造之前,想培养青少年的创造性几乎是不可能的。持这种看法的人,对于青少年的创造性培养基本上有两种态度:一种是有为的,另一种是无为的。有为的态度是积极的态度:既然知道我们的文化传统以及国民性是阻碍青少年创造性形成的,那么在学校教育中努力去变革这种文化传统和国民性,就可以扫除阻碍青少年创造性形成的因素。比如说,我们的文化强调社会性多一点,那么学校教育就应该更多地强调个性;我们的文化强调守旧多一点,学校教育就要更多地强调创新;如此等等。无为的态度是消极的态度,不少人都持这种态度,也可以把这种态度看作某种"文化宿命论"的态度:既然我们的文化传统和国民性是不利于青少年创造性形成的,而改造文化传统和国民性又非一日之功,是一个漫长而浩大的历史工程,那么,想要极大地提高青少年乃至整个中华民族的创造性就是不可能的。在这些人看来,他们有充分的理由对创造性培养持悲观的态度,谁让我们的祖先创造了"创造性基因缺失"的文化传统和国民性呢?

跟创造性的价值神话有关联,人们认为,创造教育的实践无论如何都是值得称道的,培养青少年的创新素质、提高他们的创造力,应该是当代教育变革的重要价值取向。为此,整个教育体系,从基础教育到高等教育,都要进行相应的变革,突出创新意识、素质和能力在培养目标中的核心地位,课程改革、教学改革、评价改革都要紧紧地围绕鼓励创新、支持创新和促进创新来进行。青少年创新意识、素质和能力的培养本身被赋予了价值内涵,无需其他价值的支持或规范。创造教育本身和创造性概念一样,逃逸在价值批评之外,成为一种当代教育改革的集体无意识。

五种创造性神话及其教育模式的批判性反思

特质神话看起来非常有道理。现实生活中，那些为社会为人类做出了创造性贡献的人确实有一些与众不同的特质，许多科学家的故事都在表现和演绎这些特质，如众所周知的爱迪生、法拉第、爱因斯坦、陈景润的故事等。心理学的研究正是基于这种日常观察和科学家的叙事，力图总结概括这些人身上与众不同的特质，并把它们与创造性的贡献联系起来，作为创造力大小的指标。几乎可以肯定地说，所有研究创造力、提出创造力模型的人，无不是通过分析这些科学巨匠或知识精英与众不同的特质来开展工作的，如概括出某些与众不同的特质分布的广度、出现的频率或被人们提及的次数，从而统计出那些所谓最重要的思维或人格品质。在我看来，这种研究路线一开始就存在很大的问题。问题在于，研究者一开始就假定创造性或创造力是一组思维或人格特质，他们的研究不管设计得多么精巧，都不过是为了证实他们原初的创造性或创造力信念而已，他们的研究结论不过是"验证"了他们一开始就相信的东西。而且，心理学家们也没有能够解释清楚那些与众不同的特质是如何参与到实际的创造性工作中去的，更没有说明那些非特异性的思维或人格特质与创造性贡献之间的内在关联。更不能想象，仅具有上述那些思维或人格特质就能够使一个人成为真正做出创造性贡献的人。对这种特质神话的质疑，直接关系到一个问题，就是众多的、专门的创造课程能否培养出真正的创新型人才？尽管我不怀疑在中小学开设这种课程的试验价值，但是我怀疑它们在青少年创造性培养方面的效果。如果有谁把它们当成是创造性培养的唯一途径或主要途径，那么我不仅会表示我的怀疑，而且会表达我的反对。在我看来，创造作为一种现实的以与众不同的方式解决问题的行为，在素质基础方面是高度综合而复杂的，远非一些所谓的思维或人格特质简单作用的结果。因而，培养青少年的创新意识、素质或能力，恐怕也不能简单地采取直接开设创造课程的方式，而应该通过促进青少年实现全面、和谐与可持续发展的目标来进行。

打破了特质神话，就同时打破了精英神话。正如上面所分析的，特质神话内在地孕育着精英神话。如果我们不把创造性仅仅理解为一些与众不同的思维或人格特质的话，那我们就不会在芸芸众生之中划分出有创造性潜能的人与没有创造性潜能的人或创造性潜能高的人与创造性潜能低的人。尽管现在的科学文化极力把那些做出重大科学发现的人描述为小时候就显示出与众不同特质的人，但是这只是一种叙事手法而已。事实上，第一，每一个人在其童年时期都像那些科学巨匠一样，对世界充满了好奇和探索精神，都做出过种种不合常规的行为，一些特异行为并非那些后来成长为科学巨匠的人们所独有的。第二，即使那些科学巨匠真的在童年时期表现出了某些与众不同的思维或人格特质，要想在这些与众不同的思维或人格特质与后来的科学发现之间找到某种实质性的联系，也是非常困难的。经常出现的情况是，科学史家或一些传记作家在一个人做出了科学贡献之后才去寻找其童年的特异之处，实际上也不过是为了证明他们自己关于创造性的特质信念。在这方面，我想还是伟大的人民教育家陶行知先生说的对。他说：人人都有创造的冲动，人人都有创造的天赋，人人都是创造之人。因此，创造教育应该是一种大众教育，是面向所有儿童的，而不应该是精英教育，只面向少数被认为有创造潜能的儿童。

右脑神话与特质神话、精英神话一样，其对创造性或创造力的看法是片面的甚至是偏执的。尽管从生理学上讲人的大脑左右半球是有功能区分的，尽管从大量做出创造性贡献的人的素质结构来看，他们也确实富有想象力、直觉能力以及其他一些据说与大脑右半球相关的能力，但是无论如何，创造作为人类一种高级的心智活动，从心理学角度来说，仅靠一些非智力因素是不够的，从生理学角度来说，仅靠右脑是不够的。也许，强调开发右脑的人并不否认左脑在创造性工作中的作用，但是他们有关创造的主要功能区域在右脑的观点还是不能让人接受。在我看来，创造无非是一种以与以往不同的方式解决问题的行为。谁想做到这一点，不了解以往的做法恐怕是不行的。而了解以往的解决问题的策略，需要的主要心理品质不是直觉、想象这类东西，而是阅读、记忆、再现、分析、比较、综合这类理性的能力。如果按照流行的大脑功能分区理论，那么这些能力恐怕更多地与左脑的功能有关。当然，突破以往解决问题的思路，确实需要一些勇气、想象、直觉、冒险精神，需要一些超越性的心灵力量，在这种力量的获得方面，艺术的学习是有帮助的，右脑的训练也是有益的。我想，在创造性问题上，还是爱因斯坦说的对。爱因斯坦在一次演讲中指出："从事科学研究，既需要非常强的逻辑，又需要丰富的想象力，从特殊到一般的道路，要依靠直觉，而从一般到特殊的道路，要运用逻辑。"我也同样认为，在青少年创造性培养方面，只重直觉、不重逻辑，只重右脑开发、不重左脑开发，是片面的甚至是错误的，反过来也一样。青少年创造性的培养，呼唤的不是半人、半脑的教育，而是全人、全脑的教育。

　　文化神话的存在，反映了论者和信奉者对文化与创造性关系认知的偏差。没有人能够否认，从源头上说，文化本身就是人类创造性精神的表达，是人类超越动物界、克服本能支配的创造性生存的证明。文化多样性存在的事实本身就说明，任何一种文化都是富于创造性的，因此，根本不存在什么鼓励创造性的文化和压抑创造性的文化之分。这种区分，与其说是一种文化事实，不如说是一种文化偏见。中华民族的文化是富有创造性的，这不仅直接体现在中华民族的文化自古以来就提倡温故知新、推陈出新和革故鼎新上，而且体现为中华民族的文化蕴含着丰富的有利于创造的因素——以仁为本的伦理精神、质疑权威的怀疑精神和海纳百川的开放态度等。

单就怀疑精神来说，孔子提倡"当仁，不让于师"，孟子强调"尽信《书》，则不如无《书》"，王充反对"信师是古"，韩愈提出"弟子不必不如师，师不必贤于弟子"，李贽反对"以孔子之是非为是非"，顾炎武提倡学术研究贵在"成一家之言"，等等。当然，任何文化都有其保守的方面，中华文化也不例外。但是那种认为中华文化缺乏创造性基因的观点是完全错误的。至于那种把近代中国社会创造力不足完全归因于传统文化的做法，也是不能令人信服的。事实上，如果从社会历史的角度来看待创造力不足的问题，则会发现其有更加复杂的成因，远非单一的文化因素可以解释的。因此，在创造性培育方面，文化自卑是完全不必要的；我们所需要的是广大的教育工作者继承和弘扬民族文化中的创造性传统，这也应该是创造教育的一个重要任务，是培育时代创新文化的客观要求。

最后来分析一下价值神话。毫无疑问，创造性或创造力概念的提出，本身是基于一种价值需求，是这个快速变革时代的价值需求。正如联合国教科文组织在《学会生存——教育世界的今天和明天》这份报告中所指出的那样，尽管全球问题千头万绪，但人类面临的最大问题是"怎样开发人的创造力"，在未来的挑战面前，人类已经不能单靠自己的经验，必须抓住"创造"这个关键。对于当前的中国来说，要想实现新的社会发展目标，实现中华民族的伟大复兴，就必须建设创新型国家，提高整个民族的创新素质。从这个意义上说，培养青少年的创造性是有价值的，对此教育也是责无旁贷的。但是，从教育学的角度来看，创造性培育活动的社会价值的实现，必须伴随着其他教育目的的达成，如青少年责任感的培养、正确的社会价值观念的形成或健康人格的陶冶等。如果没有这些目的的实现或者在这些目的的实现方面做得不好，那么青少年创造性的培育和创造力的提升给整个社会、国家乃至人类带来的，很可能不是福音而是灾难。从这个方面来说，教育工作者应该牢牢地把握青少年创造性培育的价值方向，引导他们在形成创造力的同时形成正确的价值观念，不能忘却自己身为教育工作者在青少年价值观念的形成、规范和引导方面所负有的不可推卸的责任。我再强调一下，创造性是一柄双刃剑：一个创造性很强的人，既可以为他自己的私利运用他的创造性才能，也可以为他所在的社会和国家乃至人类运用他的创造性才能。作为教育工作者，我们不能仅仅培育青少年的创造性，还要从价值方面促进他们正确地应用自己的创造性，这应该是创造教育的价值承诺。

在结束本文之前，我来概括一下前面的分析。建设创新型国家，培养创新型人才，教育责无旁贷。要搞好创造教育，必须用理智的态度来分析创造性或创造力概念，打破与之相关的特质神话、精英神话、右脑神话、文化神话和价值神话，用一种更加全面的、民主的、科学的、历史的和客观的态度对待它们。与之相关，旨在培养青少年创造性的学校教育实践要关注学生的全面与和谐发展，不能只开展一些直接的创造课程或类似的课外教育活动；要注意面向全体学生而不能只面向少数被认为有创造潜能的学生；要树立青少年创造性培养方面的文化自信心，弘扬中华民族优秀的创新传统；要用正确的价值观念来指导青少年的创造性培养工作，给青少年的创造性培养以灵魂，防止青少年创造性形成过程中的价值迷失。

（原文发表于《国家教育行政学院学报》2006年第4期，

收录时标题有改动）

7

树立起创新人才培养的自信心

自 1985 年发布的《中共中央关于教育体制改革的决定》提出教育改革要注重培养学生的创新精神以来，创新精神或创新人才培养就一直是我国教育改革所追求的主要目标之一。2005 年，"钱学森之问"提出来以后，培养广大青少年学生的创新精神显得更加紧迫，成为我国各级各类教育改革和学校变革的主要任务之一。

然而，就在全国教育系统不断解放思想、开拓创新、努力破解创新人才培养体制机制难题的同时，也有一些声音认为，我们的教育体系之所以没有培养出富于创新精神的杰出人才，是因为我们的教育不行，或者我们的文化不行，甚或是我们的社会制度不行。这"三个不行"的言论经常出现在一些论及创新精神或创新人才培养的文章中。这些文章在论辩中所采用的证据往往是不充分的，其证明过程在逻辑上也存在很多漏洞，其结论折射出悲观和失望的情绪。

开展创新人才培养，首先要树立起教育自信。当前，尽管我们整个基础教育体系还没有完全摆脱应试教育的掣肘，教育过程中重知识轻认知、重分数轻素质、重掌握轻应用等现象还比较突出，但是比起30年前来说，基础教育系统无论在教育观念、教育内容还是教育方式、教育条件上都发生了很大的变化，一些先进的学校、优秀的教师早已开始了创新人才培养的实践探索，学生的自主化、个性化、服务性、问题解决和项目导向制的学习得到了广泛的试验和推广，学生自主探究和合作创新的空间越来越宽广。无论是中学还是小学，都有一大批校长和教师为了学生的自主、全面、多样和可持续发展在辛勤劳动和不懈追求。那些认为中国教育体系不支持创新人才培养的人，对于当前中小学校正在发生的积极变化缺乏深入和全面的了解。

开展创新人才培养，其次要树立起文化自信。中华文化源远流长，富于创造的活力，对于创新有着强烈的愿望和不可遏制的推动力。《易经》中关于世界变化本质和规律的认识为创新奠定了本体论的基础；儒家思想中对社会和人生伦理性的追求为创新指明了价值方向；道家思想中对自然和人生关系的沉思以及丰富的辩证法思想为创新提供了思想图式和思维工具；各个民族历史上层出不穷的杰出政治家、军事家、文学家、科学家、教育家等演绎了一幕幕创新的历史大剧。那种认为中华文化缺乏创造性基因，因而孕育不出杰出的创新人才的观点是缺乏充分事实根据的，是没有出息的文化悲观主义的观点。

开展创新人才培养，还必须树立起社会制度自信。当前，我们实行的是中国特色社会主义制度，以中华民族的伟大复兴，建设富强、民主、文明、和谐的国家和自由、平等、公正、法治的社会为价值理想，需要也必须极大地发掘全体人民的创造性潜能，造就一代又一代杰出的创新人才。为了实现这一目标，国家正在全面深化改革，以释放整个社会各个领域的改革活力，并为个人的自由、充分和有尊严的发展提供更多更好的支持。在这样的大背景下，创新是社会发展所需要的，是有条件、有支撑的，也是受到国家和全社会鼓励的。可以说，当前是近代以来培养创新人才最好的时期，教育工作者应该把握这个历史机遇，不断地深化教育改革，为每一个孩子创造性潜能的迸发创造更加良好的教育条件。

（原文发表于《创新人才教育》2015 年第 1 期）

8

创新教育目标的层次性

　　基础教育阶段是教育的基础，是人生发展的基础，也是创新教育的基础。因此，在该阶段，创新教育的主要目标应放在"创新素质"的培养上。这里所说的创新素质不是指一个人创新意识的强弱和创新能力的大小，而是指一个人日后创新意识和能力得以产生和发展的原初性的个性品质，如好奇心、求知欲、认识的独立性、自由思考、怀疑态度等。这些东西尽管还不是创新品质，但却是创新品质的源头活水。没有它们，或者它们受到了过分的压抑，就不会有后来创新人才的成长。当前基础教育的众多问题集中到一点，就是从观念、制度和行为上漠视或忽视了对这些创新素质的保护、培养和引导。繁重的学习任务、僵化的教学模式和再现性的考试方式，从根本上阻碍了这些素质的形成和提高。这是造成小学生、中学生、大学生乃至更广大的人群缺乏创新精神的一个主要原因。

　　中等教育阶段在整个教育体系中处于承上启下的位置，在创新教育目标上应侧重于"创新方法和技术"的培养与训练。这方面，一些中学已经做了很好的探索。需要注意的是，该阶段创新方法和技术的训练必须在前一阶段创新素质得到保护和提高的基础上进行，否则就应该补上这方面的课。大量的事实证明，如果学生根本就没有对事物的好奇心和旺盛的求知欲，那么即使他们掌握了一定的创新方法和技术，也很难有实际的、有价值的创新行为。

高等教育阶段的创新教育目标应侧重于"创新能力"和"创新精神"的培养和提高。有了创新素质、创新方法，并不一定有创新能力和创新行为，更不一定有创新精神。创新能力、创新行为是与实际问题的创造性解决分不开的，是与对该问题形成的历史和以往的解决策略的系统把握分不开的。因此，真正的创新能力的培养和创新行为的养成只有到了大学阶段才是可能的，在中小学阶段就提学生创新能力的培养是不恰当的，至于创新精神的陶冶则更是这样。创新精神作为主体一种强烈的、内在的精神状态，是在主体深刻地领会了创新在任何一个具体的人类社会活动领域中的价值之后才能产生的，这种深刻的领会在中小学阶段几乎是不可能出现的。创新精神的形成既是整个创新教育的最高目标，又是推动个体终身从事创造性活动的强大而持久的动力。没有这种精神，个体就不能在创新行为中克服各种困难，承受可能的失败所带来的心理压力，千方百计地寻找有效的方法，也就不能最终做出创造性的贡献。

在上述三个既相对独立又彼此连接的创新教育目标体系中，"创造性人格"的培养应该贯穿始终。从严格意义上说，学校创新教育的任务不能说是"培养创新人才"，而只能说是"培育具有创造性人格特质的人"。因为，真正的创新人才一定是在实际的社会工作中做出了创造性贡献的人，而这就不是各级各类学校教育特别是基础教育所能办到的了。大量创新人才的涌现需要建立一个系统的鼓励和尊重创造性劳动的社会制度，包括劳动制度、用人制度、分配制度、知识产权制度等。

（原文发表于《中国教育报》2000 年 4 月 1 日）

第 五 编

价值教育的时代主题

多元的价值观必然在人们的内心造成冲突，这并不是什么坏事情，相反，这是人们价值观学习和成长的宝贵契机。面对复杂环境给青少年内心带来的种种价值观冲突，教育者不应幻想它们不存在，也不应去埋怨它们带来的挑战，而应客观地接受、平等地交流、理性地分析和积极地引导。真理越辩越明，价值观越辩越清。通过创造一种尊重、平等、宽容和理性的对话空间，正确、积极、主流的价值观最终一定能够赢得学生的认同并内化为他们内心坚定的价值信念，指引他们走上正确的人生道路。

1

价值教育的时代使命

　　看到"价值教育的时代使命"这个标题，可能一些读者会感到困惑：什么是价值教育？价值教育与人们所说的道德教育或价值观教育有什么不同？"价值教育的时代使命"又究竟要表达什么样的理论内涵与价值意蕴呢？

什么是价值教育？

　　从概念上说，价值教育是一种完整的教育活动的一个组成部分，它一方面区别于科学教育、知识教育、职业教育等教育活动，另一方面又渗透在科学教育、知识教育、职业教育等教育活动之中。作为完整的教育活动的一个组成部分，价值教育所关注的不是学生对事实性知识、程序性知识或与职业活动直接有关的知识与技能的掌握，而是学生价值观念和价值态度的形成、价值理性的提升、价值信念的建立以及基于正确价值原则的生活方式的形成。比起科学教育、知识教育、职业教育等专门性教育活动来说，价值教育所关注的不是学习者现在与未来的生存和发展能力问题，而是其现在和未来的生存与发展方式问题。现在和未来的生存与发展方式问题，究其实质来说也就是生存与发展的原则或方向问题。比如说，生存和发展是人类所面临的两大主题，对于个人来说也是如此。提高人们的生存和发展能力因此也成为现代教育的主要功能。但是，对于现代人来说，除了要提高自己的生存和发展能力之外，也要反思自己的生存和发展方式，即生存和发展的依据、原则或方向。从这个角度来说，科学发展观不单单是一种发展的模式，更是一种发展的哲学或有关发展问题的价值学说，它所要思考的核心问题是：什么样的发展才是好的发展？什么样的发展才是理想的发展？或者什么样的发展才是正当的发展？个体的发展也存在类似的问题。基于这样的立场，价值教育就是一种旨在引导和促进人们反思自身发展方式、原则或方向并不断对其加以重构的教育。

在我国教育界，人们经常将价值教育看作道德教育或价值观教育。这三个概念之间有联系也有区别。从联系的角度来说，价值教育确实包含了道德教育或价值观教育部分。道德作为建立和调整人与人之间关系的原则体系，确实也关涉人自身的发展依据、原则或方向，因此道德体系可以包括在价值体系之中，道德教育也可以作为价值教育的组成部分之一。价值观教育和价值教育在英文里是同一个短语"value education"，本无区别。在中文语境下，价值观教育可能主要侧重于价值观念的呈现、阐释和宣传，认知主义的色彩比较浓厚；而价值教育则不仅关注观念形态的价值范畴的呈现、阐释和宣传，还关注更加广泛的教育目标的达成，如正确的价值态度与情感的陶冶、价值理性或自主性的培育、价值信念的建立以及将某一价值观念整合到日常生活之中的行动等。从这个角度来说，价值观教育也是包含在价值教育这个概念当中的，而且后者在目标上更加强调正当生活方式的形成。根据这样的分析，我们可以简要地把价值教育看成是对道德教育或价值观教育的丰富与拓展。考虑到我们一般所说的教育特指制度化的学校教育，价值教育在此也是特指由学校这种专门的社会机构所负责实施的旨在引导、促进、反思和提升人们自身价值素质（价值观念、价值态度与情感、价值理性、价值信念以及价值行动能力）的教育实践活动，其最终目的在于教导人们基于正确的价值原则为人处世。

加强和改进价值教育的重要性与紧迫性

价值教育自古以来就受到教育界的重视，今天更应该受到我国教育界的高度重视。之所以这么认为，一是因为从理论上说价值教育太重要了，对于人的发展来说具有极端重要的意义；二是因为从实践上说，价值教育在当前我国全面发展的教育体系中还没有受到应有的重视，在应试教育的巨大压力下，价值教育若有若无、时有时无，缺乏系统的安排和深入的研究。与此相关，青少年学生的价值素养也存在一些值得高度关注的问题。

价值教育对于全面发展的教育来说，其重要性几乎是不言而喻的。我国的教育是社会主义的教育，社会主义教育的理论基础之一是马克思主义有关人的全面发展理论。马克思在论述人的全面发展时，非常强调人的体力、智力和精神能力的发展。这里面的"精神能力"从其内涵上说主要就是指人的价值观的形成和价值素养的提升。所以，价值教育应该是全面发展教育的应有之义，也是社会主义教育的重要组成部分。不仅如此，鉴于价值因素在人的发展中的引导、规范和激励作用，价值教育在人的全面发展教育中更应居于核心地位。一个没有正确价值观和良好价值素养的人，即使掌握了大量的专业知识和技能，也很难被认为是一个受过良好教育的人。也正是出于这个原因，有的学者把价值教育看成是整个教育活动的灵魂，对于教育的其他各个部分如体育、智育、美育、劳动技术或职业教育等具有引领方向的作用。

作为全面发展教育重要组成部分的价值教育，在现实生活中受到了多种因素的挑战。当前，中国社会正处于一个公认的转型时期，引发这场全方位社会转型的动力之一是社会主义市场经济体制的逐步建立和完善，整个社会的生产方式、分配方式和交往方式都发生了很大的变化。另一个重要影响因素是全球化时代的到来，国际上不同区域、国家、民族和社会群体之间的互动与交往越来越频繁，越来越密切，文化和价值观念之间的交流也越来越丰富。第三个影响因素就是网络时代的来临，网络极大地扩展了人们的生活空间，网络上瞬间的、直接的和多向度的交流已经成为现实。这三个主要因素使得当代的价值教育环境发生了很大的或根本性的变化，在相当程度上，对当前以学校为主的价值教育构成了挑战。如何处理传统价值与现代价值之间的关系？如何处理西方价值与中国传统价值之间的关系？如何处理价值多样与主流价值之间的关系？究竟要在青少年身上培养哪些价值品质并希望他们如何正当地生活？置身于如此复杂的价值教育环境之中，怎样开展价值教育才更有效果？这些问题都是摆在我国教育工作者面前的紧迫问题，也是进一步深化素质教育改革所必须思考和回答的问题。

价值教育所肩负的时代使命

回应上述价值教育环境的变化，今天我国的价值教育应该肩负起如下使命：传承人类的基本价值；弘扬社会的主流价值；整合优秀的传统价值；注重职业价值观的养成；提升人们的价值理性。

什么是人类的基本价值？ 人类的基本价值是人类不同文化传统所共同珍视的一些基本价值品质，如平等、公正、悲悯、和平、诚信、团结、宽容、节俭、体恤弱小等。这些价值品质是与人成为人有关的价值品质，从一定意义上说，这些价值品质反映了人类的价值共识。人生在世，不管从事什么样的工作，过什么样的生活，都应该秉承上述的人类基本价值。否则的话，其生活方式可能会失去基本的正当性，陷入许多的紧张、矛盾乃至各种形式的冲突之中以至于不能自拔。价值教育特别是中小学校的价值教育应该帮助青少年从小就了解这些人类的基本价值，理解这些基本价值的重要性，并能够在日常生活和学习活动中体验和实践这些基本价值，逐渐形成牢固的基本价值品质。

什么是社会的主流价值？ 社会的主流价值也称社会的核心价值，是指为各个社会阶层和族群共同认可的一些价值原则。在不同的文化传统和社会制度下，社会的主流价值是不一样的。在资本主义社会中，"自由"可能被看成是居于首要地位的社会主流价值，社会公共政策的制定都应该体现和维护这一主流价值。在社会主义社会中，"公正"可能是居于首要地位的社会主流价值，社会机会、资源、工资和福利的分配应该促进社会公平正义的实现，而不是加剧原初的社会不平等。比起人类基本价值来说，社会主流价值是一个国家内各社会阶层和族群相互认同、和谐相处、共同发展的纽带。价值教育在关注人类基本价值品质培养的同时，也应该加强社会主流价值教育，以造就既有基本人文素养又有公民价值共识的人。

什么是优秀的传统价值？ 中华民族是一个多民族的大家庭，每个民族在自己的生存和发展过程中既相互学习又彼此不同，形成了各自带有独特性的价值文化，塑造着各自的民族性格。这些优秀的带有独特性的价值文化是形成鲜明的民族特色的材料，帮助各个民族积极地适应自然、社会和历史环境。置身于全球化的背景中，价值教育决不能漠视这种价值文化的多样性，而应该把它们看成是丰富的价值教育资源并加以珍视和利用。实际上，抽象的人类基本价值和社会主流价值是不存在的，它们共同存在于各个民族自身及其共同缔造的历史生活当中。离开了各民族丰富的价值文化和建立于其上的生活方式，我们就不能理解人类基本价值和社会主流价值的现实性。从另一方面来说，对各民族价值文化的学习和传播，反过来也有助于我们理解一些人类基本价值为何是"基本的"以及一些主流价值的正当性与合理性。在这样一个社会转型时期，价值教育应该处理好传统价值和现代价值的关系，多样价值文化和主流价值认同的关系，否则就会发生"价值的断裂"（历史的维度）和"价值的分裂"（空间的维度），并由此引发一系列的社会问题。

什么是职业价值观？ 职业价值观是某种职业活动的伦理要求，是为某种职业从业者所共同遵守的原则体系。职业是生活分工的产物，不同的职业为人们的日常生活提供各种各样的生活资料与生产资料。为了保证这种分工和交换的质量，各行各业都形成了自己一套独特的价值体系，如医生有医生的一套价值体系，教师有教师的一套价值体系，律师有律师的一套价值体系。这种职业价值体系是由不同职业活动的性质、对象和特点所决定的，是这种职业赢得社会信任的前提和基础。职业价值观与人类基本价值、社会主流价值和民族优秀传统价值之间也存在着内在联系。职业价值观是人类基本价值在职业活动领域内的体现，与社会主流价值相一致，也有着其独特的职业伦理传统。在狭隘的功利主义日益泛滥的今天，学校价值教育应该帮助青少年学生在追求职业前途和职业成就的同时，理解并恪守职业价值规范，不是仅仅把职业生活当成一种谋生的手段，而是要努力地使职业生活散发出人性的光辉，具有良好的价值形象和社会责任感。

什么是价值理性？ 为什么要在诸多的价值素质中单独把价值理性提出来，把培育价值理性作为新时期价值教育的使命？价值理性是价值合理化的形式与能力，是形成价值判断能力和价值选择能力的基础。当前，随着我国社会改革开放的进一步推进，随着整个社会的分层现象越来越明显，社会上存在着、流行着多种多样的价值观念。在这样一个价值多样的时代，一个人接受什么样的价值观念和实践什么样的价值原则，已经远远不是其童年经验或所属的社会群体可以决定的，人们必须在多样的价值观念或原则体系中进行比较、分析、判断与选释，因此，个体必须不断提升自己的价值理性。在这个时代，价值教育仅仅告诉青少年学生什么是正确的、什么是错误的，已经远远不够了，必须将培育和提升青少年学生的价值理性作为主要的目标加以追求。如果青少年学生从小就开始形成比较良好的价值理性，我们就不用担心他们会因受到各种错误价值思潮的影响而缺乏正确的判断能力和选择能力。所以，比起以往任何时候，价值理性的培育都更加紧迫，是当代价值教育所应该肩负的重要使命之一。

（原文发表于《中国民族教育》2009 年第 1 期）

2

全球化时代的爱国主义教育

　　每个人都有自己的祖国。爱国主义是人们对于自己祖国和民族的深厚感情。爱国主义教育是学校教育的重要组成部分。然而，由于一个国家和民族所处的历史阶段和外部环境不同，爱国主义教育也往往有着不同的主题、内容和方法。在国家和民族危亡之际，爱国主义教育就是要鼓励青少年学生为国家和民族独立而努力奋斗，哪怕是抛头颅洒热血也在所不惜。在国家和民族独立之后，爱国主义教育就是要鼓励青少年学生为国家富强、人民富裕而努力。

　　当前，我国中小学校爱国主义教育面临的最大挑战莫过于全球化（globalization）时代的到来。自 20 世纪 90 年代中期开始，全球化这个概念以其巨大的魔力影响了人类生活的方方面面，成为此后人们思考和规划任何一项工作的宏观背景或思想框架。从内涵上看，全球化这个概念内涵丰富且复杂，直到今天，也没有哪一位学者能够系统、全面地阐明它，学者之间的共识就更是少得可怜。从主要的方面来说，政治的全球治理、经济的全球化、文化的全球传播、教育的全球化、信息和人口的跨国界流动等，构成了全球化的主要领域，但是，这些远远不是其全部。全球化对人类日常生活的影响远远超出上述领域，几乎深入个人生活的每一个具体的方面。它改变了人们长期形成的一些态度、思维与行为模式，给教育工作特别是爱国主义教育带来很多新的困扰。

其一，情感上的两难。我有一次在给研究生上课时，和学生们广泛而深入地讨论了全球化时代的爱国主义教育问题。我问他们："如果未来有机会，你们会不会移民？"许多学生的回答是直率而肯定的。人口的因素、环境的因素、食品安全的因素、教育的因素以及对异国他乡生活方式的纯粹好奇，都是促使他们产生移民倾向的原因。我接着与他们讨论了移民对个体原有国家认同产生的挑战：愿意移民的个体是不是意味着其不再热爱自己的国家？学生们的反应是复杂的。那些表示自己愿意移民海外的学生坚决否认这一点，认为不能把移民与爱国对立起来：移民不等于不爱国，爱国不等于不移民。也有一些学生提出国家之爱的程度问题，认为移民或计划移民尽管不能说就是不爱国，但毫无疑问的是，正是由于对别国爱的程度超过了对自己祖国爱的程度，才有了移民行为或倾向。也有学生提出：对于一个爱国者来说，他就算是到了国外，也深爱着自己的祖国，也可以用其他的方式为祖国的建设和发展尽一份心、出一份力；在全球化时代，一个人爱不爱国，不能以他愿不愿意留在祖国来确定。

面对这些不同的观点，我也陷入困惑之中。踌躇之余，我还是继续提出问题：一个人有没有可能既热爱自己的祖国，也热爱别的国家？或者说，一个人有没有权利同时爱上几个不同的国家？爱国主义是不是高度排他的，就像爱情一样？针对这些问题，学生们讨论得更加热烈。有的人认为，一个人当然可以同时爱上几个国家，爱一个国家的历史，爱另一个国家的环境，同时爱第三个国家的制度。有的人则坚决认为：这是纯粹理论的分析，实际上，一个人对自己祖国的爱是不可分割的，历史与现实、优点与缺点、制度与人民，都是对祖国之爱的内容；而那种认为可以爱一个国家的历史、另一个国家的环境、第三个国家的制度的"爱"并不是爱国主义的情愫，只是一种旅游观光客式的"喜欢"罢了。持这种观点的学生甚至言辞激烈地批评社会上愈演愈烈的移民潮，认为移民潮的大规模出现表明了爱国主义教育的失败，表明越来越多的同胞凭借财富和智力从心理上远离自己的祖国。除非是被迫或有特殊的理由（如照顾海外的老人），移民者无论如何都不能算是爱国者。一个人若真的热爱自己的国家，就应当选择留在国内，建设自己的国家，不管自己的国家眼下面临什么样的困难、问题和不足。

其二，利益上的纠结。全球化时代的爱国主义教育除了面对上述情感上的困境外，还面临着现实的利益上的纠结。2008 年奥运会前全国爆发的抵制家乐福事件、近几年中日关系紧张时出现的抵制日货的呼声等，都反映了这种伴随着强烈的爱国情感出现的利益纠结问题。全球化时代，许多商品与服务都不再是由某一个国家独立制造和提供的，许多国家的劳动者彼此之间形成了一个全球性的"设计—供给—生产—销售—消费"利益链条。这完全不同于工业化初期发达国家与不发达国家之间经济上的那种简单的"输入（商品）—输出（原材料）"关系。抵制家乐福、抵制日货，可能会给法国公司或日本公司带来很大的心理与经济冲击，但同时也会直接导致与之相关的中国本土的上下游企业以及大量的从业人员面临很大的压力。这种民众自发的经济抵制行为被国际社会解读为一种"经济民族主义"（民族主义情绪支配经济生活），它会降低国外投资者的投资安全感或信心，会产生长远的负面效应。

这就向我们提出了一个非常现实的问题：在经济全球化的时代，是否可以把各种各样的经济抵制行为当作爱国行为加以肯定？与之相关的问题是，购买由国外公司所设计的商品或服务品牌，是不是不爱国的表现？比如：当下青少年学生对于国际知名品牌的偏爱和追逐，是否反映或折射了他们内心对国家认同的程度比较低？在国内外产品设计、生产工艺、商品和服务质量客观上存在明显差距的前提下，批评孩子们对各种洋品牌的沉迷、鼓励他们消费"国货"是否可以列入爱国主义教育的范畴？在国际上，也有一些国家和地区借爱国主义的名义号召国民抵制物美价廉的中国商品，我们又该如何看待？全球化时代，爱国主义教育如何能够在剪不断理还乱的经济关系和利益网络中展开？显而易见的是，用爱国情感来削弱甚至割裂不同国家经济上休戚与共的联系是不可取的。那么，作为一种选择，简单地强调"爱国归爱国，经济归经济"的二元逻辑是否能够得到民众和青少年学生的认同？如果某国公司在华经营所获得的利润中有相当一部分确实流向该国一些极端反华的政治集团，那么民众和青少年是否还可以自愿地、不受任何责备地购买该公司的商品或服务？

其三，认知上的冲突。信息技术的发达、人口的国际流动极大地开阔了人们的眼界，使得人们有机会从国际比较的视野来具体审视自己的祖国，而不再像原来那样只是通过单一渠道接受有关祖国的教育。美丽的山河，我们有，别人也有，只是风景不同。悠久的历史，确实值得骄傲，但是经过20世纪的数次"文化革命"，许多文化遗产被破坏，如今已经很少能够直观地感受到历史的悠久与厚重，大多数时候，人们只能在教科书或博物馆里看到历史。相反，到国外旅游，一些历史并不悠久的国家却很注重历史的保护与传承，哪怕是一个小镇，其过去的生活、生产方式都保护与传承得很好，让人赞叹。勤劳的人民，以往始终是我们民族自豪感的来源，如今却可能会被国外认为是不懂得生活，或者被认为是在劳动领域开展不正当竞争。当然，他们的观点不一定对，我们也不一定要接受他们的观点。但是，他们的观点毕竟提供了另外一种看中国的视角。从另外一些国际比较的角度来看，众多的人口、拥堵的交通、严重的环境问题、激烈的升学竞争以及一些公务员的严重贪腐行为等，都现实地影响着人们对于自己国家的情感认同。

总之，在这样一个全球化的开放时代，想在一个相对封闭的环境下通过灌输国家在自然环境、文化历史或社会制度等方面的优越性，来开展爱国主义教育、促进国家认同，只会越来越困难。四面八方涌进来的信息很快就会改变青少年学生从学校渠道获得的单一国家认知。从这方面来说，如今的学校开展爱国主义教育，切实提高爱国主义教育的有效性，必须努力矫正爱国主义教育的坐标，从过去单一的国内视角，转换为如今更加开阔的国际视角，即不仅要呈现"我们"对于中国的认知，也要呈现"他们"对于中国的认知。可以理解，这两种不同的认知可能会一致，也可能会不一致，甚至会产生比较大的分歧或冲突。这种分歧或冲突是我们在全球化时代开展爱国主义教育所无法逃避的，也是我们必须面对的。

在这个全球化的时代，人们越来越多地意识到，不管自己属于哪一个国家，不管自己的肤色如何，都面临着一些越来越严峻的全球性问题：生态危机、粮食安全、艾滋病等流行性疾病、核危机、恐怖主义威胁等。这些问题的产生，是人类长期发展不平衡以及发达国家过度支配和控制不发达国家的结果。这些问题的解决，不能单单指望哪一个国家，必须由全人类携起手来共同努力才有希望。全球化的时代，人类在诸多事务上越来越成为一个命运共同体，休戚与共、息息相关。在这种背景下，爱国主义教育必须摒弃传统上那种狭隘的国家或民族优越论，倡导一种平等正义、求同存异、和谐共生的思想，致力于培养有博大的人类同情心并愿意担负起造福整个人类这一责任的全球公民。

（原文发表于《中小学管理》2013 年第 8 期）

3

重申集体主义教育

在这些年与中小学校长和教师交流的过程中，我了解到中小学教师和学生群体中有一部分人的确存在比较突出的组织纪律涣散和自私自利现象。他们经常无故不参加各种集体的组织生活，对于集体表现出离心倾向；在处理个人和集体利益的关系时，常常把个人利益摆在首要位置，甚至不惜以损害集体利益为代价来实现个人利益。这种现象的存在，不仅有损于教育集体的团结与协作，而且也极容易对青少年学生正确价值观的形成产生错误的导向。针对这种个人主义倾向，有必要重申集体和集体主义教育的价值！

集体是由数量不等的个体依据共同的目的和一定的规则所形成的社会共同体。共同体成员之间存在着情感上和利益上的密切联系。这个定义意味着，一方面，集体是由具体个人组成的，是个人的集合体；另一方面，集体又不同于个人，体现在目标设定、规则制定、群体氛围以及行为方式等各个方面。集体的目标、规则、氛围以及行动都是共同性的。如果集体的目标、规则、氛围以及计划开展的行动没有得到集体中每一个成员的认同、接纳和参与的话，那么集体在实现自己的目标、执行自己的规则、营造心理氛围以及开展共同行动的效果方面就会大打折扣。如果集体的目标、规则、氛围以及计划开展的行动没有得到集体中大部分成员的共同认同、接纳和参与，但又意图借助于集体的组织力量或舆论力量强行推进的话，那么这个集体就不再是一个"真实的集体"，而是一个"虚假的集体"。

每一个人都生活在大大小小的集体之中，并通过参与丰富多彩的集体活动展示自己的个性，丰富自己的社会性，涵养自己的类特性（普遍人性）。离开了集体和集体生活，一个人既不能成就自我，更不能实现自己的社会理想和更加伟大的目标。集体主义就是这样一种价值立场或原则：坚持个人与集体价值的有机统一。一方面在集体生活中关心个人的成长，为个人的成长创造积极的条件，提供坚定的、持续的支持；另一方面强调集体目标的优先性，引导集体中的个体在个体与集体目标发生冲突的时候，优先服务和服从于集体目标的实现。而集体目标的实现，最终又为个人目标的实现以及更为长远的个人和集体目标的制定提供了基础和条件。在真实的社会生活中，一个人无论生活和工作在什么样的集体中，只有当自己所栖息于其中的集体不断发展壮大的时候，个人的价值才能够得到充分的实现。反过来，当自己所栖息于其中的集体缺乏组织力、团结力、生命力甚至面临解体的风险时，一切个人的小目标都会失去支撑与可能。

因此，作为一种人类行为的价值立场或原则，集体主义并非站在个人发展的对立面，而是倡导个人通过服务于集体目标的实现来最终为个人发展创造条件。正如马克思和恩格斯在《德意志意识形态》中所说："只有在共同体中，个人才能获得全面发展其才能的手段，也就是说，只有在共同体中才可能有个人自由。"[1] 所以，

---

[1]　马克思，恩格斯. 马克思恩格斯选集：第 1 卷 [M]. 中共中央马克思恩格斯列宁斯大林著作编译局，译. 3 版. 北京：人民出版社，2012：199.

集体主义的真正对立面是个人主义，是那种无论在何种情况下都坚持将个人的目标、价值和利益放在首位的价值立场和主张。也正如马卡连柯所说："集体主义最简单的定义就是个人与社会的团结一致。跟集体主义对立的是个人主义。"① 个人主义的价值立场和主张，表面上看是为了个人，把个人摆在优先的地位，但是实际上却没有真正理解人的社会本质，在实践中也有害于个人成长，并有害于社会公众的普遍利益。在马卡连柯看来，只有在集体中并通过集体，个人自由和丰富个性才有可能发展起来，社会主义的教育目的也才能真正实现。

集体主义是社会主义价值体系的重要组成部分，也是社会主义教育的基本价值原则。集体主义意识和精神的培养是社会主义教育的重要任务，也是爱国主义教育的重要基础。新中国成立以来，正是在集体主义教育的引导下，一代又一代青少年才能够走出家庭这种自然的共同体，融入班级、社团、学校以及众多的社会组织，在火热的集体生活中并通过这种集体生活认识自己、发展自己、超越自己，最终使自己成为一个有理想、有责任、有担当、有胸襟的合格的和优秀的社会成员。如今，面对在各种复杂因素影响下产生的个人主义倾向，广大中小学校要大力继承和弘扬集体主义教育的优良传统，以建设优秀的教师集体和学生集体为抓手，通过各种途径培育师生的集体意识，丰富他们的集体情感，促进他们的集体参与，最终陶冶他们的集体主义精神，引领他们将个人的发展融入社会进步和民族复兴的伟大事业中去。

（原文发表于《北京教育·普教》2017 年第 9 期）

---

① 马卡连柯. 马卡连柯教育文集：下卷 [M]. 2 版. 北京：人民教育出版社，2005：520.

4

交换还是赠与

——关于一个小学价值教育案例的沉思

　　人是"追求价值的动物"，价值是人类行为的内在根据。价值教育是学校教育的重要组成部分。培育中小学生的价值理性，帮助他们树立正当的价值观念和价值信念，是社会转型时期和价值多元时代学校教育所担负的一个重要任务。新世纪伊始开始的基础教育课程改革已经在一般意义上提出了价值教育的目标，教育理论研究和中小学教育实践有责任将这种一般意义上的价值教育目标具体化，并从现实中复杂的价值环境出发，探索实现一般与具体的价值教育目标的原理、途径和方法。

　　让我们通过下面这个真实的案例来感受如今中小学价值教育所面临的挑战和存在的困惑。在北京市某所小学四年级的一个班里，发生了这样一件事情。班上有一位同学 Z 的画画得比较好，另外一位同学 S 就想向 Z 要一幅画回家张贴。Z 同学想了想说："不行。画画既花钱，又要投入时间，我不能白给你。如果你真想要的话，可以拿钱买。看在同学的面子上，我可以少要你点儿。"S 同学听后也觉得 Z 说得对，还联想起自己家里装修时爸爸妈妈带着自己去某家居超市买装饰画的事情。于是，S同学就拿出自己的零花钱买了Z同学的一幅画。S同学买画的事情被班里其他同学知道了，于是就又有同学花钱向Z同学购买其绘画作品。就这样，Z同学开始在班里公开出售自己的绘画作品，价格还越来越高，从原先的几块钱涨到十几块钱。Z同学向班级同学卖画的事情最先为其父母所知晓，父母感到非常诧异，对孩子进行了严厉的批评，可是Z同学觉得自己并没有错。父母向班主任老师反映了情况，请老师帮忙教育孩子。班主任老师分别找Z、S以及其他同学谈话。让老师感到困惑的是，并没有同学认为Z的做法有什么不对，甚至还有同学表示了对Z的敬佩和羡慕，认为他将来一定能够挣很多钱，成为"大款"。一时间，班主任老师也感到手足无措，就在办公室里向同事们请教。未曾想，同事们的意见也不统一：有的人认为Z同学并没有错，只是要提醒他不要贪心；有的人认为应该加强教育，坚决制止；有的人认为不应该大惊小怪，让事情自然地过去就好。

怎样看待这个案例中Z同学的行为？怎样看待老师和家长的困惑以及部分老师之间的分歧？首先，我们应该认识到，Z同学这样的行为不是一种个别的行为，近几年来有关的报道频频见诸报纸或网络。从幼儿园小朋友之间自愿的玩具交换到中小学生常见的批发和转手贩卖学习用品，一直到大学生之间的交易行为，林林总总，不一而足。从这个意义上说，教育者不能将这种行为的发生看成是Z同学的个人表现，不宜将其归因于Z同学特殊的家庭环境，而应该认识到它与其他同类现象之间的同质性和连续性，应该将其看成是一种需要深入理解的教育现象。其次，从性质上说，这种现象之所以发生并引发争议，主要原因是市场的价值原则与教育的价值原则之间存在不一致的地方，两者之间发生冲突。如果单从市场的价值原则来说，同学之间遵循自愿的原则发生一些等价的交换或交易行为，应该是合理的。事实上，学生之间在发生这些基于自愿原则的物物交换或金钱交易行为时，也都确实认为不存在什么问题。这就是让班主任老师感到困惑和棘手的原因。在这种情况下，老师或父母简单批评孩子"怎么这么小就想着赚别人的钱"实际上是没有教育意义的。如果从教育的价值原则来说，同学之间应该团结、友爱、慷慨、无私。如果有同学喜欢自己的绘画作品，则应该无偿地为同学们创作并赠与他们，以达到增进友谊、共同进步的目的。遵循这样的价值原则，Z同学的行为当然是"有问题的"。所以，Z同学的行为有没有错，关键不在于他的行为本身，而在于从什么样的价值原则出发来评论他的行为。再次，围绕着Z同学的行为是否正当，案例中不同的人偏好不同的价值原则。Z同学所在的班级里的学生和部分持支持态度的老师偏好市场的价值原则，可能还会美其名曰"适应市场经济的要求"；他的家长、班主任和部分持反对态度的老师偏好教育的价值原则，对Z同学的行为及同学们的反应表现出明显的担心。

让我们来做进一步的分析。从Z同学的立场来看，他确实是在有意地运用市场的价值原则，把他和购买他的作品的同学之间的关系看成是一种商品生产者和商品购买者、消费者之间的关系。这种市场价值原则可能来源于他日常的生活经验。他在日常生活中跟随父母所观察到的一次次等价交换，使其将市场价值原则内化到自己幼小的心灵中并不断地加以强化，之后，这一价值原则逐渐支配他的交往行为。可以肯定地说，在Z同学的思想中，别的同学拿钱来购买自己的作品是"天然合理的"，他自己并不认为有什么问题。类似地，在一些大学生中间，花钱请同学为自己洗衣服也被看成"天经地义"的。同学之间价值偏好上的相同性，是他们都能够接受Z同学的行为甚至还羡慕起他来的原因。一部分老师之所以对Z同学的行为持肯定的态度，也是基于双方价值偏好上的相同性。这种共同的价值偏好反映了如今我国经济领域中市场价值原则，是这一价值原则渗透到教育实践领域中的表现。

这里有一个值得思考的关键问题：将市场价值原则应用到教

育实践领域是否适当？这个问题恐怕也正是 Z 同学的家长、班主任和部分老师所意图思考和解决的问题。要回答这个问题，就不能不弄清教育实践领域的特点，弄清教育实践领域与一般经济领域的区别。不难理解，教育实践，特别是基础教育实践，是以引导、促进和规范青少年学生的有价值发展为己任的，因此，教育实践领域中师生之间的关系以及学生之间的关系，同经济领域中生产者与消费者之间的关系有着根本的不同。一般经济领域中生产者与消费者之间的关系完全是自愿基础上的交换关系，只要不违背双方意愿和价值规律强买强卖、以次充好，都应该是允许的。而教育实践领域中师生之间的关系以及学生之间的关系则必须体现"教育性原则"，其关系模式本身应该有助于学生的有价值发展。从这个角度来说，Z 同学的行为以及建立于其上的同学之间的关系模式无论是对于 Z 同学还是对于其他同学来说，都很难体现促进双方有价值发展的意图，在性质上是一种纯粹的交换关系。在交换过程中，双方关注的焦点不是同学之间的友谊，而是 Z 同学绘画作品的价值和价格。基于这种认识，将市场价值原则应用到教育实践领域是不妥当的，在学生中间发生的交换或交易行为也是不符合教育性原则的。

可能有人会辩护说，真实的市场经济社会就是如此，让学生从小就练习如何应用市场价值原则有何不好呢？这种观点看起来很有道理，其实还是存在片面之处。不错，现在的青少年学生要为市场经济社会做好准备，也应该理解和掌握市场经济的价值原则，以便长大后进入市场经济领域之中开启自己的职业生涯。从这个角度来说，中小学校有责任通过显性的或隐性的课程，帮助学生认识市场经济的特点和价值原则。但是，应该注意，青少年学生未来不仅仅是经济领域中的生产者和消费者，他们同时还是政治领域中的公民，是家庭生活中的成员，是许多不同社会组织中的一分子。因此，青少年学生要想很好地承担自己的未来角色，就不仅应该理解和掌握经济领域中的价值原则，还应该理解和掌握适用于其他不同性质社会领域中的价值原则。如果他们不能够理解和掌握适用于其他不同性质社会领域中的价值原则，简单地将经济领域中的价值原则应用到其他诸多社会领域中，甚至将经济领域中的价值原则当作适用于一切社会领域的普遍价值原则，事事做交易，处处讲盈亏，结果将是很可怕的。所以，对于上面一些人可能给出的辩护来说，问题的焦点不在于青少年学生是否有必要从小学习如何应用市场价值原则，而在于教育者能否引导学生认识到市场价值原则所适用的有限社会领域，能否引导学生认识到除了市场价值原则之外，还存在着其他一些珍贵的、用于建立良好社会关系的价值原则。

回到对案例中 Z 及其同学们行为的分析上来，显而易见的是，Z 及其同学们都接受了市场价值原则，并将其作为处理同学关系的基本价值原则。虽然说"买卖双方"都是自愿的，但从教育的立场来看他们的行为却是不适宜的，道理也不难明白。问题是，如何才能帮助孩子们认识到这种市场价值原则在处理同学关系方面的不适宜性？一个基本的办法就是通过精心组织的主题班会或私下谈话的形式，帮助 Z 同学以及班上其他同学理性反思他们所持有的市场价值原则，认识到该原则的来源及适用对象的有限性，并及时引入"赠与"的价值原则与前者相比照。老师可以选择现实社会生活中的一些真实案例，如家庭生活中父母对孩子的养育行为、社会各领域中的志愿行为以及一些特殊事件中英雄人物的牺牲行为等，帮助学生理解这些行为背后共同的价值原则——赠与原则，即一种基于血缘、责任、义务、爱心、友谊和更高精神追求的纯粹给予或付出。老师也可以引导学生做一个思想实验，想象并讨论一下将上述案例中人物行为的价值原则由赠与原则置换为交换原则的可能后果，理解交换原则在这些社会生活领域中应用的局限性和不适宜性。老师还可以引导同学们认真比较、讨论探究交换原则和赠与原则在处理同学关系或一般人际关系时的不同要求和不同意义，引导同学们自主思考赠与原则在构建同学关系中的优先秩序，初步理解"赠人玫瑰，手留余香"这一古老谚语的现代意义。

（原文发表于《基础教育》2008 年第 6 期，
收录时标题有改动）

5

教师的价值教育能力现状及改进策略

教育是促进青少年学生有价值发展的社会活动。价值教育是教育活动的应有之义，是完整的学校教育的重要组成部分，渗透在学校教育活动的方方面面。开展价值教育关键在教师。大量成功的教育案例说明，只要教师是价值教育的有心人，把孩子的价值成长放在心上，就能够随时随地找到适宜的开展价值教育的方式方法，给孩子的价值成长以积极的引导。反过来，如果教师缺乏价值教育的意识和能力，价值教育在学校环境中就很难顺利实施并取得成效。目前，在推动价值教育的过程中，无论是理论工作者还是实践工作者都发现，教师从事价值教育能力的不足已经成为制约价值教育的一个因素，必须从理论和实践两方面加以研究解决。

教师的价值教育能力不足的主要表现

第一，对于价值教育的重要性、必要性和紧迫性的认知不够。对大量中小学教育实践的观察和分析表明，受应试教育观念的影响，不少教师在意识或潜意识层面还缺乏价值教育的意识，认为教师工作的主要任务是"教知识"，在实际工作中将主要的时间和精力花在将学科知识有效地教授给学生上。他们的课堂组织和师生交往也主要围绕着学科知识的教与学来进行，对于学生知识学习以外的发展需要缺乏积极关注。也有的教师尽管在观念上能够认识到价值教育的重要性、必要性，但是却将其看成是家庭教育的责任，认为家长在孩子良好价值品质的养成方面应起到主要的作用。还有一些教师，尽管也能够意识到自身在开展价值教育方面的责任，但是考虑到孩子价值学习的复杂性以及当前社会价值的多元影响，缺乏成功开展价值教育的信心和勇气。个别教师由于极度缺乏价值教育的自觉性，在日常教育教学、管理和师生交往中有一些违背正当的价值原则的言行，无形之中对学生价值观的形成产生了消极的影响。

第二，对于价值教育的理论和实践还缺乏明确的认识。在开展价值教育的过程中，一些教师表现出极大的热忱和责任感，也愿意结合课堂教学、班级管理、与学生的个别谈话、主题班会等开展价值教育。但是，在对价值教育的一些基本理论和实践模式的认识上，这些教师还需要进一步努力。例如，他们对于价值教育的概念、主题、内容、途径、方法等缺乏相对系统和明晰的了解，在下列问题上也存在很多困惑：价值教育与学校教育是什么关系，与价值观教育有何区别和联系，与道德教育是何关系？到底该教授学生哪些价值？价值学习与学科知识的学习相比在过程与方法上有何不同？如何处理课堂教学中的价值冲突？有哪些主要的价值教育模式？这种理论与实践认识上的不足或薄弱，很自然地影响到教师开展价值教育的自觉性、坚定性和有效性。

第三，比起学科素养，一些教师自身的价值素养有待提高。教师是学生价值学习的榜样，教师的价值品格以及在教育教学和班级管理中体现出的价值原则对于学生的价值成长会产生直接的、深远的影响。在目前这种价值多元的社会背景下，教师个体的价值品格和为人处世所坚持的价值原则，对于学生的价值学习和价值成长来说至关重要。教师只能以自身的诚信来培养学生的诚信，以自身的公正来培养学生的正义感。从某种意义上说，在这个时代，教师是学生价值和人格领域健康成长的领路人与守护者。在学生面临各种价值困惑的时候，教师应当表现出价值行为的自觉性、坚定性和示范性。现在的问题在于：一些教师在面对价值多元和价值冲突情境时缺乏进行价值判断、价值选择和价值引导的意识与能力，对自己在各种教育行为中所展现出来的价值原则也缺乏足够的自觉和反思。因此，价值教育实践亟待推进，教师自身的价值素养（价值信念、价值理性、价值选择、价值体验、价值反思等）亟待提升。

第四，进行价值教育资源开发、教学设计及行动研究的能力不够。价值教育也需要丰富的资源，需要教师对相关学科内外的资源进行挖掘、整理、分析，并选择合适的使用或呈现方式。价值教育的主题多样，分布在不同的学科当中，如何在学科教学中设计好各个学科教学内容所包含的价值主题，对此目前中小学教师普遍感到能力不足。此外，价值教育过程中也会出现各种各样的问题，需要教师围绕这些问题的解决开展行动研究，以期不断地改进价值教育的理念与方式方法。

正是由于存在上面这些不足，总体上看，当前我国中小学校在回应为什么要开展价值教育、开展什么样的价值教育以及如何开展价值教育等一些价值教育的基本问题上，还没有能够取得很好的进展。教师们能够熟练地回答如何教授一些学科知识，但是恐怕不能同样熟练地回答如何教授"爱""平等""民主""公正""宽容""诚信"等一些价值原则。在许多情况下，教师们还是像教授学科知识那样教授这些价值原则，着力解决中小学生的价值观念认知问题，但不能解决他们对价值原则的认同、信奉和践行问题。从这个角度来说，提高教师们的价值教育能力对于当前中小学校积极有效地开展价值教育，实现学校教育的价值意蕴，促进青少年学生的价值学习和全面成长具有奠基性意义。

教师的价值教育能力：初步的概念与结构分析

"能力"不是一种实际存在的事物，也不是人们某种天生的内在禀赋。能力只是一种用以评价人们解决问题熟练程度的概念。说一个人的某方面能力强，就是说他在解决该领域问题时比其他人更熟练，比如用的时间更少，问题解决得更彻底、更漂亮，等等。那么，究竟是哪些因素影响了人们解决某一问题的熟练程度呢？应当说，影响人们解决某一问题的熟练程度的因素有很多，并因具体问题的不同而不同。一般来说，影响人们解决问题的熟练程度的因素有以下几类：一是对问题本身是否敏感，或者能否及时地发现问题。任何领域的专家与外行、新手与优秀者之间的区别在于：专家、优秀者有一双善于发现问题的眼睛，能够敏锐地看到外行、新手看不到的问题，甚至能够根据一些信息来预测问题的发生。二是对问题本身能否做出科学的诊断，找到产生问题的真正原因。这就要求人们能够采取有效的方法挖掘、收集、整理、分析、讨论与问题发生有关的各种信息，去伪存真、去粗取精，做出准确的判断。外行在面对一个领域的问题时，要么干着急，找不到分析的入口；要么乱出主意，靠碰运气来尝试解决问题，缺乏必要的理性能力和分析策略。三是能否筛选出解决问题的有效策略。任何问题，其解决的策略一般不止一个，人们在解决问题时需要估算不同策略的优劣、成本、风险等并进行选择。影响策略选择的因素有很多，如以往的经验、条件的限制、成本与效益的估算、相关利益者的策略偏好等。四是对整个问题解决过程不断进行反思、调整或优化的意识与能力。问题解决从根本上说是一种波普尔所说的"尝试—错误"与"猜测—反驳"的过程，很少有一种一劳永逸的、完美的问题解决方案。即便是真正的专家，在解决问题时也都经历过不断修正和完善解决方案的过程。这就要求问题解决者在解决问题的过程中始终保持清醒的头脑，有一种反思的意识和态度，不断根据问题的变化来优化解决问题的方案。

根据上述对能力及其一般性影响因素的理解，教师的价值教育能力是指教师在开展价值教育行动、解决价值教育过程中发生的问题、引导青少年学生价值成长方面的熟练程度。教师的价值教育能力由以下几种专门的能力构成。

第一，教师对于青少年学生成长过程中存在的价值问题的敏感性或洞察力。一般而言，价值是行为的指导性原则，价值问题会通过行为问题表现出来。有价值敏感性或洞察力的教师对于学生行为问题背后所隐含的价值根源非常敏锐，在教育过程中不会就行为问题论行为问题，而是对产生某种青少年行为问题（如打架、斗殴、学业不良、酗酒、故意违反纪律、沉迷网络等）的价值根源（如价值缺失、价值冲突、价值失序、价值迷失等）抱有专业的好奇和理智探索的责任感。反过来，缺乏价值敏感性或洞察力的教师则对学生日常生活中发生的行为问题熟视无睹，最多也只是根据校规校纪提出一些规范性的要求，或者依据校规校纪进行处理，对于其背后的价值根源缺乏兴趣和探索的愿望。

第二，教师对于青少年学生成长过程中存在的价值问题的诊断或研究能力。这种能力具体表现为，当学生中间发生价值分歧、冲突以及相应的行为问题时，教师能够基于自己的专业训练和工作经验，尽可能完整地收集相关资料、信息、证据，对问题的产生进行比较客观的解释，而不是凭借教师个人的本能、习惯和权威的命令去下一些武断的结论。一名成绩差的学生动手打了另一名成绩好的学生，教师不能想当然地认为成绩差的学生天然地"不守纪律"或"故意搞破坏"，而应该深入地调查研究，找出成绩差的学生"动手"的直接原因和深层根源，并与全班同学共同讨论如何超越成绩差异带来的价值陈见或刻板印象，共同寻求建构更加良好的同学关系所依据的价值原则。

第三，教师提出和使用有效手段来解决青少年学生成长过程中产生的价值问题的能力。应该说，青少年在成长过程中出现价值问题并不可怕，可怕的是教师在面对这些问题时不知道怎么办，或者找不出有效的解决问题的办法。许多经验观察和访谈表明：很多教师在解决学科学习问题时都是高手，有许多的手段和策略可以选择；但是到了解决价值问题时，许多教师感到力不从心，不知道从哪里入手，不少教师就听之任之，这对学生的价值成长和人格发育都是非常不利的。事实上，当面对青少年成长过程中的价值问题时，教师可以采取的方法和手段也是多样的，如说理的方法、奖惩的方法、认知矫正的方法、价值澄清的方法、戏剧扮演的方法、移情或换位思考的方法、主题辩论的方法等。依据不同的问题以及问题在学生中间存在的普遍程度，教师可以考虑选择不同的方法。

第四，教师在整个的教育教学、管理和与青少年学生交往过程中进行价值反思的能力。不难理解，教师的一言一行都会对学生产生价值影响，因此，教师在自己的专业生活中，应该经常反思自己的言行对学生产生的价值影响，应该从价值的视角不断总结和反思自己的工作，应该努力把握正确的价值立场、方向，在实际教育工作中体现和追求正当的价值原则。师生之间的紧张关系在绝大多数情况下都与教师不正确的价值立场或原则有关，如歧视、偏见、不平等、不公正、武断、不宽容、不信任等。从这个意义上说，进行价值反思的能力能够帮助教师时时矫正教育行为的方向，构建健康、良好的师生关系，夯实教育大厦的基石。

培养和提升教师的价值教育能力的建议

提升教师的价值教育能力，是当前全面实施素质教育、促进学校内涵式发展和学生健康成长的当务之急。关于如何提高教师的价值教育能力，一些学校创造了很多新鲜的经验。基于上述对教师价值教育能力的概念与结构的初步分析，参照一些学校创造的宝贵经验，本文从学校实践需求出发，提出下列建议，供教育实践进一步检验和完善。

首先，最急迫的工作是广大中小学校要将教师的价值教育能力培训纳入校本教师培训或校本教师专业发展的计划中去，作为学校教师队伍建设的一项重要工作抓紧抓好。长期以来，在片面追求升学率等风气的影响下，师范类院校和中小学校对于教师的学科意识与能力培训是比较重视的，这本来也无可厚非。提高教师的学科教学能力确实是学校教师队伍建设的重要工作。但是，这不是学校教师队伍建设的全部。为了更好地实施素质教育，促进青少年学生的价值成长，深入开展以社会主义核心价值观教育为引领的价值教育工作，学校应当将教师价值教育能力建设纳入校本教师培训工作当中，从思想上、组织上加以重视，在工作计划中加以安排。

其次，在培训中要重视基于案例的学习和研修活动，唤醒广大教师的价值教育意识，提高他们对于青少年学生成长过程中价值问题的敏感性和洞察力，提高他们分析价值问题和解决价值问题的能力，提高他们的价值反思意识和能力。作为一线的教育教学和管理工作者，教师们特别喜欢基于案例的学习和研修活动，这种活动能够使他们从一个个真实的案例中获得丰富的经验和启迪，也能够激发他们解决那些困扰自己的相关问题的智慧和责任感。在基于案例的学习和研修中，教师们一般会有很高的参与热情，也容易就一些问题、策略或做法交流经验，达成共识。作为学习和研修主题的价值教育案例，可以是成功的，也可以是失败的；可以是中国的，也可以是国外的；可以是已经有共识的，也可以是还没有共识的；可以是同一学段的，也可以是不同学段的。

再次，学校可以要求并指导广大教师开展价值教育的行动研究。任何一种能力，都不是书本上学来的，而是在行动中形成的。

没有行动，就没有能力的形成。教师的价值教育能力也一样，说到底也要在解决真实的价值教育问题中形成和提升，不能够脱离学校的教育教学和管理的实际。行动研究，既是一种真实的教育行动，也是一种真正的科学研究，是一种围绕着行动改善的研究。围绕着学校承担的价值教育任务开展行动研究，是形成和提升教师价值教育能力的基本途径。比如，有的学校开展每月一个价值主题如"爱""责任""奉献""尊重""爱国""保护环境""合作"等的价值教育工作，这就要求教师制订教育计划，开发价值教育资源，选择价值教育的途径和方法，实施价值教育行动，并在行动中不断总结和反思自身观念的清晰性、资源的充分性、途径和方法的有效性以及对学生价值成长产生的真实影响。在这样的行动研究中，教师的价值教育意识和能力自然地被唤醒、被激发出来，并且不断地得到强化和提升。

最后，学校可以为教师价值教育能力的培养和提升提供更加充分的条件保障，包括时间、经费、活动场所、资源开发等，比如，举办或支持教师参加与价值教育有关的研讨会，在学校网站上开辟专栏介绍价值教育的优秀案例，等等。有条件的学校可以鼓励和支持教师通过多种方式与外校教师、专家以及国际同行等开展价值教育方面的经验交流和思想讨论，不断扩大教师的价值教育视野和思想空间。学校还可以鼓励和支持有兴趣的教师组成促进学校价值教育的学习共同体，学习研究学校价值教育和青少年学生价值成长规律，开发丰富多彩的价值教育资源，开展价值教育的行动研究，做学校开展社会主义核心价值观教育活动的先锋队。

（原文发表于《中国德育》2013 年第 17 期）

6

当前加强青少年价值教育的几点建议

2013 年年初，我国著名高校复旦大学黄洋同学遇害事件再次引发社会舆论的关切：我们的年轻人怎么了？我们的教育怎么了？一个有幸进入国内名牌大学深造的学生，为何能对自己舍友下如此毒手？犯罪嫌疑人对于受害人究竟怀有怎样的深仇大恨，以至于非要使用极端的手段置对方于死地？这一事件的发生，让许多人再次联想起近些年逐渐淡出公众视线和记忆的云南马加爵案、陕西药家鑫案等恶性大学生犯罪案件。这种价值迷失的现象不仅在少数大学生中间存在，在部分中小学生中间也存在，在广泛的社会公共生活中以更加多样的形式反映出来。毒奶粉事件、毒大米事件、假疫苗事件、违规排污事件，诸如此类层出不穷的公共食品卫生和环境安全事件，说到底是当事人的价值观出了问题，是当事人将个人的或小团体的利益摆在了最优先的位置，而将他人的安全、健康以及子孙后代的福祉置于脑后。这些问题集中反映了当前我国社会所面临的价值失序和价值危机。应当说，社会价值失序和价值危机的严重程度，已经不能容许社会舆论再将其看成是特殊情境下发生的个别事件，也不能允许再用市场经济发展的所谓"必要代价"来搪塞，更不能用一种鸵鸟心态来对待。我们这个时代的每一个人必须抛弃对于此种现象的旁观者心态，必须承认我们所犯下的错误，必须肩负起改变这种状况的责任，必须采取切实有效的行动来开展社会价值的重建工作。这也是建设社会主义文化强国、促进经济社会和环境可持续发展的客观要求。从教育学的立场来看，当前教育工作者必须加强对青少年的价值教育，引导并帮助他们中的每一个人追求一种正当的生活。

明晰教育的价值意蕴

教育是对人的发展进行价值引导和限定的活动。没有明确的价值教育意图的行为根本谈不上是教育行为。从这个角度来说，教育就是价值教育，任何教育活动都必须包含价值教育，都会对青少年学生的价值成长产生影响。忽视和遗忘价值教育的教育不能称为真正的或完整的教育。但是，如今被人们称为学校的教育机构，却并不必然地实现教育的价值意蕴。学校价值教育任务实现与否，是以广大教育管理者、校长、教师和家长以及其他教育利益相关者能否认识到教育的价值意蕴为前提的。如果人们在自己的教育观念中还不能够清晰地认识到教育的价值意蕴，还只是将教育单纯看成是升学或就业的预备，在具体教育过程中还只是关注孩子各个学科可以量化的成绩或就业率，那么教育的价值使命如何能够完成，教育的价值意蕴如何能够体现？

如今提出"价值教育"这个概念，不是要在已经非常繁忙的学校工作之外再创造一个教育新名词，徒然增加学校的额外工作负担，而是要通过这个概念唤醒学校的日常教育教学、管理以及师生交往、校园文化活动中本该体现但事实上尚未体现或至少尚未充分体现的价值教育意识。每一个教育者——从一线校长和教师到教育行政部门的管理者都应该意识到，学校不仅仅是青少年学习知识和技能的场所，也是青少年通过知识和技能的学习进一步学习价值、践行价值的场所。通过学习知识和技能，青少年增强了生活的能力；通过学习价值，青少年才能知道何谓正当的生活，才能真正地把知识和技能转化为个体和社会的财富。

树立正确的教育价值观

教育价值观是对"什么是好的教育"的看法或观点，是指导实际教育工作的重要认识条件，也是评价实际教育工作的原则和标准。有什么样的教育价值观，相应地就会有什么样的教育实践。如果教育者的教育价值观出现问题或有所偏颇，教育实践也难保能够中道而行，难保不迷失方向。如今，人们是如何在实践中并通过实践来回答"什么是好的教育""什么样的学校是好学校"这类问题的，教育界内外对这类问题所持的具体标准究竟是什么，这些都需要教育界认真分析、讨论和反思。只有通过分析、讨论、反思甚至争论，才能够丰富人们关于教育价值的认识，才能够就这个时代应该树立的教育核心价值观达成共识。当前我国教育及其改革的价值共识是什么，时代需要建立什么样的教育价值共识，怎样才能够建立最低程度的教育价值共识，这些也都是需要进一步探索的问题。

《教育规划纲要》已经宣示了一些价值共识，我们需要深入学习和领会其精神。不管怎样，好的教育一定是以学生为本的教育，旨在促进学生全面、协调、多样和可持续发展，而不是造成学生片面发展、畸形发展，以牺牲学生的丰富个性和终身发展为代价；好的教育一定是践行平等、尊重、民主、公平等价值原则的教育，能让每一个学生（不管他们的家庭背景、智力水平或学业成就如何）都得到平等和公正的对待并因此能够积极、主动和健康地成长；好的教育一定是造就有丰富人性的公民的教育，在学生个性培养、社会性形成以及人类类特性唤醒方面保持一种内在的关联，而不是把

培养个体、造就公民与涵养人的类特性割裂开来或对立起来；好的
教育要促进学生学习和发展，其中价值的学习和发展是一个核心部
分，它既以知识、技能的学习为条件，又与健康人格以及正当生活
方式的养成相关联，是造就全面发展的人的关键部分。如果广大中
小学、社会公众及家长对于好的教育、好的学校的看法依然停留在
高分数、高升学率、高就业率等这些外在指标上，不关注青少年自
身的全面、健康、多样和可持续发展，不关注人格的养成和公民的
形成，"加强青少年价值教育"就会成为一种口号而不是行动。

以社会主义核心价值体系为指导

一定的价值是一定时代和一定社会的产物，从来就没有什么抽
象的、永恒的和普世的价值。一些价值范畴在许多不同的社会环境
和文化体系中虽然都受到重视和强调，但是就其对个体或集体行为
的要求来说却不尽相同。例如，尽管每一种社会文化都高度重视
"爱""责任""正义"这些价值范畴，但是不同的社会文化体系对
它们却可能有着不同的理解和表达。在一种社会中被称为"爱"
"负责任"或"正义"的行为，也许并不能得到另外一种社会文化
的赞誉。因此，开展价值教育，就不能单纯从抽象的价值原则出
发，不能不考虑社会的情境和时代的特征。为了应对当下的社会价
值问题，有些人大力提倡传统价值教育，或者主张借鉴西方价值教
育的优秀经验，这都是可以理解的，也有其合理之处。毕竟，价值
教育不能从零开始，教育者必定要从优秀的价值传统和西方的价值
资源中汲取养分。但是，教育者绝对不能无视时空的变换而对传统
价值和西方价值照搬照抄，必须立足于我国社会的实际和未来发
展，以社会主义核心价值体系为指导，以青少年学生的健康成长为
出发点，对优秀传统价值和西方的价值文化加以转换、整合和创
新。例如，当前许多中小学热衷于开展"感恩教育""孝心教育"

"礼仪教育"等活动，借鉴了传统文化中相关的格言、故事和行为规范，赢得了一些家长的赞誉和媒体的关注。但是，说实话，这些源自传统文化的价值范畴及其教育，如果不能自觉地与社会主义核心价值观如"富强""民主""文明""公正""爱国""敬业"等的教育相结合，就有可能演化为非常消极的东西，对青少年的价值成长产生负面影响。

所以，要加强青少年价值教育，各级各类学校必须把社会主义核心价值体系作为中小学价值教育的主旋律，遵循青少年身心发展和价值成长规律，坚持开展马克思主义中国化教育，深入开展爱国主义、集体主义和社会主义教育，大力弘扬民族精神和时代精神，积极倡导富强、民主、文明、和谐，倡导自由、平等、公正、法治，倡导爱国、敬业、诚信、友善。只有这样，中小学价值教育才能真正引导青少年学生健康成长，才能造就未来优秀的社会主义公民。

发挥教师在价值教育中的主体作用

教师是教育的主体，是教育任务的执行者，是教育环境的创造者，是青少年学生健康成长的引路人。要加强中小学价值教育，教师的主体作用必须得到充分的尊重和积极的发挥，他们当中蕴藏着无限的热情和创造力。大量的经验事实表明，即便在目前这种中小学价值教育普遍薄弱的情况下，一些学校、一些班级的价值教育也依然开展得有声有色，学生良好价值品格的养成受到积极的关注，教师通过各种途径给予学生的价值教育会影响他们一生。有的教师以赤诚的教育之爱来唤醒和培育学生心中爱的情怀，帮助学生理解什么是真正的爱、如何去爱以及如何把小爱变成大爱；有的教师把尊重贯彻到师生交往和教育教学工作的每一个环节，教导学生认识到尊重他人不是一种做人的权宜之计，而是一种事关个体人格尊严的价值原则；有的教师非常重视责任感的培养，精心设计各种各样的活动，致力于培养有责任感的未来公民；有的教师在班级管理中自觉践行自由、民主、公正的价值原则，用自由、民主、公正来促进每一位学生对于班级事务的参与，建立自由自觉的班级纪律，激发他们的班级主人翁意识，培育他们的集体主义精神；有的教师结合学科教学的内容潜移默化地开展多元文化教育、可持续发展教育、民族团结教育和爱国主义教育，促进学生的文化理解、环境意识、民族团结和国家认同意识。

广大教师丰富多彩的价值教育实践充分表明：加强和改进中小学价值教育不仅是必要的，而且是可行的。只要唤醒了广大教师的价值教育意识，只要他们将工作的重心放在促进青少年的全面、协调、多样和可持续发展上，只要他们在教育教学、班级管理和师生日常交往中自觉践行正当的价值原则，或者简而言之，只要他们立志"做价值教育的有心人"，努力地像重视学科教学那样重视价值教育，中小学价值教育就一定能够得到切实加强和不断完善。

把握价值教育的主题、途径与方法

价值教育，并非始自今日。在任何一个历史时期，学校教育体系都自觉地承担起向青少年一代进行价值教育的任务。任何一个国家也都有着自己优良的价值教育传统。远的不说，新中国成立以来，为了适应各个历史时期社会主义革命和建设的需求，培养合格的社会主义事业建设者和接班人，我国的国民教育体系相继开展了一系列主流价值观教育，像新中国成立初期的"为人民服务"教育、"五爱"教育、节俭教育，之后的"五讲四美三热爱"教育、四项基本原则教育，以及进入21世纪以来普遍开展的理想教育、国情教育、历史教育、民族团结教育、可持续发展教育等，都鲜明地体现了时代精神，反映了社会主义建设对青少年提出的价值要求。这些主题和经验都需要加以认真总结和继承。从开展价值教育的途径和方法来看，在不同历史时期，广大教育工作者根据价值教育主题和青少年身心发展特点，摸索和创造了形式多样的途径与方法，如开展价值教育的主题活动，在课堂教学中渗透价值教育，通过学校文化建设传承优秀价值文化，在价值教育过程中强调知行统一，通过社团活动培育学生的民主意识和能力，积极开展义务劳动或志愿服务，建立爱国主义教育基地，利用校园网建设价值教育虚拟平台，等等。

但是，随着时代的变化，也需要不断地创新价值教育的主题、途径与方法，力求让价值教育更加符合时代的要求。就主题来说，除了传统的政治价值（如集体主义、爱国主义、社会主义等）、道德价值（如节俭、诚信、友爱、敬业等）之外，像平等、人权、民主、公平、正义、文化宽容、全球意识等反映时代精神的社会价值也应该纳入中小学价值教育体系中去，并进行系统的规划和设计。就途径和方法而言，我们一方面需要重新审视一些传统途径和方法发挥作用的条件与环境，提高其效能，另一方面也需要基于新的社会、技术、文化和教育背景，创造一些新的途径和方法。特别重要的是，在创新价值教育途径与方法的问题上，一定要坚持以人为本的原则，最大限度地促进青少年的积极、自主和平等参与，不要将其作为价值教育的客体，而要充分发挥他们在价值学习中的主体作用。

发挥好家长在价值教育中的支持作用

"家庭是孩子的第一所学校，父母是孩子的第一任教师"，这个观点用在价值教育领域也是非常合适的。作为孩子的第一所学校，家庭不仅是孩子语言、社会和初步的知识学习的环境，也是孩子最初的价值学习的环境。父母的一言一行及其背后起支配作用的价值观念都对孩子的价值成长起着潜移默化的作用。孩子通过观察父母如何待人接物而学习待人接物，通过体会父母如何选择行动的模式而学会选择。孩子在价值思维和判断方面与父母的相似程度，就如同他们在外表、形体上与父母的相似程度一样。自私的家长一早就在孩子心中种下自私的种子；节俭的家庭自然会教育出同样具有节俭习惯和精神的孩子；在民主的家庭中长大的孩子遇到不同意见时，知道如何去鼓励交流、讨论和寻求共识；专制的家庭只能培养孩子唯唯诺诺的奴性与骄横跋扈的毛病。从这个角度来看，青少年价值成长中积极的或消极的方面，均在很大程度上反映了他们成长于其中的家庭的整体价值氛围。青少年在学校生活中所表现出来的价值品质，也在很大程度上折射出各自家庭的整体价值氛围。

中小学加强青少年价值教育，不可不关注其在家庭中的价值学习以及家庭的价值环境，不可不与他们的父母就具体价值教育的必要性、重要性、主题内容、方式方法等方面进行沟通交流，不可不最大限度地鼓励家长的参与，并努力赢得家长的支持。无数的经验证明，在价值教育的事务上，学校不发挥主导作用，不千方百计地赢得家长的理解与支持，不在价值教育的主题和方向上与家庭达成一致、形成合力，是不可能取得成效并最终取得成功的。可能有的校长或教师会担心：家长会在价值教育问题上与学校取得共识并开展合作吗？现在的家长是不是关心孩子的成绩、升学、就业甚于关心他们良好价值品格的养成？这些疑虑其实是不必要的、多余的。一些中小学开展价值教育的经验也表明：家长对于孩子良好价值品格形成的关注程度，一点也不亚于对他们的学业成绩、升学竞争力和未来就业状况的关注程度；每天让许多家长感到苦恼甚至伤心的事情，除了孩子的学业成绩不佳外，还有孩子在个人生活、与父母交往、与同伴交往以及其他社会场合中所表现出来的不良态度、行为和价值取向。学校教育者应该坚信：作为孩子的父母，家长是学校开展价值教育的同盟军；主动与家长在价值教育问题上开展密切的合作，是提高价值教育有效性和实效性的重要条件。

辩证地看待社会文化环境的影响

价值是文化的核心要素。社会的文化环境及其所表达的价值偏好、流行的价值潮流对于青少年学生的价值成长有着广泛而深刻的影响，这是毋庸置疑的。广大教育工作者包括家长也深刻地认识到这种影响的存在。从学校教育视角来看，一些教师倾向于认为当前社会文化对于青少年价值观形成的影响多是消极的。所谓的"5+2＝0"或"5+2<0"，即五天的学校教育加上两天的家庭或社会教育，其正面的效果等于零或小于零，这形象地说明了论者对于社会教育价值取向的负面评价。对于这种看法，我们需要冷静和辩证地分析。客观地说，当前社会文化环境对于青少年的价值成长来说存在一些消极因素，但同时也有一些积极因素，两者是错综复杂地交织在一起的。就消极因素而言，当前社会上确实存在一些腐败、腐化和腐朽现象，特别是一些在青少年中有巨大影响的各界精英和明星在私人生活与公共生活方面扮演了负面的角色，放纵情欲、唯利是图、崇拜物质、沉溺感官享受、漠视公共责任、践踏基本价值、疏远主流价值等现象通过各种大众传媒和人际传播对青少年的价值成长产生了不容忽视的消极影响。但是，这不是社会文化环境对教育所产生的影响的全部。当前社会文化环境中还存在许多积极的因素，如提倡公平正义、尊重个人权利、倡导个人自主、关心弱势群体、提倡文化宽容、注重环境保护等，这些都是在青少年价值教育中可资利用的宝贵资源。

因此，在中小学开展价值教育的过程中，教育者只看到消极因素而看不到积极因素的做法是不全面、不妥当的。正确的立场和态度应当是：直面社会文化环境中的消极因素，积极利用社会文化环境中的积极因素，并基于学生的身心发展特征，选择或精心设计一些价值冲突的情境，引导他们进行理性分析、判断，做出正确的价值选择。中外价值教育的成功实践也说明，在价值教育领域，不能掩饰和回避社会文化生活中真实存在的问题，也不能简单地采取一种价值相对主义的立场或态度，而应该帮助学生从负面事件中明确责任，从积极事件中找到榜样，从对真实价值难题的思考中辨明生活的方向。也只有这样，价值教育才能摆脱空洞的说教，充满现实的力量，在一个文化和价值多元的时代，引导青少年过一种正当而又充满智慧的生活。

（原文发表于《中国教育学刊》2014 年第 1 期）

7

关于中小学开展社会主义
核心价值观教育的几点思考

党的十八大凝练了"富强、民主、文明、和谐、自由、平等、公正、法治、爱国、敬业、诚信、友善"的社会主义核心价值观，首次从价值观的视角回答了建设什么样的国家、构建什么样的社会以及做什么样的公民的问题，丰富了对中国特色社会主义的价值理解，有利于在新的改革开放背景下引领价值潮流，凝聚社会共识，振奋民族精神。2014 年，习近平总书记在多个场合谈到社会主义核心价值观教育的问题，呼吁帮助青少年"扣好人生的第一粒扣子"，形象生动地阐明从小开展价值观教育的重要性、必要性和紧迫性。在这一时代背景下，各地中小学陆续开展社会主义核心价值观教育，在途径和方法创新方面进行了有益的探索，在学校文化建设和社会实践活动方面创造了许多新鲜的经验。然而，我们的课题组通过对北京、天津、安徽、湖北等地中小学开展社会主义核心价值观教育的情况进行实地调查，发现了一些令校长和教师感到困惑的问题。下面将对这些问题逐一展开探讨。

中小学开展社会主义核心价值观教育是一种纯粹的政治任务吗？

首先，我们必须承认，中小学开展社会主义核心价值观教育是一项政治任务，是由国家教育行政部门自上而下推动的，带有外部驱动的特点。但是，实事求是地说，开展社会主义核心价值观教育，不单单是教育系统的事情，其他的社会系统，如企业、军队、文化战线、政府部门等，也都在大力宣传、学习和践行社会主义核心价值观。可以毫不夸张地说，当前整个中国社会都在学习和践行社会主义核心价值观。从这个角度来说，社会主义核心价值观教育是一个比较广泛的社会实践，是当前中国社会文化建设的时代主题。

其次，教育者应当意识到，尽管当前开展社会主义核心价值观教育带有政治任务的性质，但是教育界不能仅仅将社会主义核心价值观教育看成是一种"外在的"政治任务，而应该意识到它也是一种教育工作的内在要求。我国著名教育学者孙喜亭先生给教育下过一个定义：教育就是促进人有价值发展的活动。何谓"有价值发展"？其实质就是符合正确的价值方向的发展，或者说人的发展本身就包含了正确的或良好的价值观的形成。英国有位教育哲学家也说，教育就是价值观教育，没有不进行任何价值观教育的教育。可是，问题在于，学校教育究竟要进行什么样的价值观教育，究竟希望在青少年学生心灵中播种什么样的价值信念。对这些问题，我国教育界以前不是没有思考，而是思考得不够。在应试教育的主导下，对这些问题的思考甚至显得多余。从这个角度来说，社会主义核心价值观的提出，丰富了人的发展的价值内涵。开展社会主义核心价值观教育，是学校教育的应有之义。它既是政治任务，也是教育任务，是培养和造就德智体美劳全面发展的社会主义公民的基础性工作。

中小学开展社会主义核心价值观教育会不会是一阵风?

调查发现,不少校长和教师都担心社会主义核心价值观教育会成为一阵风:早上来,晚上走;今天来,明天走。这个担心也不无道理,因为校长和教师反映,在这之前,中小学校在不同的历史时期都开展过不同主题的思想道德教育"运动",如"五讲四美三热爱"教育、"奥运精神"教育等。等到外部的驱动力一消失,学校的教育行为就停止,以至于校长和教师都在怀疑学校当初的全力投入到底对不对、该不该。过一段时间,有关部门结合形势需要,又会提出新的思想道德教育主题,且不同阶段的思想道德教育主题之间也很难说有多少关联。社会主义核心价值观教育会不会成为一阵风?其实不会,这与社会主义核心价值观教育的内容有直接的关系。尽管目前中小学校开展的社会主义核心价值观教育活动确实带有外部驱动的特点,具有政治性、政策性,但是它也与教育工作"立德树人"的内在要求相一致,是对新时期国民教育立什么德、树什么人的根本回答。因此,过一段时间,尽管外部政治的驱动力可能不那么强了,中小学校依然需要持之以恒地做下去。

根据理论界对社会主义核心价值观三个层次的解读,富强、民主、文明、和谐,分别从经济价值观、政治价值观、社会价值观、文化或生态价值观等四个维度回答了"建设什么样的国家"的问题。这四个价值观的提出,不仅仅是为了当前国家各方面的建设,更着眼于未来的国家发展,具有前瞻性。这些理想的充分实现,也是一个较长的历史过程,不可能一蹴而就。同样,自由、平等、公正、法治,作为社会层面的价值观,回答了"建设什么样的社会"的问题,充分意义上的社会自由、平等、公正、法治的实现需要一个较长的历史过程。当前,我国经济生活中的市场自由还不充分,各种行政干预、市场垄断、身份限制等还比较多，需要进一步破除；社会关系中的平等还没有充分实现，特权、身份、排斥乃至形形色色的社会歧视依然存在；对司法、分配、教育等领域的公平性或公正性抱怨也还存在，离理想的境地还有比较大的距离；人治的传统并未完全根除，法治的精神还有待进一步彰显。凡此种种都说明，要真正建设充盈着自由、平等、公正和法治精神的社会制度与社会关系，还需要同胞们做长久的努力。就此来说，社会主义核心价值观教育不会是一种短期的行为，而是我国基础教育一项历史性的任务。像爱国、敬业、诚信、友善这些公民个人层面的价值观，本来是自古就有的，因而也会永远地存在下去。关于它们的教育，也非一时的权宜之计，需要学校教育坚持不懈地进行下去。这些分析表明，校长和教师的担心是多余的。在实际工作中，教育工作者不能以一种临时性的应付态度来对待这个问题，必须拿出长期的、系统的计划来，形成以校为本的社会主义核心价值观教育的长效机制。

中小学开展社会主义核心价值观教育与传统德育是不是一回事？

在实际工作中，不少校长和教师经常会问：社会主义核心价值观教育与学校传统的德育工作是什么关系？关于这个问题，有几种不同的观点：一种观点认为两者是一回事，社会主义核心价值观教育就是学校德育，以往的学校德育也是社会主义核心价值观教育。一种观点认为，不能把社会主义核心价值观教育与传统的学校德育混为一谈，社会主义核心价值观教育有明确的主题和时代意义。还有一种观点认为，两者之间既有区别，又有联系。从区别的角度来看，社会主义核心价值观教育的内容已经大大地超出了以往学校德育的范围，或者说，12 个价值范畴中的一些在以往的德育活动中没有被明确提出来。从联系的角度来看，有些社会主义核心价值观教育的内容，尤其是公民个人层面的价值观，在以往的德育活动中也受到高度重视。

不同的观点形成不同的开展社会主义核心价值观教育的态度和行为模式。一些学校持第一种观点，结果就导致不认真对待社会主义核心价值观教育，在汇报有关工作时，随意地将以往德育工作的情况进行汇总，并将之算作学校开展的社会主义核心价值观教育。其实质就是用以往的学校德育工作替代社会主义核心价值观教育，不肯在社会主义核心价值观教育上下功夫。有的学校持第二种观点，把社会主义核心价值观教育与以往的德育工作割裂开来，将社会主义核心价值观当成是全新的德育任务，徒然增加学校德育工作的负担。大多数学校持第三种观点，但对如何把握社会主义核心价值观教育与传统德育的关系存在不少困惑。一个比较恰当的建议是：用社会主义核心价值观来引导和丰富学校德育工作。所谓引导，是指今天的学校德育工作，从目标、内容到方式、方法都应该体现社会主义核心价值观的要求，而不能违背社会主义核心价值观的要求。所谓丰富，是指在社会主义核心价值观的 12 个范畴中，有些范畴在以往的德育工作中比较受重视，如爱国、敬业、诚信、友善等，有些则比较少见，如富强、民主、自由、平等、公正等，应当予以充实，还有一些范畴虽然也受到重视，但是强调得可能不够，如文明、和谐、法治等，需要在时代背景下加以重新理解和阐释等。

中小学社会主义核心价值观教育与优秀传统文化教育是什么关系？

近些年，优秀传统文化教育受到热捧，许多中小学纷纷开展这方面的工作。教育部的有关文件也提出，要通过加强优秀传统文化教育来开展社会主义核心价值观教育。一时间，开展传统文化教育似乎就是在开展社会主义核心价值观教育。应当说，两者的教育任务相互交织但又有所不同，不能相互替代，更不能混为一谈。学校教育天然地有传承民族优秀文化传统的责任，这是不言而喻的。近些年来，中小学在这方面陆续做了很多的探索，如学习古典诗文、开展传统节日活动、普及书法教育、开发一些地方艺术课程、传播民族文化遗产知识等，有的还引入中国历史上的蒙学教材，如《三字经》《百家姓》《弟子规》甚至《女儿经》《孝经》等。单就传统文化的传承而言，当然不能良莠不分，必须坚持毛泽东当年提出的"吸取精华，剔除糟粕"的原则。而用来辨别精华与糟粕的标准是什么呢？以前对此讲得不清楚，如今提倡的社会主义核心价值观则可以充当这些标准。传统文化中，凡是与社会主义核心价值观要求不一致的，均不能传播，否则不是与时代精神背道而驰吗？以许多中小学校开展的感恩教育为例，感恩确实是一种传统的美德，但在现代社会中，感恩也不能违背公正、法治等基本精神。也就是说，对有恩之人的感谢，不能损害他人的利益，不能违背法治的精神。这是在进行感恩教育时必须渗透的现代价值观，否则感恩教育可能重新沦为封建社会官官相护的那一套。至于传统经典和蒙学读物中的一些明显不符合现代价值取向的东西，则一定要批判地对待。

有的校长和教师会困惑：要求通过传统文化来开展社会主义核心价值观教育，可是传统文化中并无民主、自由、平等、公正、法治等现代价值观，如何能够通过传承传统文化来实现社会主义核心价值观教育的目的呢？确实，我国的传统文化尽管有其丰富的价值观内容，如大家熟知的仁义礼智信、温良恭俭让等，但是从根本性质上说，它们不属于现代价值观的范畴。它们要维护的是一个充满差序、特权、不平等的封建等级社会。这些传统价值范畴中，有些合理的内容可以为今天的人们所继承和弘扬，但是不能机械地照搬照抄，玩一种"价值观穿越"的游戏。当然，有些社会主义核心价值观范畴，如爱国、敬业、诚信、友善等，在传统文化中有大量的案例和论述，可以拿来充实面向中小学生的社会主义核心价值观教育。

教会学生背诵社会主义核心价值观的 12 个范畴是否就算完成了任务？

2014 年，教育部和一些地方的教育行政部门，先后出台加强中小学社会主义核心价值观教育的文件，就如何通过课程育人、文化育人、活动育人、管理育人等渠道促进社会主义核心价值观教育做出具体部署。我们见到的中小学甚至一些幼儿园的共同做法是：把 12 个价值范畴写出来贴在学校的围墙上；利用升国旗、开班会等时间，让学生背诵；有的还通过童谣、快板等形式来加强宣传。在上级部门督导检查时，师生大多能准确地背诵。应当说，在中小学生社会主义核心价值观的"应知应会"上，目前已经取得阶段性成果。可是，这样一来也给一些师生造成一个假象，认为只要师生能够记住社会主义核心价值观的 12 个范畴并能够准确无误地加以复述，就算完成了社会主义核心价值观教育的任务。

这种假象需要加以破除，因为它的存在对中小学深入开展社会主义核心价值观教育非常有害。社会主义核心价值观教育，如同其他所有的价值观教育一样，不单单是要让学生能够识记和背诵相关价值范畴，更重要的是要做好"内化于心，外化于行"的工作，也就是说，要解决好"认同"和"践行"的问题。学生们口头上会背诵 12 个价值范畴，并不代表他们的内心已经理解了这 12 个价值范畴，更不代表他们在现在和将来的日常生活与社会实践中愿意按照这 12 个价值范畴的要求去为人处世，在面临一些价值冲突和价值选择时，能够坚定地从社会主义核心价值观出发来思考问题和做出价值抉择。所以，教育者应当明白，在社会主义核心价值观教育的起始阶段，记住这些价值范畴是必要的，但并不是充分的。记住这些价值范畴对社会主义核心价值观教育来说，只是"万里长征"的第一步。比较起来，对这些价值观的理解、认同、践行、维护、信仰和笃行，才是更高级的目标。要达成这些高级目标，相关教育工作不能等到学生步入成人社会以后才开始，而必须和识记这些价值范畴同步进行并相互协调，以期全面实现社会主义核心价值观教育的目标。

如何提升教师开展社会主义核心价值观教育的意识和能力？

在调查研究过程中，我们发现关键的问题是广大教师的自觉性、积极性和主动性问题。有的优秀教师，一直比较重视价值观教育，无论在课堂上还是在课外，始终都能给予学生正面的、积极的价值观影响、引导和指导，引领他们走上正确的人生道路。也有的教师，对教学过程和教育行为的理解比较狭隘，侧重于从知识传承和学业成绩提升等方面看待自己的工作，说什么"学生的价值观是什么并不重要，重要的是要考出好成绩，上一个好大学"。在这种片面的观点指导下，一切的价值观教育，包括社会主义核心价值观教育，都变得可有可无、无足轻重了。还有的教师，尽管通过一些培训活动，意识到社会主义核心价值观教育的重要性和紧迫性，但是确实不知道如何正确地传递这些价值观，认为价值观教育比起学科教学来说，影响因素太多，难以把握。

因此，提升教师开展社会主义核心价值观教育的意识和能力，是当前和今后一段时期中小学校开展社会主义核心价值观教育的一项重要工作。就其主要的途径和方法而言，首先，要加强培训，利用"国培""省培"以及市县级培训和校本培训四级培训网络，设置专门的培训模块，帮助教师认识到社会主义核心价值观教育与教育工作之间的内在关系，帮助他们全面地理解社会主义核心价值观的内涵和教育要求，解决认识上的问题。其次，可以精心选择一些国内外成功开展核心价值观教育的案例，激励教师开展以案例为中心的学习和研讨，激发他们开展价值观教育的内在动机。这些案例可以来自真实的教育生活，也可以来自一些与教育有关的电影、小说、戏剧等；可以是成功的，也可以是失败的。再次，可以结合班主任工作、课堂教学、主题活动、文艺活动、社团建设、社会大课堂等，寻找将社会主义核心价值观渗透到合适的教育活动中的契机，并开展行动研究。最后，特别重要的是，要结合新教师入职培训、教师节表彰大会、年终先进教师评选、学校举行的教师论坛等活动，开展学校教师队伍自身的价值观建设，整体提升教师队伍的价值观素养，坚定教师对社会主义核心价值观的信念，鼓励他们努力成为青少年学生学习和践行社会主义核心价值观的表率与楷模。

（原文发表于《中国教师》2015 年第 1 期）

8

社会主义核心价值观教育不能是一阵风

引导广大青少年学生将社会主义核心价值观内化于心、外化于行，不是一蹴而就的事情，必须做好长期努力的思想准备。要构建社会主义核心价值观教育的长效机制，需要做好以下几个方面的工作。

首先，教育行政部门和学校主要领导要真重视，亲自抓。一些地方和中小学校，在开展社会主义核心价值观教育方面时有时无，时重时轻，一个重要原因是主要领导不重视，当"甩手掌柜"。有的学校甚至发出了"社会主义核心价值观教育就像一阵风，过去就过去了"的议论。要解决这样的问题，教育行政部门和学校的主要领导必须亲自出马，负起组织和领导责任，统筹规划社会主义核心价值观教育在本地区、本学校的实践，做宣传、践行和守护社会主义核心价值观的先锋与榜样。

其次，社会主义核心价值观教育要与学校生活密切结合在一起，不能出现"两张皮"的现象。价值观是人们用以评价自己和他人行为对错、好坏以及高尚与否的正当性标准，它们不能孤立地存在，只能通过人们的正当性行为得到表现和传承。因此，社会主核心价值观教育，必须像盐溶于水那样渗透到学校的教育教学、管理、服务和学校文化建设的方方面面。一次革命老区的社会实践、一届公平公正的体育比赛、一场体现民主精神的班级选举、一次爱心捐赠活动、一堂语文课上关于责任的讨论等，都可以成为青少年学生体验、认同和践行社会主义核心价值观的有效途径与载体。离开了这样的途径与载体，核心价值观教育只能是纸上谈兵。

再次，社会主义核心价值观教育必须建立社会协作网络。有的学校利用每年地方开"两会"的机会，将学生带到人大、政协的驻地和会议现场，真实体验社会主义民主的实践；有的学校为了开展公正教育，不仅在学校里建立了模拟法庭，而且将学生带入真正的法庭，观摩司法正义在我国的实现；有的学校为了激发学生的报国之志，把学生带到当地革命博物馆或英雄纪念碑前，追忆革命的历程和英雄的故事；有的学校为了创设家校一致的价值观教育环境，利用家长委员会的平台，与家长共同设计和筹划系列活动。当前，在不断深化改革的社会各个系统、领域，有着数不清的适合开展社会主义核心价值观教育的案例、场馆等资源。只要学校教育工作者积极行动起来，主动与相关单位对接，就一定能够找到核心价值观教育的源头活水。

最后，社会主义核心价值观教育必须善于利用和解决青少年学生内心的价值冲突。有的教师谈到社会上、网络上不良价值观对青少年学生价值观成长的负面影响，发出无可奈何、应对乏术的感慨。这种悲观主义的情绪必须克服。事实上，在任何社会中，价值观永远是多元的，今天更是这样。多元的价值观必然在人们的内心造成冲突，这并不是什么坏事情，相反，这是人们价值观学习和成长的宝贵契机。人们内心的价值观信念都是经过种种价值观冲突之后才建立起来的。面对复杂环境给青少年学生内心带来的种种价值观冲突，教育者不应幻想它们不存在，也不应去埋怨它们带来的挑战，而应客观地接受、平等地交流、理性地分析和积极地引导。真理越辩越明，价值观越辩越清。通过创造一种尊重、平等、宽容和理性的对话空间，正确、积极、主流的价值观最终一定能够赢得学生的认同并内化为他们内心坚定的价值信念，指引他们走上正确的人生道路。

（原文发表于《人民教育》2015 年第 23 期）

第 六 编

学校文化与学校活力

加强学校文化建设、促进广大师生员工对学校的认同，其根本目的在于提高学校办学活力，促进学校内涵式发展。实事求是地说，办学活力不足，是当前困扰我国中小学校内涵式发展的一个重要的心理文化因素。

1

谈谈校长的价值领导力

当前，随着各级各类教育改革的逐步深入，"教育家办教育"的理念被重新提了出来。这反映了中国教育改革的一种客观需求，即迫切需要教育家来引领现实和未来教育改革的方向。教育家与一名普通校长的区别在哪里？这是需要我们认真思考的问题，也是培养和造就教育家必须回答的前提性问题。带着这个问题，我重新阅读了近代史上一些被公认为教育家的先贤的著作，同时认真分析了目前一些颇受尊重的优秀校长的办学思想与经验，并将先贤与优秀校长们的素质、做法同其他一些普通教育管理者进行了比较。初步分析后我认为：无论古今中外，真正的教育家必须具有价值领导力！那些堪称教育家的校长和普通校长的根本区别之一就在于前者具有很强的价值领导力，而后者则可能连进行价值领导的意识都没有。

什么是价值与价值领导力？

价值领导力是一个新的概念。要理解这个概念的内涵与外延，应该先对价值这个概念有所了解。就价值概念本身而言，不同的学科有不同的理解。从哲学的角度来看，价值是指客体（事物或人）满足主体（个人主体或集体主体）需要的关系。

从这个意义上说，价值既反映了客体的客观属性，也反映了主体的主观需要、偏好与理想；既具有客观性，也具有主观性。简而言之，价值表示了主体基于自身的需要、偏好与理想，对客体某种特性的肯定、接纳或欣赏。

但是，人自身的需要是多样的，美国心理学家马斯洛（Abraham H. Maslow）曾经将人的需要从低到高划分为五种类型：生理需要、安全需要、归属和爱的需要、尊重的需要、自我实现的需要。人的偏好也是很不相同的，一个人所喜欢的另一个人并不一定喜欢，人们在一个时期所喜欢的在另一个时期可能毫无感觉。人的理想（指向未来的需要）就更不相同。

这样看来，在价值客体确定的情况下，人们由于主观需要、偏好与理想不同，所以对于价值客体的价值评价或价值感受也会有所不同。这就使得主客体之间的价值关系比认识关系要复杂得多，并很容易导致社会生活中人们彼此之间产生价值分歧甚至价值冲突。人的行为总是受自身价值观支配的。因此，当人与人之间产生价值分歧或冲突时，人与人之间的团结和协作就会直接受到影响。如果这种分歧或冲突是一个组织范围内的事情，那么其就会影响组织成员之间的团结和协作；如果这种价值分歧或冲突是整个社会范围内的事情，那么其就会影响整个社会的团结和协作。

因此，如何消除这种可能的价值分歧，化解或隐或显的价值冲突，培育社会或组织成员间的价值共识，促使人们认同领导者——无论是政治家还是学校校长——所提倡的价值观，并据此开展协调一致的行动，就成为领导者在实施领导行为过程中所面临的基本问题。这一基本问题的解决，不可能通过经济的手段来进行，也不可能通过行政的手段来进行，只能通过价值的手段来进行。因为经济的手段虽然可以给人们带来实惠或使人们承受某种利益损失，但可能难以影响人们对某种价值客体的需要、偏好与理想；政治的手段可能会使人们的社会地位或组织地位发生变化，但是也很难说会对人们的某种需要、偏好与理想产生直接的影响。价值的手段则试图运用更加符合人类基本价值、社会主流价值和组织价值的价值资源，去影响个体或某些群体的需要类型、偏好与理想，改变或提升他们需要的层次，修正他们过于个人化或集团化的需要、偏好与理想，以形成整个组织共同的需要、偏好与理想。

我们把这种有意识地运用人类基本价值、社会主流价值和组织价值，去规范、引导和整合组织成员的价值观念，以解决管理工作中存在的问题，实现组织目标和愿景的能力，称为价值领导力。

校长价值领导力的结构

校长的价值领导力不是一种单一的能力，而是一组能力，是一个有机的系统。根据价值领导所面临的任务和实施的过程，我们可以把校长的价值领导力划分为如下几种。

价值识别能力

价值识别能力主要是指校长能识别出隐含在师生员工观念与行为中起支配作用的价值观念及其来源的意识和能力。

这是进行价值领导最基础的能力。校长如果连对支配师生员工日常思想与行为的价值观念都不了解或了解得不够准确，就谈不上对他们进行正确而有效的价值教育和领导，至多只能进行盲目的价值宣传和灌输。

价值引导能力

价值世界总是多元的。无论什么时候，在价值观问题上都存在着正确与错误、主流与非主流、高尚与低级、新与旧的区分。人们形成什么样的价值观，既与他们受到的价值观教育有关，也与个人的成长经历有关。

校长要实施价值领导，就要能够在价值识别的基础上，帮助师生员工客观地分析自己所持有的价值观念以及它们对自己行为的支配作用，引导他们选择那些能够体现人类基本价值、社会主流价值和组织价值的价值观念。

价值辩护能力

校长对师生员工进行价值引导并不是一件容易的事情，并不像说服师生员工接受一个事实那么容易。每个人都天然地赋予自己所信奉的价值观念某种程度的合理性、正当性。别人要想让他们放弃其原有的价值观念，改信其他的价值观念，自然会遭遇思想上的抵触。解决思想抵触的前提条件是校长本人的价值立场是站得住脚的，是经得起质疑的。这就要求校长在进行价值引导时能够并善于为自己或学校组织所崇尚的价值观念进行辩护，帮助师生员工充分地了解和认同学校组织价值的合理性与正当性。

价值整合能力

在一个价值多元的时代，学校管理面临着复杂的价值环境。例如：有的教师把工作看成是谋生的手段，有的教师把工作看成是自我实现的途径，有的教师把工作看成是履行自己的社会责任的方式。不同的价值认识自然会影响他们的工作态度和工作方式。如果这三种教师在一起工作的话，可能有的教师就会斤斤计较、敷衍塞责，有的教师会追求自我表现，有的教师则会任劳任怨，而他们彼此之间可能会产生怨言、隔阂、分歧乃至争执。面对这种情况，校长应该明察秋毫，抛开人际关系的因素，站在正确的价值立场上进行价值整合，在尊重价值观多样性的前提下引导教师建立基本的价值共识。

价值实践能力

价值领导的过程也就是将某种经过选择和辩护的正确价值观念付诸实践，让其体现在学校理念、制度、行为乃至环境建设中的过程。这一过程并不是一帆风顺的，会遇到各种各样意想不到的困难和阻碍。对不同的困难和阻碍要区别对待。如果属于价值观本身的问题，那么应该通过检讨和重新确立价值观的方式来解决；如果属于政策制定或人际沟通方面的问题，那么可以通过提高政策制定的民主性、科学性以及进行更加充分的思想交流来解决。具体的办法多种多样，可以讨论和选择，但是将正确的价值观念特别是教育价值观念付诸实践的立场、意志和决心不能改变。

如何提升校长的价值领导力？

应该说，优秀的校长都能够并善于把价值领导作为一种重要的领导方式，在学校日常管理中自觉或不自觉地运用价值领导的艺术，也具备一定的价值领导能力。但是，相对于日益复杂的价值环境而言，校长的价值领导能力可能还不足以应对时代的挑战，满足现实工作的需要。因此，今天的校长应该比以往任何时候都更加主动和积极地通过多种途径来增强自身的价值领导意识，提高价值领导能力。具体来说，有以下几种主要途径。

通过广泛的阅读增强自己的价值领导意识

校长应通过阅读一些传统文化、价值哲学和教育哲学的书籍，掌握价值理论、教育价值理论和价值观教育理论的主要内容，系统和深刻地领会社会转型大背景下学校领导的价值内涵，意识到价值领导在学校领导方式中的核心地位，意识到价值建设与学校文化建设的内在关系。

在所有值得推荐的著作中，我认为陶行知先生的《中国教育改造》一书是最值得一读的。陶先生在该书中把教育改革和社会改造紧密地联系起来，书中文章反映了陶先生强烈的价值使命感，能够帮助和激励今天的校长从社会与历史的高度来审视学校的价值和价值教育。

牢牢把握人类的基本价值共识

一位价值领导者，无论领导的是一所学校还是一家企业，都必须遵循和维护人类基本的价值共识，如诚实、信任、理性、自由、公正、尊重、责任、简朴、洁净、快乐、合作、和平、宽容、团结、幸福、平等、体恤弱小等。这些价值共识是超越时间、超越文化和超越社群的，应该为所有的人所认同。如果校长在学校管理过程中善于把这些人类基本价值共识体现在日常讲话、行为和制度中，那么他就能够赢得师生员工的支持、理解与赞赏。

系统掌握、深刻理解社会主流价值

社会主流价值是指社会成员在处理重大社会关系特别是社会利益问题时所应坚持的价值原则，它是社会理解、社会团结和社会合作的基石。社会主流价值具有鲜明的社会性、政治性，在阶级社会里还具有阶级性。如果一个社会的成员在主流价值方面不能达成共识，不同社会群体持有不同甚至相反的价值观，那么整个社会就会充满不信任、争论、歧视，甚至出现大规模的社会冲突。所以，世界上任何国家都非常重视主流价值观教育，并将其作为公民教育的重要内容。

树立正确的现代教育价值观

校长的价值意识和价值信念最终需要转化为教育价值观，才能发挥实际的领导作用。现代教育价值观事实上也是以人类基本价值和社会主流价值为基础的，与它们有着高度的一致性。素质教育就是这样一种体现了人类基本价值共识和社会主流价值要求的现代教育理念，它包含了以人为本、和谐发展、自主发展、终身学习、让每个孩子都成功等丰富的价值内涵，应得到准确的理解与充分的实践。当前社会上比较关注的教育公平，既体现了人类追求公平的基本价值要求，更反映了社会主义的核心价值——致力于建立一个更加公平正义的社会。当前一切赢得人民群众拥护的教育改革举措，如义务教育免费政策、取消重点中学政策等，从价值论角度来观察，无不体现了现代教育价值观的内涵。

建立一个平等、开放的价值讨论空间

校长在运用价值领导艺术管理学校的过程中，可能会碰到不同价值观之间的分歧和冲突。面对这种情形，校长不能简单地以个人的权威或行政权力来解决问题，而应该建立一个平等、开放的价值讨论空间，鼓励师生员工就不同的价值观念特别是教育价值观念进行交流、讨论，在交流、讨论的过程中澄清每个人的价值立场，寻求基本的价值共识。如果缺乏这种交流和讨论的空间，校长就会失去价值识别的机会，也就谈不上价值引导和整合。在平等、开放的价值讨论空间中，校长或学校所信奉与追求的价值观念可以得到充分的宣传与解释，得到检验，从而被不断地丰富与深化。在此过程中，校长的价值领导能力也会得到持续的提升。

总的来说，价值领导是所有有效领导的共同基础，价值领导力是新时期校长应该具备的核心能力之一。如何结合学校管理实际和发展要求，不断地形成和增强校长的价值领导意识与价值领导能力，是摆在新时期学校管理研究者和实践者面前的一项重要课题。

（原文发表于《中小学管理》2007 年第 7 期）

2

学校文化建设要有大视野

在当前的学校文化建设热潮中，有一种观点认为，学校文化就是学校具体的生活方式，因此学校文化建设一定要从实际出发，要致力于解决学校教育和学校发展过程中存在的具体问题，不要搞一些抽象的、空洞的和无用的东西。这种观点有其合理之处，它对于文化的理解以及"学校文化建设要结合学校生活实际"的主张都是合理的、正确的。但是，这种观点也有片面之处，因为文化不仅是"具体的"，也是"一般的"，不同的文化要素之间具有一种有机的内在联系；学校文化也不是存在于学校围墙之内的闭环系统，而是与一个时代的文化变迁有着千丝万缕的功能性联系。因此，教育工作者要想深入地认识学校文化的现状，理解学校文化存在的问题与危机，有效地推动学校文化建设，在方法论上就必须超越就事论事的阶段，站在整个社会文化变迁的高度，用一种联系的观点、整体的观点和历史的观点看问题、想工作、做决策。这就是学校文化建设的大视野。

从文化哲学的角度来看，尽管文化的表象形形色色，但它们都是围绕着价值观念相互联系在一起的，价值观才是文化的基础或核心。学校文化也是这样，它是围绕着学校价值观建立起来的。学校价值观是联系形形色色的学校文化子系统的纽带，是学校建筑文化、制度文化、观念文化、行为文化等的精髓与灵魂。因此，学校文化建设，首要的就是学校价值观建设；校长对学校文化的领导在根本的方面就是对学校的价值领导，学校的团结程度取决于全体师生在学校价值观方面达成共识的程度。其他方面，如课程文化、教学文化、组织文化等，都不过是学校价值观的外化、制度化与具体化。谁抓住了学校价值观建设，谁就抓住了学校文化建设的"牛鼻子"。

学校价值观建设从具体的方面说，就是要解决学校日常生活中存在的价值观问题，既包括批判那些错误的价值观，也包括解决不同人群的价值分歧与冲突问题，并根据时代的要求，形成适合时代发展要求、反映时代进步趋势的新的学校价值观。要实现这一目的，不了解当前社会文化变迁的一般趋势是不行的。粗略说来，当前中国社会的文化变迁呈现出一种犬牙交错的复杂状态：既深受文化全球化的影响，又存在着优秀传统文化复兴的契机；既唱响了主流文化的主旋律，也存在着文化多样性日益突出的事实；既出现了后工业时代或知识社会时代文化的萌芽，又表现出农业时代与工业时代文化的明显特点。就价值基础来说，自由主义与社会主义、个人主义与集体主义、功利主义与理想主义、民族主义与西方中心主义同时存在、相互激荡，消费主义甚嚣尘上。面对这种复杂的文化状况，学校文化建设当何去何从？学校文化建设应当担当起什么样的任务与使命？学校教育的基本价值观是什么？这些是每位校长都要深入思考的问题。

从这种学校文化建设的大视野出发，结合学校文化建设的一些实际问题，今日的学校文化建设应该毫不犹豫地申明它的文化与价值立场：第一，我们的学校文化建设是整个社会文化建设的一个有机组成部分，并担负着建设社会主义先进文化的重要使命，整个学校文化建设都应该体现社会主义先进文化的要求，体现出鲜明的时代性；第二，学校文化建设必须把系统传承中华民族的优秀文化传统、培养青少年的文化自信心和自豪感放在十分突出的位置，学校文化建设的各个部分都应该具有民族的形式、民族的精神与民族的气魄，体现出鲜明的民族性；第三，学校文化建设要注意克服数典忘祖、崇洋媚外的心态，辩证地对待一切外来文化，抵制文化帝国主义的价值渗透，在文化全球化的时代促进健康、平等的文化交流与对话，体现出积极的开放性；第四，学校文化建设必须把主流价值观教育摆在最重要的位置，大力弘扬社会主义、集体主义和爱国主义精神，培养青少年正确的价值理想和基本的价值共识，坚决和各种消极、庸俗、腐朽的以及自私自利的价值观念做斗争，显现出学校文化的先进性和教育性。

总之，学校文化建设关系到"建设什么样的学校""培养什么样的人"的根本问题，不是什么形象工程、政绩工程。在方法论上，学校文化建设既要从细微处入手，精心策划，又要从大局出发，高屋建瓴；细微之处要体现大局意识，大局观念也要落实到具体工作中去。只有这样，学校文化建设才能明确根本方向，充分发挥育人功能，同时成为建设社会主义先进文化的重要力量。

（原文发表于《中国教育报》2006 年 6 月 20 日）

3

学校文化建设意义的重新阐释

当前，学校文化建设正在我国基础教育领域如火如荼地展开，呈现出一种蓬勃发展的态势，这是非常令人兴奋的事情。从各个地区和学校开展学校文化建设的情况来看，一些地区和学校是经过了深思熟虑的，对于学校文化建设的意义有着比较全面的认识，工作起来也有明确的方向和坚定的意志。也有少数地区和学校对于学校文化建设还主要处于观察、模仿和学习阶段，对于学校文化建设意义的认识还有待进一步明确和加深。针对这一问题，本文试图对学校文化建设的意义进行系统和全面的论述，供同行们批评指正。

学校文化建设是新时期学校变革提出的新任务

从世界范围来看，自从现代学校制度建立以来，学校就一直处于不断的变革之中。进入 20 世纪 60 年代以后尤其如此，从学校的类型到学校组织的结构都发生了明显的变化。导致世界范围内学校变革的原因多种多样，有的来自外部，如政治体制的变化，经济体制的转轨，社会和家长对待教育态度的巨大转变，等等；有的来自内部，如教师群体的压力，学生群体的压力，学校对于教育教学质量的新定义，等等。与这些导致学校变革的原因有关，学校变革的模式也可以大致分为外部驱动型和内部驱动型。在外部驱动型的学校变革过程中，学校始终处于被动的地位。学校变革与其说是一种学校自主的"需求"，不如说是一种出于外部原因而不得不完成的"任务"。这种外部驱动型学校变革的可持续性一般而言比较差，一旦外部驱动力或压力消失，学校变革行为也随即结束，学校工作可能又回到原来的样子。回顾我国近年来学校变革的历史，大体上可以将其归入外部驱动型这个类型中去。陆续开展的学校管理体制改革、人事制度改革、分配制度改革、入学制度改革、升学制度改革直到新基础教育课程改革等，从总体上说都属于外部驱动型的变革。

这种外部驱动型的学校变革有助于克服学校本身的保守性和滞后性，推动学校与社会环境之间建立起更加适宜的新型关系。然而，这种变革模式也存在一些局限性或弊端。比较明显的就是学校在整个变革过程中处于被动或依附的地位，变革目标、内容、阶段等都不是由学校自身决定的，更谈不上不同地区、不同类型和不同层次学校考虑自身的特殊需求。置身于这样的变革模式当中，学校可能逐渐地失去自主变革的需要或动力，从而导致如果没有外部力量推动的话学校就懒于变革。这种情况现在在国际范围内都比较明显，越来越引起教育决策者、理论研究者包括学校管理者的关注。提高学校自主变革的积极性、主动性和创造性因此也成为新时期教育改革的重要价值方向。

有理由认为，学校文化建设的提出和普遍展开，标志着学校变革模式由外部驱动型逐步转为内部驱动型，这也是新时期学校变革的新任务和新模式。之所以做出这样的判断，一方面是因为学校文化建设工作本身就是促使学校从观念到制度乃至行为模式和教育环境等发生全方位变革的过程，另一方面是因为学校文化建设任务的提出主要不是基于外在的社会要求，而是基于学校自身发展和改进的需要，是基于学校更好地实现自己所承担的教育功能和使命的需要。从这个方面来观察，一所学校对于学校文化建设的重视程度，也反映了该校对自主开展教育教学和管理改革的重视程度，反映了学校走自主发展和内涵式发展道路的愿望的强烈程度。从这个角度来说，一所学校开展学校文化建设不单是要为学校增添一片或几片美丽的风景，而是要在校内掀起一场自上而下和自下而上相结合的全方位的学校变革运动。反过来说，学校领导者如果不能从这个角度来理解学校文化建设的意义，那么学校文化建设就极易成为走过场、重形式、缺乏学校发展意义的"学校文化秀"。

学校文化建设是凸显学校特色的基本途径

学校特色是学校的名片，凝练学校特色就是打造学校的名片。无论中外，提到一些名校，首先出现在人们脑海中的就是它们的特色。例如提到英国的伊顿公学，人们会想到这是一所极为重视纪律、荣誉、学术、风度和未来抱负的男子中学。提到解放前的晓庄师范学校，人们会想到它的"为农民烧心香"价值情怀。提到苏联的帕夫雷什中学，人们会想起它提出的"培养真正的人"的教育宗旨以及"把整个心灵献给孩子"的誓言。提到宏志学校，人们想到的是那些虽家境贫寒但充满爱心并奋发努力、勇于改变自己命运的青年学生。这些学校之所以成为名校，为时人和后世所称颂，主要不是因为它们为名人所创办或培养出历史上的名人，更不是因为它们的升学率，而是因为它们所确立的教育理想、所提出的教育主张、所开展的教育工作符合人的身心发展的特点，符合社会和历史的价值期待，为学校确立了永久性的价值坐标，形成了独具特色的学校文化。这种独具特色的学校文化承载并延续着学校的优良传统，赋予学校历史的生命力；这种独具特色的学校文化赋予学校鲜明的个性特征，把"这一所"学校与其他所有学校区别开来；这种独具特色的学校文化还是培育广大师生员工"学校意识"，促进他们对学校的认同从而形成坚强的教育或学习集体所不可或缺、无法复制的精神资源。学校文化建设工作的意义，就是要通过对学校文化的反思、检讨和重建，进一步凸显学校特色，打造学校名片，赋予学校具体、鲜明和独特的文化内涵。

当前，我国学校文化建设也非常重视对学校特色的凝练，不少地方在学校文化建设的区域推动过程中提出了"一校一景，一校一品"的要求，每一所学校都努力地根据自身的特征选择能够体现本校精神、代表本校形象、凸显本校特色的学校文化建设项目。如有的学校注重开展古诗词教育，有的学校注重开展传统经典的诵读，有的学校注重开展历史文化遗产教育，更多的学校注重发挥本校优势，综合开展科技教育、艺术教育、道德教育以及体育等，其中不少学校学生的艺术活动水平有了很大的提高。这些都是应该给予充分肯定和高度评价的，它们在一定程度上改变了我国中小学校"千校一面"的局面。但是，学校文化建设者也应该意识到，这些具体的以学生为主体的学校文化活动还不能说是学校文化的核心和灵魂，学校文化的真正核心和灵魂是学校精神、学校价值取向，以及建立在这种精神和价值取向基础上的学校制度、活动和评价体系。如果在学校管理活动中还充满了专制的、不平等的和歧视性的做法，如果学校的一整套制度还体现、支持和维护着这些做法，那么无论这所学校开展了多少学生喜闻乐见的校园活动，它仍然算不上是一所现代的、有文化的和有特色的学校。它与其他学校、与它自己的过去之间只有表面的不同而无实质的不同。因此，一所学校要想真正地办出特色，凸显优势，提高竞争力，就不能只是孤立地开展一些学生主题活动，而要在凝练学校精神、明晰学校价值取向上下功夫，要在变革学校制度、最大限度地解放教师、促进教师专业成长上下功夫，要在确立广大师生员工的行为价值规范上下功夫。

一言以蔽之，学校文化建设可以先从某一个方面开始，但不能局限于这个方面，而应该逐步地由点到面，点面结合，循序渐进，最终达到学校整体变革和竞争力提升的目标。

学校文化建设是对各类教育要素育人功能的新综合

长期以来，我国的教育工作者在实际工作中摸索概括出一整套的教育机制，如我们所熟知的"教书育人""管理育人""服务育人""环境育人"等，以便充分地发挥每一种教育要素的育人功能。一些学校正是由于比较注重充分地发挥教学、管理、服务和环境的育人作用，注重几者之间教育作用的配合与协调，才能拥有比较高的教育质量。应该说，这些提法都是我国教育工作者的独创，是长期以来教育工作者实践智慧的结晶和体现，需要加以认真总结并予以继承和发展。仔细思量，我们不难发现，发挥"教书育人"的作用，不单单要靠纯粹的教学行为本身，而是更依赖于教学文化——支持和规范教学行为的价值、观念、制度和伦理体系。如果一所学校的教师在教学过程中普遍地歧视后进生，不尊重后进生的人格和学习权利，也不关心他们的学习困难，那么这样的教学就很难发挥育人作用。这样的教学对于后进生与优秀生的心理和人格成长都是极大的损害。它会使前者变得自卑和自弃，使后者变得冷漠和自傲。因此，加强教学文化建设，培育良好的、积极的和有效的教学文化，是充分实现"教书育人"目标的必要条件。同样道理，"管理育人"作用的实现也要靠加强管理文化的建设，"服务育人"作用的实现要靠加强服务文化的建设，"环境育人"作用的实现要靠加强环境文化的建设。

教学文化、管理文化、服务文化、环境文化的建设不是各自为政的，一方面它们都属于学校文化建设的内容，是不同教育工作领域对学校精神和理念的不同形式的体现与追求；另一方面它们彼此之间也应该相互协调，相互渗透。如果在教学文化建设中引入服务理念，把教学看成是"服务于学生的有价值学习和发展"，那么教学的态度、方式和评价都会发生很大的改变；如果在环境的布置和利用上，能够多考虑教师教学和学生学习的特点与需求，多注意环境与环境使用者之间的良好关系，多注意强化师生员工保护、美化和充分利用环境的意识，那么学校的环境就会更好地显示出其教育意义和发展价值来，就会更好地发挥其为学校教育教学、管理和服务活动提供支持的功能。同样，如果一所学校把关怀作为学校的核心价值原则，那么这种原则既要应用于教学领域，也应该同时应用于管理领域、服务领域和环境建设工作。把关怀的价值原则应用于教学领域，教师应该给予每一个学生同等的关注、关照和关心，把创造适合每一个学生学习和成长的教学环境作为教学行为所追求的重要目标；把关怀的价值原则应用于管理领域，管理者应该体现"以人为本，服务教育"的精神，在构建良好教育秩序的同时，尊重每个人的权利，关心每个人在专业发展中的困难和问题，并把鼓励和帮助教师解决个人专业发展中存在的困难和问题作为管理服务的重要目标；把关怀的价值原则应用于服务领域，学校应该在其提供的信息服务、咨询服务、餐饮服务、安全服务等每一类服务中贯彻人性化服务的原则，注重体现服务过程中的人文关怀；把关怀的价值原则应用于环境建设工作，则要求学校的环境建设、空间分配和利用等，从师生员工的工作、学习和交往需要出发，注重创造一个更加平等、开放、交互、融洽的环境氛围。因此，从这个角度来看，学校文化建设就是对传统上人们所说的"教书育人""管理育人""服务育人""环境育人"的新综合。

学校文化建设是促进师生员工学校认同的根本途径

教育不是一种个体的劳动，而是一种集体的劳动。学校教育目的的达成只靠一两位教师或管理人员是不行的，必须依赖学校集体（从教师集体到学生集体）的团结一致和不断努力。因此，促进师生员工的学校认同，增强学校凝聚力，就成为提高学校办学活力，促进学校持续发展和改进的一个基本途径。当新教师和新同学进入一所学校时，怎样才能使他们尽快融入学校的大家庭之中，成为大家庭之中自豪而又积极的一员？怎样才能使他们认同学校的理想、价值及所信奉的核心理念并将这些体现在自己的工作、学习和交往之中？当新教师和新同学的言行出现一些问题的时候，怎样才能使他们自觉地回到为学校所鼓励和赞美的方向上来，从而成为学校的积极建设者而不是学校中的"愤世嫉俗者"？要做到这些，经济的刺激、行政的要求固然会起到一定的作用，但是最起作用的恐怕还是优良的学校文化及其传统。参观一次校史展览馆，能够帮助新教师和新同学产生对学校历史的敬意，知道学校的今天来之不易，它是许多教育先贤与社会各界人士关心、爱护和共同奋斗的结果，进而从内心里产生一种荣誉感、自豪感和责任感；聆听校长做有关学校的价值理想和核心理念（校训）等主题的报告，有助于师生员工更深刻地了解学校对于国家的责任、对于社会的承诺和对于他们的期望，从而产生一种深厚而又持久的工作动力或学习动力，确立共同的价值理想和基本的价值原则，加强对学校的认同。

学校认同是学校凝聚力的源泉，是学校师生员工在心理上对学校文化的肯定、接纳和欣赏。对于学校的每一位师生员工来说，学校认同并不是生来就有的，而是在学校生活中逐渐产生的。值得注意的是，师生员工在学校中生活，并不必然地产生学校认同。有的校领导、教师或学生尽管在一所学校生活了不短的时间，还是不能产生对这所学校的认同感。至于一些新来的校领导、教师或学生，就更是如此了。他们在观念上缺乏对学校的正确了解与认识，在态度与感情上更缺少一种肯定、接纳和欣赏，行为上可能也会出现一些偏离学校文化特别是学校价值观要求的现象。在另一些师生员工那里，尽管已经有了一些学校认同，但是这种认同可能并不强烈，或者不是对于学校核心理念的认同，而只是对于学校文化的外在部分如环境文化的认同。所以，通过持之以恒地建设学校文化来不断培养、促进和加强学校全体师生员工对学校的认同，是当代学校领导者的一项重要任务和使命。

加强学校文化建设、促进广大师生员工对学校的认同，其根本目的在于提高学校办学活力，促进学校内涵式发展。实事求是地说，办学活力不足，是当前困扰我国中小学校内涵式发展的一个重要的心理文化因素。办学活力是一个既比较具体也比较抽象的概念。说它比较具体，是因为每一个人都可以直观地感受到一所学校到底有没有活力——有的充满活力，有的半死不活，有的死气沉沉，也有的起死回生。说它比较抽象，是因为迄今为止它好像还没有一个明确的定义，以至于人们理解和使用起来比较模糊。从内涵上说，办学活力应指通过学校师生员工的行动所折射出来并明确指向有价值的教育目标的达成的积极性、自觉性和创造性态度。如果一所学校的教育教学、管理和服务等各个领域的工作都表现出积极的而非消极的、自觉的而非强迫的、创造的而非守旧的态度，那么这所学校就是一所有活力的学校。要提高学校的办学活力，不加强学校文化建设，不增进师生员工的学校认同是不行的。这一方面是因为，对于学校的师生员工来说，强烈的学校认同会产生一种"我是某某学校人"的共同归属感、自豪感和荣誉感，并由此产生一种自觉的、积极的和高度的责任感，从而形成他们各自勤奋工作与学习的强大动力，为学校发展创造良好的思想基础与文化氛围。另一方面是因为，高度的学校认同还会增加师生员工彼此之间的信任，降低他们彼此之间进行交流和沟通的心理与时间成本，激发他们以主体的姿态参与学校各项事业，使得学校发展事实上不仅是校长和管理人员的事情，也是全体师生员工的事情，不是一种被动的行政任务，而是一种主动的专业追求。大量的学校管理经验也表明，通过学校文化建设强化学校认同，构成了推动学校内涵式发展的一个重要条件。

（原文发表于《中小学校长》2009 年第 7 期）

4

论学校价值观建设

当前，随着学校改革的进一步深入，学校文化建设成为中小学校普遍关注的问题。一些有影响力的学校把学校文化建设作为当前和今后学校发展的一项战略任务来对待，召开专门的研讨会，组织专门的队伍，筹集专项资金，制订了学校文化建设的系统方案。在学校实践的呼唤与推动下，教育理论界也开始积极关注学校文化建设中存在的诸多问题，陆续发表了不少研究论文、报告和著作，国外学校文化建设的经验也被介绍进来，一个有关"学校文化"的知识领域正在形成，值得关注。在已有的学校文化建设实践与理论研究中，作为学校文化核心的学校价值观研究尚显不足。本文愿在这方面做一些初步的探索。

什么是学校价值观？

从学校文化建设方面已有的经验材料和理论研究来看，大部分论者在谈到学校文化时总是要先对文化加以界定，而在界定文化时，有许多人会把价值观作为文化的核心要素。对此，我完全赞成。因为无论是从文化这个词的词源来分析，还是从文化这个词的日常用法来观察，我们会发现，文化总是与人们的主观需要、愿望或偏好有关，也即与人们的价值选择和表征有关。例如，一般情况下，人总是要长头发的，长头发是人类的一种生物学特征，是"自然的"，而非"文化的"。但是，人们怎么对待自己的头发，却非"自然的"，而是"文化的"。不同的人有不同的偏好，束发与散发、长发与短发、留发与去发、大背头与小平头，都体现了或表征着不同的价值需要或追求。不从价值的视角出发，就不能理解人类发型的历史及其流变。其他种种文化，如饮食文化、建筑文化、服饰文化、制度文化包括学校文化莫不如是。学校文化，从观念文化到行为文化，从教师文化到环境文化，包罗万象，纷繁驳杂，但它有一个核心，就是学校价值观。理解学校价值观，是理解学校文化的一把钥匙；学校文化建设，首要的就是对学校价值观的反思与重构。

　　学校价值观，就是有关学校价值的一整套看法或观念。简言之，学校价值观就是人们对学校应该有什么用的认识，就是人们对学校的应然功能、功用或作用的认识。由于一讲到价值、功能、功用或作用，就不能不讲到其所对应的主体，所以，讲到学校价值观，也要指明其所对应的主体，即谁的价值观或谁对学校价值的一整套看法。

　　从经验层面来看，一切与学校有价值关系的人都对学校的价值抱有自己的看法或期望，如学生、教师、家长、校长、企业家、政府官员乃至所有的社会公民等。因此，学校价值主体和学校价值观从来都是多样的，而非单一的。社会舆论对某些学校行为的不同评价以及争论，究其根源来说，就在于不同的评价主体所持的学校价值观不同。现代社会中，这种学校价值观的多样性往往使得学校无所适从，动辄得咎。在学校内部，这种学校价值观的多样性也往往使得师生员工就一些具体的教育教学和管理措施争论不休，影响了学校的团结和凝聚力，影响了学校目标的达成。所以，就学校文化建设的实践来说，认识不到或忽视学校价值观的这种多样性是不对的，简单认同或照单全收学校价值观的这种多样性也是不对的。重要的是去把握多样的学校价值观中有哪些共同的东西，并把它们定义为学校的核心价值观或基础价值观。由此，可以把上述学校价值观的定义修订为"有关学校核心价值或基础价值的一整套看法或观念"。

从概念关系上说，学校价值观应属于"学校观念文化"范畴，但又不完全等同于学校观念文化。学校观念文化内容丰富，就其大者来说，有教育观、教学观、教师观、学生观、课程观和评价观等，学校价值观只是其中的一部分。而且，教育观、教学观、教师观和课程观等只是人们对各种具体的学校活动或活动要素的看法或观念，而学校价值观却是人们对整个学校核心价值或基础价值的看法或观念，对其他的教育观念有直接或间接的影响，并与其他的教育观念一起规范、指导和调节着人们的教育行为。

此外，学校价值观与"学校精神"既有区别又有联系。从区别方面说，学校精神是一所学校最根本的、最高的理念，可能关涉学校的价值取向，也可能没有。如北京师范大学的"学为人师，行为世范"就集中表达了北京师范大学的学校价值观（对个体、对社会而言），相比之下，有些学校的学校精神就不明显。从联系方面来说，学校价值观一般而言体现、传承和阐释着学校精神，与学校精神具有内在的一致性或关联性。

当前学校价值观建设中存在的主要问题

当前学校价值观建设中存在一些值得关注的问题，其中比较突出的有以下三点。

第一，学校教职员工特别是学校领导对于价值观建设的重视程度不够。如前所述，学校价值观属于学校观念文化范畴。比起制度文化、空间文化等的建设来说，学校观念文化的建设就容易走形式，落不到实处。在学校观念文化建设中，比起教育观、教学观建设来说，学校价值观建设更容易被忽视和虚化。这是因为前者与学校具体的教育教学工作有着直接的联系，后者则缺乏这种直接的联系。一些教育工作者可能很少思考学校的核心价值或基础价值一类的问题，他们更多思考或讨论的是一些具体的学校工作如教学工作、管理工作或思想教育工作的价值，学校升学指标的完成，以及青少年学生知识的掌握、能力的发展或德性的提高，等等。对学校价值观建设重视程度不够的另外一个表现，就是学校对于自己所选择或标示的价值观宣传不够，致使广大师生员工或学生家长并不知晓学校的价值观。一个证据就是，许多学校的校训写得很好，但是当被问到其内涵时，一些教师或学生要么语焉不详，要么人言人殊。这种宣传和理解上的不充分，反过来也削弱了学校价值观在整个学校生活中的导向和凝聚作用，使其停留在纸面上、口头上，而没有深入广大师生员工的内心，成为他们的教育信念和精神力量。

第二，学校价值观受到来自学校内部和学校外部多种因素的影响，呈现出一种多元与冲突的现象。如上所述，由于价值主体不同，学校价值观客观上存在着多样性。目前，从国家的立场来说，自然期望学校能够为社会发展和国家建设培养合格的人才，在这些人才的素质结构中，除了专业能力之外，至关重要的就是他们的思想道德素质和民主法制意识。从社会的立场来说，社会舆论从更广泛的社会生产和生活需要出发，希望学校在人才培养方面能够较好地解决诸如责任感缺乏、诚信与忠诚不够、团队精神和敬业精神不强等问题。从家长的立场来说，恐怕最希望的还是学校能够提高孩子在升学方面的竞争力，给予孩子一个良好的学业与就业前景。从学生的立场来说，除了对良好的升学与就业机会的渴望外，就是对丰富多彩和富有意义的学校生活的向往，对友谊、自信、活力和成功等的体验，新时期大量的学生文学作品充分说明了这一点。从专业研究人员的立场来说，应当优先强调一些基础性的价值，如平等、公正、民主、自主、关爱、合作以及可持续发展等，学校应当成为这些关涉社会改革开放和和谐发展的基础价值的守护者与促进者。身处这样一种多元的价值期待之中，学校的角色其实很尴尬。升学率和就业率上不去，家长、学生不满意；片面追求升学率和就业率，学生、国家和学者们都不满意；单调乏味的学校生活，使得学生和社会舆论不满意；如此等等。在这种情形下，要形成一套系统的、能够为各方所共同接纳的学校价值观有很大难度。

第三，学校价值观建设对整个社会价值观的嬗变考虑不够，对学校传统价值观念的继承也不够。价值观作为社会文化系统的一个要素，与整个社会文化系统一样，既是不断嬗变的，也要不断弘扬传统。学校价值观作为整个社会价值观体系的一部分，从根本上说，应该既反映社会文化变迁乃至整个社会的变迁，又应该很好地继承已有的学校价值传统。但是，从目前我国学校文化建设的实际来看，学校在以下两个方面做得都不够好：一方面，学校没有很好地反映社会变迁和时代进步状况，没有很好地反映建设社会主义先进文化的要求，包括没有很好地反映新的时代背景下出现的文化多样性、后现代文化、信息文化、文化全球化等新的文化发展趋势；另一方面，学校也没有很好地继承自己本身所具有的优秀价值传统，包括中国历史上"大的"学校价值传统和本校历史上"小的"学校价值传统。其结果就是，学校价值观既在相当程度上缺乏时代性，又在相当程度上缺乏民族性，处于一种转型过程中的迷失和散乱状态。

第四，从学校价值观建设的思维方式上看，片面、简单和非此即彼的形而上学思维方式有一定影响。学校价值观的建设，主要不是要把某种学校价值观赋予某所学校，而是要在各种各样的学校价值观之间进行比较、判断、选择并为其辩护。这就自然涉及方法论或思维方式问题。从当前我国一些学校进行学校价值观建设的实际来看，在思维方式上形而上学占有一定位置，主要的表现就是对学校价值观采取片面、简单和非此即彼的立场与态度：讲教育要"以人为本"，学校就不能开除学生；讲"大众主义"，就不能再提"精英主义"或英才培养；讲"个性发展"，就要反对所谓的标准化、划一化；讲学校是"学习的场所"，突出学生在学习活动中的主体地位，就一定要防止学校成为"教校"，突出"教育即（为学生）服务"的思想；如此等等。这种思维方式往往给人以激进的印象，也许其动机并不坏，但从结果来看，却有可能使学校的教育教学与管理工作陷入左右摇摆的境地。

当前和今后一段时间学校价值观建设的主要任务

为了更好地推动学校文化建设，应对学校价值观建设方面存在的上述问题，当前和今后一段时间学校价值观建设主要要完成以下任务。

第一，高度重视学校价值观问题，在全校范围内开展学校价值观的大讨论。俗话说，一位好校长就是一所好学校。这没错。但是，究竟什么样的校长才算是一位好校长呢？不难理解，一位好校长需要具备许多条件或素质。不过，正确的学校价值观应该是其中最重要的一种素质。如果一位校长没有正确的学校价值观，仅仅把学校当成是帮助学生升学或就业的组织，那么整个学校的工作，不管是校内工作还是校外工作，就必然仅仅围绕着升学或就业来组织：凡是对升学或就业有利的事情就去做，凡是对升学或就业不利的就不去做。这样的校长，必然会放弃他本该承担的多样教育职责，成为应试教育或就业培训的支柱性力量。但是，仅仅校长树立了正确的学校价值观，教师、学生们没有正确的学校价值观也是不行的。所以，参照前几年许多学校搞的教育观念大讨论，这里倡议有条件的学校普遍搞一次新时期学校价值观大讨论。通过讨论，回望历史，反省现实，展望未来，从而极大地增强学校师生员工的价值共识和凝聚力。

第二，从经验分析和理论建构两方面入手，在多元价值观中探索学校的基础价值或核心价值。如前所述，不同的价值主体对学校的价值期待是不一样的，有些可能还是互相矛盾的。怎样在多样的价值期待之中找出那些基础性的或能够为不同价值主体所共同选择的价值目标，是摆在学校工作者面前的一大艰巨任务。这里也不可能给出具体答案，仅就如何寻觅这一价值共识从方法论角度提些初步的想法，供大家批评讨论。从经验分析的立场来看，可采取类似于访谈或问卷调查的方式，对与学校有利益关联的不同群体所持有的学校价值观进行调查，然后看它们之间的重叠程度。一般情况下，重叠程度越高的项目越能代表价值共识，也就越有资格成为学校致力于追求的优先价值目标。但是，这种经验分析有一个缺陷，就是不能够建立一个完整的学校价值观框架，往往显得零乱和不系统。理论的建构可以弥补这一不足。从理论建构的角度来看，可大致把学校价值主体划分为个人主体（学生）、社会主体（家长、企业家和其他社会成员等）、国家主体以及人类主体四个层次。按照这个层次，学校的价值观也包括四个层次，即学校对于个体（学生）的价值、对于社会的价值、对于国家的价值以及对于人类的价值。这四个层次一个都不能少。学校教育既不能沦为个人主义的工具，也不能沦为国家主义的牺牲品。从这种逻辑来看，学校价值观应具体包括：（1）个性的养成（对个性的尊重与培养、个性的发展与自我实现等）；（2）社会性的陶冶（包括培养职业能力、文化品格、政治认同和家庭生活的责任感等）；（3）国家认同的培育（包括培养民族认同、国家认同和历史认同等）；（4）人类意识的唤醒以及人类自主、自由、平等、宽容、和平以及可持续发展等普遍价值的形成。当然，这四个层次的学校价值观的具体内涵与学校所处的社会历史情境不可分，学校可根据不同的社会历史情境对其加以细化或具体化，并从中筛选出那些值得或亟待优先实现的价值目标。

第三，创造性地应用"古今中外法"，建设既具有时代精神又具有民族特色的学校价值观。当前，学校价值观建设方面，存在"以今非古，以外非中"的现象。在谈论学校价值观时，动不动就是"现如今如何如何""某国如何如何"，似乎一切"古"的、"中"的，都要不得。这种对历史和自己的轻视态度是错误的。其实，在学校价值观方面，中国古代有许多见解都值得我们今天批判性地继承，如《大学》里所说的"大学之道，在明明德，在亲民，在止于至善"，《学记》里所说的"一年视离经辨志，三年视敬业乐群，五年视博习亲师，七年视论学取友，谓之小成。九年知类通达，强立而不反，谓之大成"，等等。这些思想，经过历代思想家和教育家的诠释，已发展成我国学校独有的价值传统，一直支持着古代官学和私学的教育实践，值得好好汲取。至于近代以来围绕着中华民族救亡图存和富国强民所产生的新的学校价值观，其中邓小平提出的"三个面向"尤其值得继承和发扬。不这样做，我们的学校价值观建设一方面会缺乏深厚的历史文化基础，另一方面会失去向国外学习和借鉴的条件，将来也会失去向国外介绍我们自己独特的学校价值观的资本。所以，当前和今后一段时间，在学校价值观建设方面，我们的基础是当今的教育实践，但是我们的眼光既要向"外"，也要向"中"，还要向"古"，花大力气做好"实事求是"与"综合创新"的工作。

第四，加强学校价值观研究。学校价值观建设与学校价值观研究是分不开的。学校价值观建设过程中出现的一些问题，包括上面提到的思维方式上的问题，都与学校价值观研究薄弱有关系。从教育学术界已有的研究情况来看，一是研究得不够充分，二是研究得不够深入，三是研究得不够系统，四是研究队伍的力量还比较弱，研究范式方面也是以理论研究为主。今后，学校价值观研究应成为学校教育哲学、学校管理学、教育社会学、教育文化学、教育史以及比较教育学等多学科的研究领域，应鼓励教育实践工作者特别是校长参加研究工作。就亟待研究的问题来说，有"社会价值观演变与学校价值观""中小学校价值观的实证调查""学校价值观的哲学基础""后工业时代的学校价值观""20世纪中国学校价值观的历史演变""中外学校教育价值观比较"等。相信相关研究的逐步开展，会唤起学校乃至整个社会对学校价值观讨论的热情，积极推动学校的价值重构，促进学校文化在新的社会历史条件下健康发展。

（原文发表于《教育科学研究》2005年第8期，

收录时标题有改动）

5

学校文化、学校认同与学校发展

学校文化建设是当前学校改革特别是中小学校改革的新主题，引起了广大教育工作者和教育媒体的广泛关注与持续讨论。人们逐渐认识到，学校文化建设具有多方面的意义，从全面贯彻实施素质教育理念，促进青少年学生生动、活泼、和谐发展，到凸显办学特色，打造学校品牌，提高学校竞争力，等等。对学校文化建设多方面意义的完整和深刻认识，有助于坚定人们从事学校文化建设的决心，为进一步推进学校文化建设打好思想基础。本文试图从学校认同的角度进一步阐述学校文化建设的时代意义，以期丰富对学校文化建设价值的认识。

文化与认同

为什么要从学校认同的角度来阐述学校文化建设的意义？要回答这个问题，先要回答一个更加一般性的问题，即文化与认同的关系问题。这个问题在文化学界讨论得比较多，在当前学校文化建设领域讨论得还比较少。从逻辑上说，学校文化与学校认同的关系是由文化与认同的关系派生出来的，是文化与认同的一般关系原理在学校生活领域的具体体现和应用。

从文化与认同的关系来说，文化的基本功能之一就是为人们提供彼此认同的符号系统。这些符号从信仰、知识、语言、历史一直到外在的行为习惯、衣着、发型等。两个来自同样文化传统或文化模式的人共享一套符号系统，彼此之间有一种基于共同文化的肯定、承认、欣赏或亲切感。这些心理感受综合起来就是"认同"（identity）或"文化认同"（cultural identity），它致力于回答"我们是谁"这一问题。例如，两个四川人见面，光凭着地道的四川口音这一特有的语音符号就能产生对彼此的认同感——"我们四川人"。如果进一步对四川口音进行辨析，还能进一步细化这种认同，如"我们成都人""我们遂宁人"。两个信奉儒家学说的人，可能是凭着他们共同的生活态度与恪守的伦理规范而相互肯定和接纳的，如此等等。看起来，文化提供了人与人之间相互认同的基本参照系。在现实社会生活中大量存在的"我们/你们"或"我们/他们"的区分就是文化认同机制作用的结果。在此意义上，可以认为，文化的边界就是认同的边界，文化的差异就是认同的差异，文化的冲突也就是认同的冲突。

在现实的社会生活中，基于文化的认同具有两个层面的作用：第一，解决"我是谁"的问题；第二，解决"我们是谁"的问题。前者涉及"自我"概念的形成，后者涉及社会团结的形成。正如许多哲学家所说，具体的个人要在这个世界上生存，必须回答"我是谁"的问题。对这个问题不可能去抽象地回答，而必须参照文化系统。"我是男人""我是一个佛教徒""我是教师"等回答无不是文化认同的结果，说明"我"认同了男性文化、佛教文化或教师文化。这样看来，"我是谁"的哲学问题在现实层面上就是一个参照何种文化来认识、把握或表现自我的问题。个体认同如此，集体认同也是这样。一个集体靠什么构成一个集体并由此在形式上和功能上区别于单数个体的集合？就是靠这种集体认同，靠在对"我们是谁"这个问题上达成的共识。"我们是教师"，那我们就应该像教师文化所要求的那样言谈和做事；"我们是四川人"，那我们的所作所为就应该像大家共同认同的四川人那样。这样，文化认同毫无疑问地提供了团结的纽带，加强了集体的向心力、凝聚力，培植了成员对于集体的忠诚，降低了集体内部成员之间交流、沟通以及达成共同愿景的成本。

学校文化与学校认同

学校文化是社会文化的一个子系统，是以学校价值观念为核心，在历史中生成的一整套思想观念、规章制度、语言习惯、仪式行为、物质环境等的有机体。根据不同的标准，可以把学校文化区分为不同的类型。根据学校工作的领域，可以把学校文化区分为领导与管理文化、课程与教学文化、学生活动文化、服务文化、环境文化等；根据文化的层次，可以由内而外地把学校文化区分为精神（观念）文化、制度文化、行为文化、物质文化等；根据学校活动的空间，又可以将学校文化区分为办公室文化、教室文化、实验室文化、运动场文化、餐厅文化、宿舍文化等。这些不同类型的文化，既是师生员工长期共同创造的结果，又以一种客观的存在形式对每一位师生员工产生熏陶、约束和教化的作用。

这种学校文化对于每一位师生员工产生的熏陶、约束和教化作用，其目的就在于培养、促进和加强师生员工对学校的认同。学校认同是集体认同的一种，指学校师生员工在心理上对学校文化的肯定、接纳和欣赏，从反映学校办学理念和价值取向的校训到规范学校各种行为的规章制度，一直到学校的环境建设与利用，等等。对于学校每一位师生员工来说，学校认同并不是生来就有的，而是在学校生活中逐渐产生的。所以，通过持之以恒地建设学校文化来不断培养、促进和加强学校全体师生员工对学校的认同，是当代学校管理者的一项重要任务和使命。

学校认同与学校发展

加强学校文化建设、促进广大师生员工对学校的认同，其根本目的在于促进学校发展。学校认同与学校发展之间有着直接的内在联系。对学校的师生员工来说，强烈的学校认同会产生一种"我是某某学校人"的共同归属感、自豪感和荣誉感，会由此产生一种自觉的、积极的和高度的责任感，从而形成他们各自勤奋工作与学习的强大动力，为学校发展创造良好的思想基础与文化氛围。另一方面是因为，高度的学校认同还会增加师生员工彼此之间的信任度，降低他们彼此之间进行交流和沟通的心理与时间成本，激发他们以主体的姿态参与学校各项事业，使得学校发展事实上不仅是校长和管理人员的事情，也是全体师生员工的事情。大量的学校管理经验表明，学校认同构成了影响学校发展的一个相对独立的因素，积极的、自觉的和高度的学校认同构成了学校发展的重要条件。

如何通过加强学校文化建设的途径促进学校认同，为学校发展创造良好条件？这涉及许多细致而又复杂的工作。从大的方面和可操作的方面来说，需要从以下几方面进行探索。

首先，向师生员工宣传学校的教育理念和价值理想。学校的教育理念和价值理想是学校文化的核心与灵魂，应该体现在学校工作的方方面面，为全体师生员工所熟悉、所理解、所实践。学校认同最重要的就是对这种教育理念和价值理想的认同。当年陶行知先生创办的晓庄师范学校堪称成功培育这种认同的典范，值得今日教育家们认真研究和学习。有一些学校，尽管有自己很好的教育理念和价值理想，但是不注意宣传，仅仅停留在校长的脑子里和学校的文件上，这样就发挥不了它们凝聚人心、强化认同的作用。

其次，向广大师生员工开展校史教育。学校是有历史的，并且也是从历史走向现实和未来的。学校文化的生命就浓缩在学校的历史之中。学校的历史是进行学校认同教育的最好素材。学校历史的表现载体是多种多样的。走进那些历史悠久的学校，古老的建筑、高大的树木、发黄的卷宗、流传久远的故事无不使人肃然起敬，并产生一种基于历史的强烈责任感。因此，通过校庆纪念日、校友返校日、校庆专刊等各种形式，帮助师生员工不断地熟悉和温习学校的历史，向创造学校历史的人和在学校发展历史上做出过突出贡献的人表示敬意，是促进和强化学校认同的有效途径之一。可以想象，在学校校长的办公室里悬挂学校历任校长的照片和简介，会对现任校长的学校认同和工作态度产生多么大的积极作用。每日凝视着学校开创者和继任者的目光，感受历史的呼唤，再懈怠的人也会变得勤奋起来。

再次，贯彻以人为本的时代精神，建立服务型的管理文化。在学校文化建设中，管理文化的建设具有特别重要的地位，它直接涉及学校干部和普通教师的关系，涉及校方和学生的关系，涉及干部、教师和学生积极性的发挥问题。简而言之，它涉及全体师生员工的学校认同及学校团结问题。长期以来，受传统管理文化的影响，学校管理侧重于再生产和维护具有浓重等级色彩的学校关系，这是导致学校内部分层、不同人群关系对立以及学校认同不强的根源。因此，要想培育学校认同，增进学校团结，促进学校发展，就必须在学校文化建设中检讨和反思传统的管理文化，批判传统管理文化中的官僚主义、行政本位和人治思想及其造成的严重后果，结合学校制度文化建设、办公室文化建设、行为文化建设等，逐步建立起以人为本、体现学校特色、全心全意服务教育教学实践的新型管理文化。

（原文发表于《中国教师》2006 年第 12 期）

6

学校特色发展下一步怎么走？

　　学校特色是指一所学校的个性、独特性。学校特色发展是指以凸显学校特色为抓手的学校发展方式。一段时间以来，学校特色发展成为我国中小学发展的基本方式。不管是优质的历史名校，还是一些创办不久的新建校，都纷纷在学校特色凝练、培育和宣传上下功夫。当前，学校特色发展正处在一个十字路口：是该往前走还是该往回走？所谓往前走，就是继续走特色发展之路，凸显学校办学特色、课程特色、活动特色、校园文化特色等，让学校教育的各方面特色更加鲜明。所谓往回走，就是回应对于学校特色发展的一些批评，调整原来单纯追求特色的办学行为，转而强调夯实基础，丰富内涵，更加体现教育的一般性要求。怎么看待这两种学校特色发展的不同路径？学校究竟可不可以走特色化发展之路？如何准确把握学校的特色发展内涵？怎样才能走好特色化发展之路？这些问题，不单单是实践上需要探索的问题，也是理论上亟待讨论的问题。

学校特色的客观基础

一般意义上而言，学校本来就是有特色的，这体现了学校办学的规律性。之所以这么说，是因为学校作为一种教育组织，不是存在于真空中的，而是存在于一定的时间、空间中的，因而有着自己特定的社会背景和教育目的。学校组织的基本构成要素——教师、学生、教学内容及活动等也是随着教育时空以及教育目的的变换而变化的。正是在这个意义上，任何时代、任何国家、任何学段的学校都有自己的特色。现代的学校不同于古代的学校，中国的学校不同于国外的学校，幼儿园不同于小学、中学，南方的学校不同于北方的学校，提供普通教育的学校不同于提供职业教育的学校，如此等等。可以说，世界上找不出纯然没有任何特色的学校。如此说来，学校特色不就是自然而然、不求自得的吗？哪里还用得着教育者去凝练、去追求呢？

其实，以上只是一种理想的理论分析，办学实践中的情形并非一定如此。学校作为一种教育组织，其特色虽然直接地表现为某所学校与其他社会组织或其他学校的不同，这种不同可以表现在学校工作的多个侧面，如办学理念、管理制度、课程结构、教学模式、校园环境、学习空间设计等方面，但是其深层的成因却在于某所学校自身所处的独特的内部和外部环境。事实上，每一所学校的内外部环境都不相同，同一所学校在不同历史时期所面临的内外部环境也不相同。这种不同的内外部环境自然也对学校活动的方方面面提出了各不相同的要求，提供了各不相同的资源优势。学校特色实际上是学校满足这种各自不同的内外部环境要求并善于利用自身具有的资源优势实现自己办学目标的结果。如果一所学校能够自觉地做到这些，那么就会形成自己的特色；反之，如果一所学校既没有对这种内外部环境的独特性及其要求做出积极回应，也不能对这种内外部环境的资源优势加以充分有效的利用，就会失去自己本该拥有的特色。所以，学校特色并非学校从办学的内外部环境中自然而然获取的，而是学校基于教育目的主动分析、研究和利用内外部环境的结果。

对"千校一面"状况及其实践成因的认识

从这个角度来理解，学校特色发展模式中遭到诟病的"千校一面"现象，就其根源来说，主要是办学者、管理者由于种种原因，没有能够很好地意识到学校所处的内外部环境对教育教学活动、管理活动以及校园环境建设和人际互动等提出的特殊要求，在实践中更没有通过自我变革去主动适应和创造性地满足这种内外部环境的要求，从而使得学校活动脱离时代、脱离社区、脱离对象。一所学校如果在办学上既不研究时代也不研究社会，还不研究生动活泼、千差万别的教育对象，怎么能够形成自己的特色呢？在这种情形下，一所学校如果非要形成什么特色的话，那也只能是为特色而特色地"打造特色"了。这样"打造"出来的学校特色，可能一时看起来、听起来很光鲜，但由于缺乏客观的基础，很难长期保持下去。因此，学校特色不是随心所欲的办学主张，更不是标新立异的自我标榜，而是基于教育立场对学校办学的客观基础的准确把握和独特体现。1944 年，毛泽东曾就陕甘宁边区的学校工作如何适应边区的政治、经济、文化乃至人口和地理环境的特点做出具体指示，如学制应该反映农业生产的特点，搞三学期制，以便农忙时学生可以回家帮助耕作，等等。这些指示过去为陕甘宁边区学校特色乃至教育特色的形成奠定了思想和方法论基础，对于今天教育界理解和把握学校特色发展依然具有指导意义。

未来学校特色发展该何去何从？

基于上述分析，学校特色或特色发展还是可以提的，是符合办学规律的。不过，对于学校特色或特色发展的理解和追求，重心不宜放在对特色或差别的孤立打造和苦心追逐上，而应进一步深入，放到对于教育内外部环境的具体分析研究和积极利用上。就这两者的关系而言，前者是"表"，后者是"里"；前者是"末"，后者是"本"。有"里"才有"表"，有"本"才有"末"。"表里不一""本末倒置"是当前一些学校特色建设活动中令人忧虑的现象，也是某些学校特色建设缺乏科学性、可持续性并被认为是搞花架子、瞎折腾的主要原因。我曾经到过一所小学，学校校本课程建设中不注意充分利用本地的课程资源，非要从千里之外的景德镇聘来师傅、运来陶土，开发陶艺课程，打造课程特色，这实在是舍本逐末、劳民伤财之举。

要有效解决目前部分学校特色建设中存在的这些问题，使得学校特色发展与内涵式发展理念相一致，学校的办学者、管理者和一线教师就需要对学校改革和发展所面临的内外部环境真正下一番分析研究的功夫，需要明了学校所处的时代背景、社会经济和文化背景、社区环境，以及学校的传统、教育对象、师资条件、资源状况等，然后再具体明确学校的办学理念、办学定位，思索构建什么样的课程体系、开展什么样的教学改革、培育什么样的学校文化、选择什么样的活动项目等。

从当下的学校要反映时代精神、反映社会经济和文化发展趋势这一点来说，学校与学校之间不应该有太大的不同，这可以称为学校所应具有的时代特色、中国特色或文化特色。但从学校所处的社区状况、已经形成的办学传统，以及学校的学段、教育类型和生源特点等方面来说，学校与学校之间还是有程度不等的差别，这些是形成学校区域特色、历史特色、学段特色、类型特色、课程与教学特色等的主要依据。如果将前面一些反映时代、社会经济和文化特征及其发展要求的学校特色称为"大特色"的话，后面这些旨在反映或体现更加微观的学校内外部环境要求的学校特色则可以称为

"小特色"，两者之间存在着统一与多样、共性与个性的辩证关系。对这种辩证关系进行历史的、客观的和具体的把握，是未来学校特色发展的正确之路。

（原文发表于《人民教育》2017 年第 17 期，
收录时标题有改动）

7

让学校充满自由的精神

马克思在《1844 年经济学哲学手稿》中提出，人是自由自觉的类的存在物。异化劳动把人的活动贬低为手段，从而也将人本身异化。马克思的这段光辉论述不仅适用于分析人类的经济活动，也同样适用于分析人类的任何一种社会活动。在教育领域中，如果人——具体地说就是校长、教师和学生——的自由自觉的类本性得不到尊重和实现，那么同样会发生人的异化与教育的异化问题。这种问题积累到一定程度，必然在教育领域中产生如马克思在经济领域中所观察到的现象：倦怠、无趣、不自在、不舒畅，甚至是逃避工作。这会极大地降低学校的办学活力，影响教育活动的品质与质量。

要解决这样的问题，进一步增强学校的办学活力，除了要进一步加大教育投入、改善学校的办学条件外，最关键的就是要让学校充满自由的精神。让学校充满自由的精神，并不是要纵容学校教育者在教育问题上为所欲为，更不是让学校成为传播西方自由主义精神的沃土，这是对自由的误读，也是长时间以来教育中的自由精神被压制的一个借口。不管学界关于自由的内涵的争议有多大，真正的自由精神意味着三件事：对法律的敬重、对必然的认识、对权利的维护。一个真正自由的社会和时代必然是做到了这三件事的社会和时代，一个真正有自由精神的人一定是努力做到这三件事的人。法律是自由的保障，依法办学彰显了教育活动中的自由精神。自由是对必然的认识，对规律的遵循；随心所欲的教育行为恰恰是不自由的表现，并且伴随着极大的伦理风险。自由作为一种社会权利是现代文明的标志，保护师生的正当权利不受侵犯并为他们正确地行使自己的权利创造条件，恰恰是创办更加自由的学校的基本任务。

让学校充满自由的精神并不是一件容易的事情，它受许多主客观因素的影响与掣肘。教育立法、执法和法律救济方面的不健全，会给学校以外的权力随意干预学校办学留下可乘之机。名目繁多的行政控制、干预和检查评估持续地削弱学校的办学自主权，强化了学校对于外部机构的依附性，使校长们把大量的时间和精力用于外部关系的建构和维持，很少有时间和精力静下心来认真研究教师发展、学生发展以及课程与教学问题。在对教育规律的认识方面，尽管一线的教育工作者和不同学科领域的专家付出了长期的、大量的努力，但是依然不够清晰，有关的表述中充满了价值的纷争，对教育实践和教育改革的共识依然没有达到较高的水平。"按照教育规律办教育"大多数时候还是停留在良好的愿望和改革的口号这个层面，教育实践中的主观主义、经验主义、本本主义和形而上学的思维方式时而可见。在教育权利保障方面，尽管学校的办学自主权、教师的教学自主权和学生的学习权利在法律上已经有了一般性的规定，但在政策和管理实践中还缺乏可操作性。频繁的学校评估、教学检查以及过重的课业负担进一步压缩了学校管理者、教师和学生权利实现的空间，并将他们置于学校管理、教育教学活动和学习活动的客体地位，主体性得不到充分的尊重和发挥。

让学校充满自由的精神是一个系统工程，需要相关各方的努力与协作。从政府的角度来说，应该忠实履行依法治教的职责，进一步转变管理方式，强化服务和监督职能，真正落实学校在办学方面的各项自主权，支持学校依法依规办学。从学校的角度来说，要进一步推动学校民主建设，完善党政联席会议制度、教职工代表大会制度，强化师生代表在学校事务中的知情权、参与权和建议权，支持学生社团活动，营造宽松、自由、平等和民主的学校文化氛围。从研究者的角度来说，要通过一定的方式组织起来，努力破解"教育规律"难题，基于古今中外的优秀教育经验和大量的科学研究报告，从寻找最简单的教育共识入手，不断地丰富对教育工作成败的规律性认识，经过充分的、深入的讨论和辩论，不断地发现构筑和支撑整个现代教育大厦的基石。从媒体和社会公众的角度来说，要充分认识到学校中的自由氛围对于培养孩子的自由人格和造就未来合格与优秀的社会主义建设者和接班人的极端重要性，为创办更加自由的学校提供积极的舆论和社会支持。

（原文发表于《中国教育学刊》2016 年第 6 期）

8

学校活力的内涵和源泉

　　《教育规划纲要》在谈到教育体制机制改革时明确提出，"进一步解放思想，更新观念，深化改革，提高教育开放水平，全面形成与社会主义市场经济体制和全面建设小康社会目标相适应的充满活力、富有效率、更加开放、有利于科学发展的教育体制机制，办出具有中国特色、世界水平的现代教育"，将"充满活力"作为教育体制机制改革的重要目标加以追求。在具体谈到学校办学体制改革时，文件又强调指出，"深化公办学校办学体制改革，积极鼓励行业、企业等社会力量参与公办学校办学，扶持薄弱学校发展，扩大优质教育资源，增强办学活力，提高办学效益"，将"增强办学活力"作为公办学校体制改革的重要目标。由此可见，早在国家制定 2010—2020 年我国教育改革与发展任务时，就已经关注到教育活力和办学活力（或称学校活力）问题，并将增强教育活力、办学活力或学校活力作为宏观教育体制机制改革和微观办学体制改革的重要目标。

教育活力与学校活力

就教育活力与办学活力或学校活力概念的内涵来说，两者并不完全相同。教育活力指的是宏观的教育体制机制的活力或教育系统的活力，而办学活力、学校活力指的是学校组织的活力、学校内部的活力。但是，它们之间也有着内在的联系：一方面，宏观的教育系统的活力是微观的办学活力或学校活力的前提或基础，如果宏观的教育系统活力不够，体制机制约束太多，那么也就谈不上办学活力、学校活力；另一方面，微观的办学活力或学校活力如果缺乏或受到压抑的话，整个教育系统的活力也就成了无源之水、无本之木。从某种意义上说，学校是教育系统的基层组织，就好像细胞是构成有机体的基本单位一样。如果办学活力或学校活力缺失，那么整个教育系统乃至整个社会系统的活力都会受到极大的影响。所以，要实现《教育规划纲要》所提出的上述目标，就必须在不断深化教育体制机制改革、释放教育系统活力的同时，不断加强现代学校制度建设，释放学校组织的活力。

学校活力的内涵与外延

要实现这样的改革任务，就需要准确地把握学校活力的内涵与外延。

就内涵而言，学校活力这个词比较形象，是对积极、自主和创造性的学校办学氛围的一种直观描述。一所充满活力的学校，一定有着积极向上的精神面貌和不断进取、勇于创新的工作作风。反过来说，一所缺少活力的学校，则会死气沉沉、不思进取，无论是校长、教师还是学生都是当一天和尚撞一天钟，教师的职业倦怠和学生的厌学现象比较严重。从这个角度来说，学校活力这个概念可以用来反映一个学校组织的健康状况。

　　就外延而言，学校活力主要包括校长的活力、教师的活力以及学生的活力，它们各自对应的活动内容不同。校长的活力是指校长在履行学校管理任务时的活力状况，教师的活力是指教师在履行教育教学职责时的活力状况，学生的活力则是指学生在完成学习和发展任务时的活力状况，三者共同存在于学校组织系统之内。其中，校长的活力是前提，其目的是解放教师和学生的活力；教师的活力是关键，其目的是解放学生的活力；而学生活力的激发和释放才是检验校长与教师活力状态和价值取向的最终标准。一所学校中，只有当校长的活力、教师的活力和学生的活力都被激发出来，并且最终表现为学生积极的、自主的和可持续的学习与发展状态及成果的时候，这所学校才是真正充满活力的学校。

学校活力的源泉

　　学校活力的源泉是什么？为什么有的学校充满活力，而另外一些学校则缺乏活力？如何才能激发和提升学校的活力？这些问题都是当前和今后教育改革、学校变革所要认真思考的现实问题。要思考学校活力的源泉，我们不妨从一般的生物活力的源泉开始。活力这个概念，不单单可用于描述人类的社会或组织行为，也可用于描述所有生物的生命状态。我们可以谈论某一株植物的活力，也可以谈论某一种动物的活力。当我们谈论它们活力的时候，活力是指它们的生命力，是指它们的本性在合适的自然环境条件下得以充分表现的状态。一株植物，如果长期没有得到必要的水分滋养，就会干枯以至于死亡。一种动物，如果没有生活在合适的环境中，也会显得无精打采，不能表现出它本来的习性。

　　《庄子·外篇·至乐》中讲过一个故事："昔者海鸟止于鲁郊，鲁侯御而觞之于庙，奏九韶以为乐，具太牢以为膳。鸟乃眩视忧悲，不敢食一脔，不敢饮一杯，三日而死。"庄子点评这种现象时总结说:"此以己养养鸟也,非以鸟养养鸟也。"这只不幸的鸟虽然不愁吃不愁喝,但还是每日"眩视忧悲",其中的原因就是爱他的鲁侯所提供给它的并不是它自己所需要的,因此,它不仅整日没精打采,到最后还一命呜呼。就以上的分析来说,无论是一般的动植物还是我们人类,要想充满活力,就必须生活在一个符合生物或人类本性的环境中,生物的或人的本性及其所要求的适宜环境是生物或人的活力的源泉。如果一种环境违背了生物的或人的本性,那么生活在这种环境中的生物或人就会缺乏活力以至于不能生存。

如果这样来认识一般意义上的生物或人的活力源泉的话,那么学校活力的源泉在哪里呢?我们可以从组织的方面和组织中的人的方面来分析。从组织的方面来分析,学校组织的特性就在于它是一个教育组织,以培养人为根本任务,学校组织的一切要素——理念、制度、活动、评价、环境等都应该具有教育性,在价值取向上都应该为学生的健康成长服务。如果一所学校能够做到这些的话,毫无疑问,它就会焕发出活力,表现出与其他社会组织不一样的氛围。如果一所学校不能够做到这些,或者,如果一所学校所在的社会环境阻碍它按照自己的特性来管理自己,弱化学校组织的教育性,那么学校组织的活力就会大打折扣。从组织中的人的角度来分析,按照马克思的说法,人的本性是自由自觉的活动,在其现实性上,是社会关系的总和,因此,只有当学校中的人在自己的活动中表现了这种自由自觉的本性时,学校中的人才是充满活力的。只有当学校中的一切制度、关系、资源配置等都在不断地实现和增强人的活动自由与自觉时,人的活力才能不断地得到提升。反之,学校组织中的人——校长、教师、学生就会失去活力,整个学校生活也会黯然失色。

寻找释放学校活力的现实路径

从这个角度来看,一些学校之所以缺乏活力或活力不足,根本原因就在于学校的自主性没有得到足够的尊重，学校所在的社会环境不尊重校长的办学自主权，经常以种种的理由干涉学校的办学。在学校内部，这些学校的管理者也不尊重教师的教育教学自主权，在教育教学事务上不听从教师的意见和建议，而是管理者说了算，把教师变成教育教学的机器。在这些学校里，一些教师对待学生也是这样，认识不到学生学习和发展的自主权，或者尽管在观念上承认学生学习和发展的自主权，但是，在实际的教育教学过程中却剥夺学生自主学习和发展的时间与空间，将学生变成学习的客体或机器。

所以，进一步深化教育体制机制改革，激发教育活力，焕发学校活力，必须从源头上找问题，看看究竟是哪些社会因素使得学校组织不能够表现和实现自己的教育特性，究竟是哪些因素制约了校长、教师和学生作为人的自由自觉本性的实现，究竟应该如何变革才能够从源头入手，找到释放教育活力、增强学校活力的现实路径。毕竟，教育活力、学校活力是教育质量的保障。一个活力不足的教育体系、一所缺乏活力的学校，是没有什么质量与效益可言的。

（原文发表于《河北师范大学学报·教育科学版》2017 年第 2 期）

第 七 编

教育治理与教育改革

　　深化教育领域的综合改革，亟须加强教育部门和相关部门之间的协同，建立一个广泛而又强大的支持和协作网络。目前，教育领域面临的许多难题，虽然直接表现为教育内部的矛盾和问题，但往往有着更加广泛的社会背景和根源。像学生的课业负担过重，虽与优质教育资源总体稀缺有关，但从根本上说，它与社会上长期形成的职业偏见、学历歧视、不同行业收入差距过大以及社会阶层向上流动渠道不畅等社会文化和结构因素都有着内在关联。

1

现代教育治理的四个价值基础

不管是教育领域还是社会领域，从管理走向治理，其背后的价值基础是什么？或者说，建立全社会包括教育领域的治理体系，需要什么样的价值原则来指导？

党的十八届三中全会做出的《中共中央关于全面深化改革若干重大问题的决定》（以下简称《决定》）首次提出要推进国家治理体系和治理能力现代化，并对各个领域的治理问题进行了全面而又有重点的论述。提出这样的方略，与当前我国改革所处的阶段性特点有关。众所周知，我国改革已经到了深水区，碰到硬骨头，怎样涉过深水区，啃下硬骨头，这是当前进一步深化改革必须考虑的问题。国家提出建立现代教育治理体系，提升治理能力，就是要从体制机制和能力上为破解新阶段的改革难题做准备。从内容上看，《决定》中提出的治理体系和治理能力现代化主要涉及三个领域：政治领域、经济领域和社会领域。

教育领域是社会领域的一个重要组成部分。从《决定》中的各个部分对治理体系具体内涵的论述来看，建立整个国家的治理体系包括教育治理体系所依赖的主要价值基础是法治、自由、民主和公正。法治的重要性在十八届四中全会上得到进一步强调，今后一段相当长的时期，加强法治建设、严格依法治国将成为建立和完善整个国家治理体系的前提和保障。让市场成为资源配置的主体，主要是强调维护经济自由，反对政府对经济活动进行不必要的行政干预，反对地方保护主义，反对垄断。在《决定》中，民主的理念到处可见，协商民主成为社会主义民主实践的重要形式。公正既是一种理想的社会秩序，也是调整各方面利益关系的重要价值原则。所以，从对《决定》的文本分析来看，国家治理体系是以法治、自由、民主和公正为价值基石的。相应地，提升治理能力要求在实践层面探讨如何依据这些原则来完善社会管理方式，从管理走向治理，让社会各个领域充满活力。

教育治理作为社会治理的一个重要领域，当然也需要以上述四个价值范畴为基石。

第一个价值基础是法治，要依法治教，不能以人治教。过去相当长一段时间，大到教育部的政策，小到学校的改革与发展，教育改革和学校发展因人而异、因人而改、人走政息的现象确实存在。之所以会出现这种情况，是因为教育的法治观念、制度观念不强，一些人为的因素支配着教育管理和改革。

第二个价值基础是自由，要体现教育自由原则。什么是教育自由？其实就是尊重教育规律，按照教育规律办教育，尊重教育自身的自主性和主体性。以往的教育管理中，不按教育规律办教育、违背教育规律来改革的现象也是屡见不鲜。现在提倡教育治理，就是要改变以往的这种现象，按照各级各类教育的教育特性来办教育，给教育以自由。强调教育管理领域管办评分离，各归其位，实质上就体现了自由精神，有利于纠正以往教育实践中的异化问题，让教育更像教育，让学校更像学校，让教育活动更有教育意义。

第三个价值基础是民主。在《决定》中，不管是论述经济领域治理，还是论述社会领域治理，都非常强调"利益相关者"这个概念，强调在各项改革中要顾及利益相关者的权益，创新机制让利益相关者发出声音。教育治理与以往的教育管理的一个重要区别在于确立教育利益相关者的概念，通过民主机制，激发社会公众参与教育改革和发展的积极性、主动性与创造性，使教育改革不再是少数人的游戏，而是有着广泛的民众基础。这个模式在制定《教育规划纲要》时就已经初步建立，今后应继续完善，并使之成为未来教育改革的基本模式——教育改革本身成为一个民主的过程。

第四个价值基础是公正——让人们得其所应得。公正是一个良序社会的重要价值特性，也是保持社会稳定的基础性价值。建立现代国家治理体系，也就是要建立一个更加公正的社会秩序，消除各种特权、不正义、不公平的现象。教育领域在过去 10 多年来为推进教育公平做出了很多努力，出台了很多政策，整体上矫正了长期存在的教育不公平现象，遏制了许多教育不公平现象的抬头，这是有口皆碑的。然而，推进教育公平任重道远：教育外部的不公正现象尽管得到了缓解，但依然存在；教育内部的不公正现象非常严峻，一校之中的大部分成绩一般和成绩不良学生的学习权益没有得到很好的保护，需要教育系统做出更进一步的努力。

基于以上分析，建立现代教育治理体系，提升教育治理能力，最根本的在于深入学习社会主义核心价值观中关于法治、自由、民主、公正的内涵和要求，并在教育行政和学校管理实践中加以具体化，使得整个教育体系充满活力。

（原文发表于《中国教师》2015 年第 9 期）

2

建设更加民主的教育体制机制

2015 年，国家教育体制改革领导小组委员会办公室委托全国若干个教育研究机构，对 2010 年颁布实施的《教育规划纲要》进行中期评估，并于当年年末陆续举行了中期评估结果的新闻发布会，全面回顾了五年来各项改革任务的完成情况以及存在的实际问题，引发教育界内外的广泛关注。这是在国家层面上按照建立现代教育治理体系的理念，推进教育领域的管办评分离，体现教育行政职能转变的一项重要工作。应该说，这项举措在实施方面尽管还有许多值得进一步完善的地方，但是它确实具有标志性的意义，显示出政府对建立更高水平民主教育体制机制的追求，也指出了"十三五"期间国家教育体制机制改革的方向。

《教育规划纲要》明确提出：到 2020 年，随着全面建成小康社会的任务完成，教育领域要"基本实现教育现代化"。这是中国社会尤其是教育界目前正在全力以赴实现的发展目标，也是百十年来，尤其是 20 世纪 80 年代邓小平提出教育的"三个面向"以来中国推进教育现代化进程的一个夙愿。然而，在实践层面，当人们检视教育现代化的各项任务和指标体系时，发现教育界内外更多关注的是外在的、量化的和静态的发展性指标的达成，如学前三年入园率、义务教育入学率和巩固率、高等教育普及率和入学率、教育信息化覆盖率等，而对于一些更加内在的、标志着教育现代性增长的结构性特征却比较忽视，如教育的法治化、民主化、多样化以及广泛的可选择性等。这是以往国家和地方在推进教育现代化进程时的一个不足或短板。与这种对教育现代化的狭隘理解和执行中的薄弱环节有关，公共教育资源的增量配置，主要指向提升各级各类教育机会的供给能力，多指向促进各级各类教育服务的规模扩张，而很少指向以法治化、民主化、多样化以及广泛的可选择性为主要特征的教育系统的再造。这就导致了一种"片面的或者发育不充分的教育现代化格局"：一方面，教育供给能力不断提高，国民教育体系不断膨胀；另一方面，教育系统运行的体制机制依然没有发生实质性的变化，在一定程度上依然充满了保守性、等级性和强控制性，整个国家教育体系的活力并没有随着其规模的扩张而得到新的更大程度的释放。身在教育一线的校长和教师们对此深有体会。

党的十八届五中全会通过了《中共中央关于制定国民经济和社会发展第十三个五年规划的建议》，提出了"创新、协调、绿色、开放、共享"的发展理念，为各个领域制定"十三五"规划提供了指导性方针。"十三五"期间，也是我国基本实现教育现代化的决胜阶段。要贯彻好新的发展理念，完成"基本实现教育现代化"这一伟大目标，在教育体制机制上必须进行进一步的改革，沿着建设更加民主的教育体制机制方向继续前进。

更加民主的教育体制机制有以下六个基本特征。

第一，在教育发展的根本价值取向上，进一步明确"人民主体"和"教育为人民服务"的理念。早在20世纪40年代，人民教育家陶行知就明确地说过，民主的教育是"民有、民治、民享"的教育。同一时期，毛泽东在《新民主主义论》中也谈到新民主主义的教育就是"民族的、科学的和大众的教育"，"大众性"鲜明地表达了新民主主义时期我国教育的民主性质。1951 年学制改革时，国家明确提出教育要"向工农开门"，从思想上、政治上和制度上解决 1949 年以前教育尤其是优质教育被少数人垄断的问题，将教育的国家主权和人民本位统一起来。进入 21 世纪以后，国家努力促进教育均衡，不断扩大教育公平，致力于通过教育公平阻断贫困的代际传递，其实质就是要坚持教育为人民服务的价值取向，回答"中国教育为什么人"的问题。忽视或忘记这一点，教育现代化就会出现价值的迷失。

第二，在教育的根本目的上，更加强调造就一代又一代合格的社会主义民主公民。判断一个国家的教育体制机制是不是民主的，最根本的标准就是看它是否将培养积极的社会公民作为其根本的目的。我们国家在政治上实行的是社会主义民主制度，建设高度的社会主义民主制度是 1956 年以来政治改革和政治文明建设的核心任务。在建设这样一种制度的过程中，教育不能置身事外、袖手旁观，必须将社会主义民主公民的培养作为教育事业的根本任务。在培养和造就社会主义民主公民以及培养和造就社会主义事业建设者和接班人的关系问题上，前者是更为基础性的目的。缺乏公民意识，不认同社会主义核心价值观，缺乏中国特色社会主义的理论自信、道路自信、制度自信和价值观自信，这样的人不可能成长为社会主义事业的积极建设者和可靠接班人。要完成这样的任务，教育体系必须从小培养青少年学生的社会主义民主意识和习惯，不断提高他们践行社会主义民主的能力，坚定他们社会主义民主的信念。然而，检视目前大中小学实际上的教育目的，个人主义、精英主义、专业主义的目的论到处可见，培养合格和卓越的社会主义公民的目的意识则较为薄弱。在各种煽情的、夸张的和高度文学化的大中小学毕业典礼演说中，人们也很难听到"培养公民""做一个好公民"这样的字眼。说实话，这种状况非常令人吃惊。不难理解，如果一个国家的公共教育体系的根本目的不是造就公民，而是培养才子佳人，成为个人谋求自身发展、出人头地的工具，则很难说这个教育体系是现代的、民主的体系。

第三，在教育治理方式上，进一步强化依法治教，积极构建以法治为基础的基本教育秩序。现代社会一定是法治社会，法治是构建一个更加民主和公正的社会秩序的基石。民主的教育体制机制需要充分的法治来保障。新中国成立以来，尤其是改革开放以来，我国的教育法制建设取得了历史性成就。但是，制定教育法律是一回事情，依法治教是另一回事情。从法制到法治，彰显了社会的进步，也是基本实现教育现代化的必经之路。从司法的角度来看，教育法制的基本体系尽管已经建立起来，但是教育的法治精神确实还没有得到充分的彰显，教育领域内有法不依、违法难究、执法不严的现象依然存在，教育法律的普及还需要做出更多的努力。这就要求在"十三五"期间进一步完善现有的教育法律法规体系，加强教育立法工作和执法监督，构建基于法治的基本教育秩序，努力防止出现和有效解决教育领域中政大于法、因人设政、人走政息、朝令夕改等现象，以及行政对教育活动的过度干预等问题。

第四，在国家办学体制上，进一步坚持公办教育和民办教育协同发展的体制。中国古代就同时存在官学和私学，以官学为主体。官学衰微，私学就会兴盛。新中国成立以后，在收回教育主权的思想指导下，政府办学之外的各种办学形式逐渐消失，各级政府成为唯一的办学主体。改革开放以后，社会力量参与教育事业的热情高涨，开始出现各种形式的民办学校。国家也出台有关法律，鼓励和支持民办学校的发展。但是，民办学校的发展总的来说存在着比较大的观念、体制、机制和政策约束，发展困难。这里面既有认识的问题，也有定位的问题，还有一些具体政策的设计问题。当前，国家有关部门正在积极推动《中华人民共和国民办教育促进法》的修订，努力为民办教育的发展创造更好的条件与空间。随着学界和社会公众对于教育产品的公共性的认识不断加深，一个更加民主的教育体制机制一定是公办教育和民办教育协同发展、良性竞争的体制机制。在二者基础之上，也可以发展出更加多样的混合型的办学体制机制。在这方面推进体制机制创新只有一个目的，就是激活社会力量办学的积极性、主动性和创造性，提供更加多样的、可选择的教育服务，满足全面建成小康社会后期人民群众多样的、个性化的优质教育需求。

第五，在教育政策的制定和执行过程中，进一步充分发扬民主。民主是建立现代教育治理体系的价值基础之一。正是更加充分的民主，使得现代教育治理不同于传统的教育管理。民主治理承认教育利益群体的多样性，同时致力于教育共识的达成。根据这种理解，"十三五"期间，在教育政策制定、执行和评估过程中，应该继续采纳《教育规划纲要》制定和中期评估时采用的好方法，充分地发扬民主，完善自下而上和自上而下相结合、多种利益群体充分表达意见并在民主的基础上有效协商、达成共识的机制。据报道，《教育规划纲要》的制定历时两年，成立了有 500 多位学者参加、2000 多人参与的 11 个专题组，组织了上百人的专家咨询队伍，向全社会征集了 210 多万条意见建议，召开了各个层次、各个专题的座谈会数百场，树立了当代中国教育民主决策、民主协商的光辉范例。中国是一个教育大国，各地教育事业的发展水平不同，需求不同，存在的实际困难也不同。在中国这样一个国家搞教育规划和教育改革，其困难程度要大过世界上任何一个国家。没有广泛的民主参与的过程，决策者就难以全面、准确地把握最有价值的政策问题，制定和执行高质量的教育事业发展规划或教育改革政策。

第六，在教育改革的全过程中，进一步促进广泛而深入的家长参与和社会参与。教育是最大的民生，也是社会公共事业。教育怎么办，怎么改，不能只由教育行政部门和学校说了算，必须以更加开放的姿态，鼓励和吸引更多社会个体、家庭、企事业单位等关心教育改革。在一些国家，企业和社会组织召开教育峰会，就教育改革发表意见、提出建议是很常见的事情。在我们国家，目前尽管可以听到一些来自家长、企业界、政府非教育部门、新闻界等关于教育的意见和建议，但是人们自主地组织起来，理性地讨论教育问题还不多见。应该说，这些群体和社会组织是教育天然的同盟军，是教育改革的有生力量，不仅可以提出自己对于高质量教育和教育改革的观点，而且可以发挥自身的资源优势，为学生的实践学习提供更加丰富的资源。促进教育改革的社会参与，能够防止学校成为"教育孤岛"。教育的问题大多有其社会根源或成因，教育改革本质上需要其他相关社会系统的积极和深度参与。对于教育体系自身而言，那种动辄以种种借口将学生禁锢在围墙之内，将家庭和社区排斥在教育改革之外的做法是违背民主原则的，也是违背教育原则的，更不利于形成有利于教育体制机制改革的社会支持网络。

经过这些年尤其是《教育规划纲要》颁布实施以来的努力，我国教育体制机制的民主化程度已经有了显著的提升。目前，我国教育体制机制的民主化仍然存在很大的提升空间，应当将其作为规划"十三五"时期教育事业发展、全面深化教育改革的一个重要内容或指导性理念。建设更加民主的教育体制机制，是一项广泛而长期的任务，需要扎扎实实地工作和不懈地努力，既不能急于求成，也不能知难而退。建设更加民主的教育体制机制，进一步释放整个教育体系的活力，造就千千万万合格和卓越的社会主义公民，培养德智体美劳全面发展的社会主义建设者和接班人，是这个时代赋予中国教育界的伟大使命。

（原文发表于《教育家》2016 年第 13 期）

3

教育改革如何坚持文化自信？

党的十八届六中全会提出："全党同志必须把对马克思主义的信仰、对社会主义和共产主义的信念作为毕生追求，坚定对中国特色社会主义的道路自信、理论自信、制度自信、文化自信。"习近平总书记在 2016 年教师节回到自己的母校北京市八一学校看望师生，就教育工作发表重要讲话时也明确提出："我们的教育改革要坚持文化自信，好经验要坚持，不足的要补齐。"这是一个非常重要的观点，也是当前和今后我国的教育改革应当予以坚持的正确立场、观点和方法论主张，值得教育界认真学习、深入思考和努力实践。

什么是教育改革的文化自信？

什么是教育改革的文化自信？自信与自卑相对，文化自信与文化自卑相对，教育改革的文化自信与教育改革的文化自卑相对。

教育改革的文化自卑比较容易理解，它是指这样一种现象：在教育改革过程中，对于自己国家历史上和现实中的教育理想、教育价值观、教育制度、教育模式和教育关系等，都持较为否定的态度和观点，希望用国外的某一种或某些教育作为标准、模型或样板来改造本国的教育。这种态度和观点，就其对本国教育的历史和现状所持的强烈批判立场来说，也有其积极的意义；但就其对教育问题的诊断方式以及随后开出的改革药方来说，则很难说是对症下药的，甚至会出现病急乱投医、"言必称希腊"的局面，结果不仅没有解决问题，反而有可能使得原有问题更加严重。

教育改革的文化自信就是对这种态度和观点的拨乱反正，是一种建立在对自己国家悠久教育文化传统的认识、了解和认同基础上的改革立场、态度及行为方式。有文化自信的教育改革者在设计、推进和评价教育改革时，既能够充分吸收历史上教育文化的优秀遗产和经验，不犯历史虚无主义错误，又能够审慎学习国外一切先进的教育文化观念、政策和做法，不犯陶行知当年所批评的"拉洋车""依型他国"的错误。

教育改革为什么要坚持文化自信？

习近平总书记为什么要强调坚持教育改革的文化自信？这一方面反映了他对中国社会的教育改革要走一条什么样的道路的认识，与他之前一直强调的中国特色社会主义道路的"四个自信"——道路自信、理论自信、制度自信和文化自信一脉相承，是"四个自信"尤其是文化自信在教育改革领域的必然要求，另一方面可能与我国既往教育改革中出现的盲目借鉴国外的一些经验和做法，而过于忽视本国教育优秀传统和现实中的一些宝贵经验的倾向有关系，具有鲜明的现实针对性和政策指导性。

毋庸讳言，回顾历史，20 世纪以来中国教育改革的历史实践中，确实存在一种比较极端的态度倾向或思维模式，认为现代教育是国外的好，中国的教育——从历史上到现实中——都是有问题的。评价中国某个阶段、某个类型的教育，总是拿国外的教育做标准，忽视不同国家的教育体系与其社会经济文化背景之间的内在关联。在这种态度倾向或思维模式的支配下，人们在不同层次、范围、领域内设计和推进教育改革时，往往不太注重从中国社会和教育的实际问题出发，没有仔细考察教育问题发生的具体社会环境与条件并提出行之有效的方案，一味向国外学习，唯国外的教育改革马首是瞻。

清末教育改革师法日本，废科举、改书院、兴学校；20 世纪20 年代学制改革又学习美国，照搬照抄美国的学制；1949 年新中国成立以后，教育制度变革向苏联"一边倒"，苏联有的我们可以有，苏联没有的我们也不能有，连学校里设置什么学科都向苏联看齐；1958 年的"教育革命"和后来的"文化大革命"期间，随着社会形势的变化，教育改革又走向极端，排斥一切古代的和国外的经验与做法，使那一时期的教育改革（"革命"）既偏离了历史轨道，也远离了世界潮流。

改革开放以来，我国的教育改革开始逐渐找到自己的社会坐标和实践坐标，显示出一定程度的文化自信。但是从那时到现在的几十年间，在一些全局性或局部性的改革实践中，也时常出现脱离实际，盲目推崇国外经验和做法，对自己的教育理念、制度和经验缺乏自信的现象。表面上看，这种历史现象是决策者和实践者看待与解决教育问题时的态度和方法问题，但实质上是决策者和实践者在改革中缺乏文化自信，或者说不同程度地产生了文化自卑的问题。

从这个角度来看，习近平总书记提出"教育改革要坚持文化自信"，就是要给教育领域的改革者和一线教育工作者打气鼓劲，希望大家在各种各样关于教育改革成败得失的评价面前，振作精神，实事求是，解放思想，勇于创新，摆脱历史虚无主义和盲目崇拜他国的束缚，走出一条真正体现中国特色、中国优势和中国精神的教育改革之路。

教育改革如何坚持文化自信？

教育改革如何才能做到坚持文化自信？这需要广大的教育工作者去认真思考和研究。我自己理解，坚持文化自信，就是要长期地保持文化自信，不因为教育改革一时的困难曲折、成败得失而丧失文化自信。在教育改革中坚持文化自信，体现的是一种信念、一种追求和一种持之以恒的精神。具体而言，在教育改革中要做到坚持文化自信，特别需要强调教育改革的文化自觉、文化自省、文化自强和文化担当。

首先，要树立文化自觉意识。文化自觉是文化自信的基础，文化自信是以文化自觉为前提的。如果广大的教育工作者连教育的文化自觉都缺乏，不能够认识到人类文化的多样性以及与之相关联的教育系统的多元性，不能够接受这种多样性的合理性，对自己身处其中的教育体系的文化基础和文化特征缺乏认知与认同，在态度上、思想方法上总是将另一种文化体系中的教育当作标准的或先进的教育，那么要建立教育改革的文化自信是根本不可能的。比如，不同国家的师生关系是不同的，一些英美国家的师生关系可能更加平等，更加强调其认知性的一面，而像中国和日本这些东方国家的师生关系可能更强调差别，更加突出其伦理性的一面。究竟哪一种师生关系是理想的或标准的师生关系，对此我们恐怕很难脱离文化环境去进行抽象的比较或断定。以英美国家的学生可以直呼教师的姓名来批评中国学校里学生对教师使用敬称，是不合理的；反过来，以中国学校里学生对教师使用敬称来反对英美国家的学生对教师直呼其名，也显得荒唐。

其次，要树立文化自省意识。树立或坚持文化自信，并非意味着对自己的教育文化盲目骄傲自大，认为自己的教育文化传统和现行体制一切皆好。假如这样的话，就会形成一种极端保守的立场，不利于教育改革的实施。树立或坚持文化自信，包含了对自身教育文化传统和现实中一些不足的方面进行深刻批评或反省的元素。"好经验要坚持，不足的要补齐"，这种自我批评或反省也是一种自信的表现。不敢面对自身文化和教育的短板，也是教育改革文化不自信的表现。另外，突出教育改革中的文化自省，还有助于预防教育改革从文化自卑走向文化自信过程中的沉渣泛起，盲目美化我们自己的教育传统和实践，以至于把一切不同于国外教育甚至把一切明显不符合时代精神的东西都作为"特色"加以保留与颂扬。当前，随着上海在国际学生评估项目（PISA）测试中连续取得好名次，国外教育界到中国来学习取经的越来越多，这一方面有利于我们重新发现自身教育的特色和优势，如教师培养制度、学科教研制度乃至一些学科的教学模式等，另一方面也容易滋长我们对现行教育的自满情绪，进而忽视教育实践方面所存在的问题。

再次，要树立文化自强意识。比起文化自觉、文化自省来说，文化自强才是文化自信的根本表征。文化自信和文化自强不能画等号。没有文化自信，很难有文化自强。但是有了文化自信，尽管有文化自强的希望，也不等于就实现了文化自强。强调教育改革的文化自信，其根本目的还是要实现教育改革的文化自强。教育改革的文化自强，是指教育改革要在继承优秀教育传统和宝贵教育改革经验并借鉴国际教育改革与发展的合理做法的基础上，以学生的健康发展为根本，以实际教育问题的解决为导向，不断地完善我们的教育体系、教育模式，最终实现建成世界一流教育强国、人力资源强国和中华民族伟大复兴的中国梦的伟大目标。

最后，要培育文化担当精神。中华文化是讲求担当精神的，孔子在《论语·卫灵公》一篇中提出"人能弘道，非道弘人"，在《论语·里仁》一篇中提出"朝闻道，夕死可矣"，这些话就是在呼吁芸芸众生在传承传统文化精神（"道"）方面发扬主体性和担当精神，并躬行践履，终身不渝。

任何国家的教育都有其文化的使命，就我国的教育而言，就是传承民族优秀的文化传统，并将其汇入时代文化建设的伟大事业中去。教育改革也必须承担起这种文化传承的使命，针对既往学校传统文化教育的薄弱环节，加强顶层设计，统筹各种文化资源和社会力量，助力传统走进现代，引导青少年学生亲近传统、继承传统，并努力开创中华文化的新纪元。

受种种现实因素的制约，教育者在践行自己这种文化使命的过程中不会是一帆风顺的，可能会遇到各种困难干扰，遭到各种议论。这就要求教育决策者和实践者坚定信念，排除干扰，以"抓铁有痕、踏石留印"的精神，扎扎实实地推进此项工作，为中华民族文化保留优秀的基因，培育新的文化生命力。

（原文发表于《中国教育报》2016 年 10 月 29 日，

收录时标题有改动）

4

从《反思教育》中的四个关键概念
看教育变革新走向

联合国教科文组织的报告《反思教育：向"全球共同利益"的理念转变?》（以下简称《反思教育》）中文版出版，非常有意义。它的出版有助于我国教育工作者系统、完整和深入地了解联合国教科文组织在新的时代背景下有关教育变革走向的新观察、新思想、新建议。本文主要从该报告的四个关键概念入手，来理解和把握该报告的主要思想。这四个关键概念是："知识""学习""共同利益""人文主义"。之所以从这个角度入手来理解和把握该报告的主要思想，有两方面的考虑：一是这些关键概念构成了该报告思想的骨架，本身需要读者去准确地把握；二是从教育界已经发表的有关《反思教育》的学习体会和一部分研究文章来看，研究者们对于该报告在这些关键概念上的独到理解和创新性阐释并未给予足够的注意，一些认识可能还是错误的，有待澄清或纠正。

知识

知识在有关学习的任何讨论中都是核心议题，可以理解为个人和社会解读经验的方法。因此，可以将知识广泛地理解为通过学习获得的信息、理解、技能、价值观和态度。知识本身与创造及再生产知识的文化、社会、环境和体制背景密不可分。(《反思教育》第8页)

从概念关系上说，在教育和学习领域，知识是一个基础性概念，这一点是显而易见的。基于这种概念关系，对知识概念的不同认识和理解，会直接影响人们对于教育和学习的行为内涵、价值取向、内容选择、结果评价的认识。从这个角度来说，对知识概念的反思也就成了任何教育活动反思的一个出发点。

与大多数人将知识理解为静态的、事实性的、结论性的并经过严格证明、证实或辩护的人类特殊经验系统不同，《反思教育》中对于知识给出了一个比较宽泛的定义："可以将知识广泛地理解为通过学习获得的信息、理解、技能、价值观和态度。"这就把许多新的元素纳入知识范畴，如信息、理解、价值观和态度等。这个定义，一方面扩大了知识的内涵和外延，另一方面也反映了知识定义的后现代立场。将信息纳入知识范畴，最早是利奥塔在《后现代状况》中提出来的，反映了信息社会中人们知识观的变化。现在人们常说的"知识的碎片化"，就其实质而言，就是这种知识信息化、信息碎片化的结果。该定义把理解纳入知识范畴，凸显了知识的主观性、个体性与背景性，与传统意义上人们对知识普遍性、客观性和价值中立性的信仰有很大不同。该定义把价值观和态度也看作知识，使得知识的内涵和外延跨越了认知领域，进入价值和情感领域。从整个报告的思想来看，这种宽泛的知识定义，构成了报告中对学习、课程、教学的认识的概念基础。可能是由于篇幅问题，该报告在给出这种广泛的知识定义后，并未从理论上说明它的合理性，也未对知识范畴中不同的构成要素如信息、理解、技能、价值观、态度等进行进一步的区分，后面也没有说明在学习这些不同类型的知识时学习理念、路径、方法等方面的不同，这是需要读者注意的。

> 必须探索主流知识模式之外的其他各种知识体系。必须承认和妥善安置其他知识体系，而不是将其贬至劣势地位。对于发现和认识其他世界观保持更加开放的态度，世界各地的社会可以相互借鉴，相互学习。……假如我们愿意放弃固有观念，敞开心扉，接受对于现实的各种不同解释，丰富多彩、异彩纷呈的世界观将丰富我们所有人的世界。（《反思教育》第22页）

与知识概念有关的一个观念是报告里特别强调的"各种知识体系"。报告在给出知识的宽泛定义后，紧接着就提出"知识本身与创造及再生产知识的文化、社会、环境和体制背景密不可分"。这个观点再次表达了后现代知识观所强调的知识的境遇性（contextual），它承认在不同的文化、社会、环境和体制中会产生或创造出各自的知识体系。知识的多样性就如同文化的多样性、生物的多样性一样，得到了承认。从这个观念出发，报告特别强调指出："必须探索主流知识模式之外的其他各种知识体系。必须承认和妥善安置其他知识体系，而不是将其贬至劣势地位。"这个观点在教育上有重要意义。因为长期以来现代教育为一些主流的知识体系所控制，对于曾经的殖民地和半殖民地国家而言，这种主流的知识体系就是西方的知识体系。在这种主流的知识体系控制下，传统的、本土的知识在学校课程中没有位置或只是处于边缘的、附属的位置，以至于逐渐失去其传统的完整性和合法地位。这种教育导致非主流知识体系国家或地区的人民在知识生产、传播和创新上失去文化自信。这种情况在20世纪60年代之后受到一些思想家的强烈批评，但是在教育领域似乎影响不大。这次《反思教育》报告再次提出这些问题，有助于在全球范围内改变由某种单一的知识体系控制教育或课程内容的局面，在指导人们对于青少年"学什么"的认识上有一个比较大的突破。报告特别以地球观、人生观、时间观、幸福观以及决策偏好等为例，说明人类知识的境遇性和多样性。

从上述分析来看，《反思教育》中的知识概念有如下几个特征：第一，扩大了知识概念的内涵，将信息、理解、态度、价值观等要素都纳入知识范畴；第二，承认知识体系或知识传统的多样性以及它们在广泛的历史和社会生产与生活中价值的独特性、不可或缺性；第三，反对知识霸权，希望能够检讨近代以来形成的"主流知识-本土知识"的知识秩序。总体而言，《反思教育》中的知识观显然受到了后现代主义、知识社会学、知识政治学等理论的影响。

学习

> 学习可以理解为获得这种知识的过程。学习既是过程，也是这个过程的结果；既是手段，也是目的；既是个人行为，也是集体努力。学习是由环境决定的多方面的现实存在。获取何种知识，以及为什么、在何时、在何地、如何使用这些知识，是个人成长和社会发展的基本问题。(《反思教育》第9页)

教育是指导学生进行有价值的学习的活动，学习是教育的一个基本范畴。在反思了知识概念后，报告也对学习概念提出了新的观点。这个观点与当前一些理论工作者、实践工作者和决策者习惯上将学习理解为个体以获取静态知识为主的认知行为不同，突出强调了学习的过程性、目的性、集体性、多样性和全身心性，反映了近几十年来人们在学习观方面的新认识。

报告认为："学习既是过程，也是这个过程的结果；既是手段，也是目的；既是个人行为，也是集体努力。"我理解，"学习既是过程，也是这个过程的结果"，主要是反对以往仅仅把学习作为获取知识的手段，突出强调学习过程的价值。从过程上说，学习是一种经验行为，是个体经验和社会经验、当前经验和历史经验互动、交流、交融，从而实现社会历史经验传承和个体经验改组或改造的双重目的。学习或教育的意义就在这种过程中得到实现，而不仅仅体现在学习活动结束之后若干被选择、被监测、被评估的学习结果上。这个观点非常类似于杜威当年所说的教育过程的目的或内在的目的。学习"既是手段，也是目的"，侧重强调了学习型社会当中学习本身就是一种生活方式、一种工作方式、一种终身的行为。也正是在此意义上，"学会如何学习从来没有像今天这么重要"、学习"既是个体行为，也是集体努力"和后面提到的"学习是由环境决定的多方面的现实存在。获取何种知识，以及为什么、在何时、在何地、如何使用这些知识，是个人成长和社会发展的基本问题"等观点，从社会学的视角来审视个体的学习行为，突出强调社会地位、环境、条件等对于个体学习行为的影响，进而明确了社会在满足、支持和促进个体学习方面具有不可推卸的责任。这是一种很深刻的社会建构主义学习观，对于教育者重新理解和解释个体学习行为具有方法论意义。

报告对互联网给学习者带来的挑战进行了重点分析，认为"目前的挑战是，如何教会学习者理解他们每天面临的纷繁芜杂的信息，鉴别可靠的来源，评估信息内容的可靠性和有效性，质疑信息的真实性和准确性，将这种新的知识与以往所学内容联系起来，以及根据已经掌握的信息来辨别信息的重要性"。报告特别分析了当前学习空间网络扩展情况，认为"当今世界教育格局的变革促使人们越来越认识到，正规教育机构之外的学习具有重要性和相关性。目前的发展趋势是从传统教育机构，转向混合、多样化和复杂的学习格局，在这当中，通过多种教育机构和第三方办学者，实现正规学习、非正规学习和非正式学习。我们需要一种更加流畅的一体化学习方法，让学校教育和正规教育机构与其他非正规教育经验开展更加密切的互动，而且这种互动要从幼儿阶段开始，延续终生。学习空间、时间和关系的变化有利于拓展学习空间网络，让非正规和非正式学习空间与正规教育机构相互影响，并相互补充"。报告关注非正规学习与非正式学习的意义价值和学习结果的承认，这也是现代教育改革非常重要的任务。

报告特别提出："我们需要采取整体的教育和学习方法，克服认知、情感和伦理等方面的传统二元论。各界日益认识到，消除认知和其他学习形式之间的矛盾对立，对于教育至关重要，就连侧重于衡量学校教育学习成绩的人也不例外。最近有人提出了更加全面的评估框架，超越传统学习领域，包括社交和情感学习或文化和艺术。"这种学习观与报告所持的知识观之间有着内在的一致性。报告认为学习不再仅是认知的过程，而是整个心灵、整个精神世界都参与学习行为的过程。

简而言之，报告在总结以往多个学科有关学习行为研究的基础上，突出强调了学习过程与结果的统一，学习手段与目的的统一，学习的个体性与集体性或社会性的统一，学习的认知性与情感性、伦理性的统一，以及正规的与非正规的、非正式的学习经验的统一。这种学习观超越了以往我们所接受的认知性、学术性、个体性和正规性学习的概念，勾勒了"完整的学习"与"完整的学习者"的形象，对于未来的教育工作具有重要的指导意义。

共同利益

"公共"一词往往造成一种常见的误解，认为"公共利益"就是由公众提供的。另一方面，对于"共同利益"的定义是，无论其来自公共部门还是私营部门，都具备有约束力的目标，并且是实现所有人的基本权利的必要因素。

　　从这个角度来看，"共同利益"概念或许可以成为具有建设性的替代品。可以将共同利益定义为"人类在本质上共享并且互相交流的各种善意，例如价值观、公民美德和正义感"。它是"人们的紧密联合，而不仅仅是个人美德的简单累计"。这是一种社会群体的善意，"在相互关系中实现善行，人类也正是通过这种关系实现自身的幸福"。由此可见，共同利益是通过集体努力紧密团结的社会成员关系中的固有因素。因此，共同利益的"产生"及其裨益具有内在的共同性。从这个角度来看，共同利益的概念让我们至少能够在以下三个方面摆脱公共利益概念的局限：

　　1. 共同利益概念超越了公共利益的辅助性概念，后者将人类幸福局限于个人主义的社会经济理论。……

　　2. 要定义共同利益的含义，必须根据环境的多样性以及关于幸福和共同生活的多种概念来界定。……

　　3. 这个概念强调参与过程，而这本身就是一项共同利益。……（《反思教育》第69-70页）

　　共同利益是报告中的一个核心概念，用来表达报告中有关知识、教育的性质和价值的认识。报告建议"将知识和教育视为共同利益（common goods）。这意味着，知识的创造及其获取、认证和使用是所有人的事，是社会集体努力的一部分"。这段话理解起来似乎并不困难，知识和教育事关所有人的尊严和利益，因此应该努力做到公平、公正，努力克服社会排斥和不平等。但是接下来报告又说："共同利益的概念让我们能够摆脱'公共利益'（public good）概念所固有的个人主义社会经济理论的影响。"这就让人有些费解了：共同利益不等于公共利益？公共利益的概念怎么属于个人主义社会经济理论？如果共同利益不同于公共利益，那么它独特的内涵和价值指向又是什么？

报告可能考虑到了读者会提出这些问题，用了相对比较多的篇幅来阐明和辨析共同利益这个概念。它引述学界的研究成果，将共同利益定义为"'人类在本质上共享并且互相交流的各种善意，例如价值观、公民美德和正义感'。它是'人们的紧密联合，而不仅仅是个人美德的简单累计'。这是一种社会群体的善意，'在相互关系中实现善行，人类也正是通过这种关系实现自身的幸福'。由此可见，共同利益是通过集体努力紧密团结的社会成员关系中的固有因素。因此，共同利益的'产生'及其禆益具有内在的共同性"。这段论述强调共同利益实际上是人类在公共社会生活当中、在共同体生活当中所不可或缺的内在的善。没有这些善或利益的实现，如缺乏正确的价值观、公民美德和普遍的正义感，人类彼此之间的相互关系就不能得到维持，从而也就不可能作为大大小小的共同体（community）而存在。也许可以说得直接一些，如果没有这些共同利益，无论大小，人类赖以存在的家园——共同体就要解体。

报告特别指出，共同利益这个概念能够在三个方面摆脱公共利益理论的局限性：第一，摆脱了公共利益的辅助性；第二，摆脱了公共利益的单一性；第三，摆脱了公共利益的福利性。这些主张彰显了共同利益与公共利益的不同。

公共利益这个概念不难理解，它是作为与个人利益相对立的一个概念被提出来的。乍看起来，公共利益概念与个人利益根本不同，它是作为一种集体的利益而被强调的。但是，在自由主义占主导地位的西方社会中，公共利益之所以要得到维护，是因为它被看作实现个人利益的条件。因此，对于个人利益而言，公共利益是辅助性的、第二位的，个人利益才是根本利益、第一位的。与公共利益不同，共同利益则努力摆脱相对于个人利益而言的辅助性，将自己的合理性置于个人利益之上，强调共同利益对于个体利益的优先性和独立性。

共同利益与共同体有关，不同的共同体对于何谓内在的善或共同利益往往有着不同的看法与偏好。这就是说，共同利益从内涵和外延上说是多样的，而不是单一的，它受到共同体传统、所处环境、性质、类型、范围、理想等因素的影响，是内生于共同体的客观历史和现实基础之上的。这可以得出两个结论：一是各种不同的共同利益观有着同等的合理性，理应得到尊重；二是相对于某一个共同体而言，其共同利益不应是外部强加的，也不应是政治家、思想家所随心所欲设计的"好生活"，而是有其历史的连续性和深厚的民众基础。正是在此意义上，报告认为，"要定义共同利益的含义，必须根据环境的多样性以及关于幸福和共同生活的多种概念来界定。因此，对于共同利益的具体情况，不同社区会有不同的理解。关于什么是共同利益，有着多种文化解读"。这种多样性、内生性思想，是我们在公共利益概念中所难以寻觅的。一般而言，公共利益都是由一些强势社会集团所定义的，带有明显的外部性、强制性或统一性。

　　摆脱了公共利益的辅助性、单一性，共同利益的获得或增加就不是一个单纯由政府部门分配的过程，而是一个期待共同体每一位成员共同参与的过程。也就是说，共同利益不再像公共利益那样作为一种个人福利，有待于一个强力部门来分配。共同利益理论强调成员的参与责任和参与过程，"共同行动是共同利益本身所固有的，并且有助于共同利益，而且在共同行动的过程中也会产生裨益"。许多共同利益的实现，只有在共同体成员的共同参与行动中才有可能。比如以爱、责任、信任等为基础的美好社会秩序，只有当共同体中的每一位成员都接纳、践行和守护这些基础价值原则的时候才有可能。

　　从概念来源上说，共同利益的概念来源于古希腊哲学家亚里士多德"共同善"的概念，同时反映了当代社群主义者对自我、社会、政治、伦理等一系列主题的主张，也反映了后现代主义、存在主义等思想流派对"关系"的重视。共同利益概念的运用，实际上是针对新自由主义全球扩张所带来的人与人之间、社群与社群之间、国家与国家之间的冷漠、隔膜、竞争，以及传统社群共同体被个人主义破坏、侵蚀、工具化等问题。从价值取向上说，共同利益概念既反对极端的个人主义，也反对狭隘的国家主义、民族沙文主义，它强调人类的共同人性、相互依存、社会团结与信任的重要性，其中折射出绚烂的人文主义光芒。

以共同利益这个概念为基础，报告还提出了"全球共同利益"（a global common good）这个概念，并将其作为报告副标题的主题词。全球共同利益是范围最大的共同利益。从内涵和外延上说，这个概念与习近平总书记 2015 年所提出的"人类命运共同体"有共通之处。两者共同强调世界各国人民之间的相互依存、休戚与共，强调面对全球性问题的共同责任和共同行动。"打造人类命运共同体，要建立平等相待、互商互谅的伙伴关系，营造公道正义、共建共享的安全格局，谋求开放创新、包容互惠的发展前景，促进和而不同、兼收并蓄的文明交流，构筑尊崇自然、绿色发展的生态体系"①，在此意义上，全球共同利益、人类命运共同体等都不仅是一种目标概念，而且是一种方法概念，是当代人类社会审视自身行为的一种视野、立场和价值准则。

人文主义

人文主义方法让教育辩论超越了经济发展中的功利主义作用，着重关注包容性和不会产生排斥及边缘化的教育。人文主义方法可以指导人们应对全球学习格局的变化，教师和其他教育工作者依然是促进学习的核心力量，以实现所有人的可持续发展。（《反思教育》第 29 页）

---

① 中共中央宣传部. 习近平总书记系列重要讲话读本：2016 年版［M］. 北京：学习出版社，2016：265.

　　毫无疑问，人文主义是《反思教育》的主旋律，贯穿着该报告对教育性质、教育目的、教育价值、课程与教学、学业成就评价、教育治理等问题的论述。报告第二章的标题直接就是"重申人文主义方法"。这里"重申"的意思是以前提出过，这里再次申明，说明人文主义是联合国教科文组织一以贯之的价值主张。1953 年，联合国教科文组织公布了在新德里召开的"东西方人文主义和教育"国际圆桌讨论的会议纪要，1972 年《学会生存——教育世界的今天和明天》报告中提出了"科学的人文主义"概念，1996 年《教育——财富蕴藏其中》报告中提出的"教育的四个支柱"（"学会认知""学会做事""学会共同生活""学会生存"）也反映了鲜明而强烈的人文主义取向。

　　不过，正如报告所注意到的，不同的时代、不同的文化背景、不同的哲学传统和宗教传统对人文主义有不同的理解，不同的理解之间也往往并不一致，有些甚至是相互矛盾的。例如：有些人文主义者是以人类为中心的，而另一些人文主义者则是以上帝为中心的；有些人文主义者将自己看成是科学主义的对立面，而另一些人文主义者则主张融合科学主义的精神；等等。《反思教育》所重申的人文主义则努力超越这些特殊的人文主义立场，致力于在时代背景中体现人文主义的一般价值原则并将其具体化。

　　报告指出："维护和增强个人在其他人和自然面前的尊严、能力和福祉，应是 21 世纪教育的根本宗旨。这种愿望可以称为人文主义，是联合国教科文组织应从概念和实践两方面承担起的使命。"这段话将人文主义看成是一种面向未来的价值愿景和根本宗旨，是指引人类教育未来发展的价值指针。而在另外一段话中，报告则将人文主义看成是指导和审视当下教育实践的价值视野或原则："人文主义发展观的道德伦理原则反对暴力、不宽容、歧视和排斥。在教育和学习方面，这就意味着超越狭隘的功利主义和经济主义，将人类生存的多个方面融合起来。这种方法强调，要将通常受到歧视的那些人包容进来——妇女和儿童、土著人、残疾人、移民、老年人以及受冲突影响国家的民众。"这段话很清楚地表明，在联合国教科文组织看来，教育领域的功利主义和经济主义与人文主义价值取向是不一致的，它们是造成发展和教育领域的不宽容、歧视、排斥、不平等的价值根源，应当予以深刻批判。不过，报告并未全盘否定功利主义和经济主义，而是认为"教育的经济功能无疑是重要的，但我们必须超越单纯的功利主义观点以及众多国际发展讨论体现出的人力资本观念。教育不仅关系到获取技能，还涉及尊重生命和人格尊严的价值观，而这是在多样化世界中实现社会和谐的必要条件"。

报告中的人文主义价值主张是建立在"共同人性"的概念基础之上的。报告在第二章一开始就引述了南非社会权利活动家图图（Desmond Tutu）的一句话："我的人性与你紧密相联，我们站在一起，始成人类。"（My humanity is bound up in yours, for we can only be human together.）这句话是很有哲理的，它提出是共同人性将人与人相联，也是共同人性使我们成为人类。其潜台词是：如果丧失了这种共同人性，人就不可能从个体的人成长为真正意义上的人类的一员。经济、社会和教育生活中广泛存在的冲突、不宽容、排斥、压制、边缘化、不平等、不公正等现象，均是共同人性丧失的表征。报告在导言部分也明确地将共同人性作为人文主义教育观和发展观的哲学基石："本书呼吁对话，受到了人文主义教育观和发展观的启发，以尊重生命和人类尊严、权利平等和社会正义、尊重文化多样性、国际团结和分担责任为基础，而所有这些都是人性的基本共同点。"

通过对报告中上述四个关键概念的分析，我们可以看出，《反思教育》报告尽管不是一部严谨而系统的学术专著，但是它在概念的选择、使用和阐释上较好地综合了近几十年来人文社会科学众多领域的新成果，新颖而深刻，具有很大的启示性。报告借助对上述关键概念的重新定义或阐释，面向全球社会提出了新的知识观、新的学习观、新的价值视野、新的教育原则，它们彼此之间具有高度的内在关联性和一致性。《反思教育》描绘了一幅新的有关人类未来教育和未来发展的概念图景，必将对全球范围内的教育研究和实践创新产生广泛而持续的影响。

（原文发表于《人民教育》2017 年第 18 期）

5

把教育活力摆在更加重要的位置

教育活力问题是教育系统的一个老问题，也是三十多年来国家和地方历次教育改革都想努力解决好的问题。目前，各级各类学校的办学活力不足现象依然存在。"十三五"期间各级各类教育事业发展应当把增强教育活力摆在更加重要的位置上。教育活力与教育质量和教育公平之间存在着密切的关系。

教育活力是教育质量的保障，也是高质量教育的表现形式。没有活力就没有质量，这应当是一个普遍的教育共识。而教育公平问题表面上看是不同区域之间、城乡之间和学校之间公共教育资源配置以及教育供给水平存在差距或不平等，实质上还是综合反映了不同区域之间、城乡之间、学校之间教育质量上的差别。产生这种教育质量差别的原因有很多种，不同区域之间、城乡之间和学校之间在教育活力上的差别是一个不容忽视的原因。显而易见，一个地区或一所学校，尽管在公共教育资源配置方面处于不利地位，但是充满了活力，具有较高的质量，那么该地区的人们或该校的师生也不会发出公平性抱怨。反过来说，如果一个地区或一所学校教育活力不足，会加倍地放大其在教育基础、教育条件等方面的劣势，导致师生对教育公平性的抱怨。因此，提升教育质量、促进教育公平、实现教育现代化，必须首先解决教育活力问题。

解决教育活力问题要求人们对于活力的实质有科学的把握。活力是万事万物的特性及其与环境条件之间的适应性。这种适应性程度高，万事万物就表现出蓬勃的活力，反之就会表现出活力不足的样子。这个原理应用于人身上也是一样的。人如何表现自己，不是由人所谓先验的、内在的本性决定的，而是由人所处的社会关系的性质决定的。如果这种社会关系与人的自由自觉的类本性相一致，那么人在自己的工作生活中就会充满活力。社会主义社会废除了种种不合理的社会制度，建立了更加自由、平等、公正和友爱的新型社会关系，总体上为各行各业劳动者活力的释放奠定了坚实的社会基础。但是，由于我们还处在社会主义的初级阶段，生产力发展水平还不高，教育上的硬件投入不足，加之人们的思想意识和观念总体上还没有全部达到社会主义社会应有的水平，客观上还存在活力不足的问题。

解决教育活力问题的根本路径在于从学生出发，从教师出发，从学校出发，认清那些压制或阻碍学生活力、教师活力与学校活力的观念的、政策的、文化的和行为的原因，精准地提出旨在消除这些影响活力的障碍性因素的政策、策略和有效办法。在这个过程中，政府的作用在于切实落实学校的办学自主权并保障学校的自主权不受侵犯。学校的作用在于正确地使用这种办学自主权，为教师的教育教学创造更加良好的环境和支持性条件，确保教师的教育教学自主权得到充分的实现。而教师教育教学自主权的使用，根本上也是为了给学生的学习发展提供更加良好的环境，确保他们能够积极主动和创造性地开展学习。如果一所学校，学生在学习和发展上有活力，教师在教育教学上有活力，那么这所学校就充满了活力。学校的师生是否有活力，是检验围绕这所学校开展的各项教育教学改革成败的一个关键指标。

（原文发表于《人民教育》2017 年第 10 期）

6

深化教育领域综合改革需要实践智慧

党的十八届三中全会提出"深化教育领域综合改革"的重大任务，标志着我国教育改革和发展进入一个新的历史阶段。要完成这一重大任务，需要我们以实践智慧处理好一系列问题和关系。

深化教育领域的综合改革，亟须加强教育部门和相关部门之间的协同，建立一个广泛而又强大的支持和协作网络。目前，教育领域面临的许多难题，虽然直接表现为教育内部的矛盾和问题，但往往有着更加广泛的社会背景和根源。像学生的课业负担过重，虽与优质教育资源总体稀缺有关，但从根本上说，它与社会上长期形成的职业偏见、学历歧视、不同行业收入差距过大以及社会阶层向上流动渠道不畅等社会文化和结构因素都有着内在关联。

因此，要想有效解决学生课业负担过重的问题，就必须采取一种综合改革的思路：部门联动、内外结合、标本兼治，强化政府各个相关部门对于推进教育领域综合改革的自觉性和责任感，不能仅在降低课程要求、减少作业量或考试科目上下功夫，否则就会出现事倍功半甚至于事无补的状况。

深化教育领域综合改革，必须分清主次，抓住主要矛盾，着重解决那些长期影响教育活力的瓶颈问题。提到"综合改革",人们往往会联想到各级各类教育及其方方面面改革的同时推进。这样做,容易造成主次不分、责任不明、一哄而起、胡子眉毛一把抓,从而对日常教育实践造成干扰。所以,综合改革必须分清主次,把握好方向,找准突破点。就当前而言,主要问题是教育系统的自主性没有得到很好地确立:教育行政部门与政府其他部门之间存在相当程度的依附关系;学校的办学自主权没有得到充分尊重,学校与教育行政部门存在相当程度的依附关系;教师在学校教育教学和管理中的主体地位以及学生在学习中的主体地位没有得到完全落实,教师被动地教、学生被动地学的现象依然存在,导致整个教育系统缺乏内在活力。

解决这些问题,亟须各级政府包括教育行政部门在尊重教育规律的前提下简政放权,转变职能,强化服务,支持教育家办教育,把办学自主权还给学校,把教育教学的专业自主权还给教师,充分发挥学生学习主体的作用,让校长与教师成为综合改革的生力军和主力军。

深化教育领域综合改革,必须做好顶层设计,处理好近期目标、中期目标和远期目标的关系。教育领域综合改革是一项长期任务,不能一蹴而就。开展教育领域综合改革,必须着眼于未来经济社会发展和人自身发展的要求,加强顶层设计,既要明确近期目标,又要做好中长期规划,不能急于求成,急功近利。改革过程中特别要把握好目标、条件、能力与节奏之间的关系,画好路线图,提出时间表,有条不紊地扎实推进。

在教育领域综合改革中,我们还会遇到很多新的问题和矛盾。此时,更需要以一种契合实际的、灵活的实践智慧加以应对,防止过犹不及;在综合改革的内在价值与工具价值的关系上,多强调内在价值的实现,把立德树人,促进所有学生全面、和谐、多样和可持续发展作为改革的核心价值目标,防止出现为改革而改革的形式主义；在综合改革的科学性与民主性的关系上，要深入实际，以问题为导向，以科学为依据，凝聚社会各界的改革共识；在借鉴国际经验和推广本土典型经验的关系上，既不能食"洋"不化，也不要夜郎自大，要努力因地制宜，确立教育领域综合改革的中国主体性和自信心。

（原文发表于《人民教育》2014 年第 2 期）

7

教育改革还是要多一点辩证法

　　当前，我国各个领域的教育改革中存在一些看似对立的基本矛盾，例如：语文教学中是重单篇阅读还是重群文阅读？教学活动中是先学后教还是先教后学？课程开发是以兴趣为导向还是以目标为导向，是重学科课程还是重跨学科课程，是重通识课程还是重专业课程？原有的班级管理制度是该保留还是该打破？学校培养目标是定位于培养个性还是定位于涵养共性？学校决策模式是精英决策还是民主决策？教育发展模式是内涵式发展还是外延式发展？古代和近代的教育传统是要继承还是要革新？国际上教育发达国家的教育经验是要借鉴还是要批判？诸如此类，数不胜数。如何认识和处理这些教育基本矛盾以保证教育改革的正确方向，就成了教育改革者必须认真思考的一个带有方法论性质的问题。

　　就目前教育界许多人对待这些基本矛盾的立场和方法而言，一种极端化的或二元对立的立场与方法值得高度关注。具体来说，就是用一种简单的、极端的立场和方法来看待上述以及更多教育基本矛盾双方的关系，将其中的一方认定为保守的、落后的，将其中的另一方认定为革新的、进步的。基于这种立场和方法，一部分改革者在具体改革行动中往往采取非此即彼的方法，在夸大矛盾一方的重要性的同时，忽视或否认矛盾另一方的合理性，在具体行为中采取非常激进的甚至是革命的方式来推进改革。从形式上说，这种教育改革行为带有比较明显的"强扭""急转"或"简单化"的性质，很多时候必须借助行政或专业的权力来发动、推进和维持。一旦这种行政或专业的权力驱动作用消失，被改革了的教育实践可能又会回到起点，改革的长期积累性效应得不到应有的显现。

为什么会出现这样一种改革的倾向？原因比较多，也比较杂。根本的也是首要的原因可能与教育改革者对于改革本身的理解有关，与把改革本身当成一种天然合理和正当的行为、为改革而改革有关。其实，从改革的目的上说，教育改革是要革除不适应或阻碍青少年学生身心健康发展的那些教育观念、制度、内容和方法，以便更好地立德树人、为国育才。从这个角度来看，改革的真实对象不是整个的教育系统，而只是教育系统中那些经过认真分析研究之后被认为"不适应或阻碍青少年学生身心健康发展的那些教育观念、制度、内容和方法"。而要判定哪些观念、制度、内容和方法"不适应"甚至"阻碍"了青少年学生的身心健康发展，就必须从实际出发，必须讲求科学精神、理性精神，必须经过反复的分析和论证，拿出有说服力的证据。否则，教育改革很可能就会失去根据，成了人云亦云、主观随意或好大喜功的非理性行为，甚至成了改革者自我表演或追逐名利的过程。而且，越是这样的教育改革，改革者在改革的过程中越容易形成或采纳简单、片面和极端化的思维方式。

这种简单、片面和极端化的改革思维方式对于教育实践的害处是很大的，最直接的后果就是在革除教育系统中一些不适应或阻碍青少年学生身心健康发展的观念、制度、内容和方法的同时，将原有教育系统中一些实际上适应青少年学生身心健康发展的合理的方面、好的方面也革除掉了，就如同大家常说的"将孩子连同洗澡水一起倒掉了"。与此相关，这种改革思维方式尽管对于未来教育有非常美好的设计或想象，但是在未来教育还没有实现之前就急于否定教育某一方面的现实，会使一线教师在改革过程中感觉到手足无措，徒然增加他们对于改革的焦虑，使改革本身不能得到充分的心理支持，甚至产生改革疲劳现象。最严重的后果就是不能够通过这种改革行为精准地锁定和解决教育系统中真正存在的观念、制度、内容和方法等方面的问题，使改革失去明确的方向感、效能感和获得感，甚至会产生很多新的观念、制度、内容和方法问题，致使整个教育系统不能朝着不断完善的方向变革，严重背离改革的初衷。

当前，我国教育事业发展总体上已经达到世界中等偏上水平，正处于基本实现教育现代化、从教育大国向教育强国迈进的关键阶段。面向未来经济社会发展和国家建设的新形势、新任务、新挑战，教育改革必须不断深化，在继承以往教育改革宝贵经验的基础上，完成一些关键领域和环节的重大突破，进一步扩大教育公平，提升教育质量，增强教育活力，优化教育结构，完善中国特色社会主义教育体系。从思维方式上说，改革者应当从宏观、中观和微观等不同层次上反思既往教育改革中出现过的简单、极端和二元对立的思想倾向，更加自觉地运用唯物辩证法来认识和处理各级各类教育中的基本矛盾关系，一切从实际出发，尊重教育规律，体现教育共识，不唯书、不唯己、不唯上、不唯洋、不唯名，历史地、整体地、具体地把握这些矛盾关系，更加精准地解决实际存在的教育问题，力争使改革的每一步都能促使整个教育系统朝着更加合理优化的方向演化，使每一位师生都能从每一步的教育改革中产生更大的获得感。

（原文发表于《北京教育·普教》2017年第5期）

出 版 人　李　东

责任编辑　何　艺

版式设计　杨玲玲

责任校对　马明辉

责任印制　叶小峰

图书在版编目（CIP）数据

穿越教育概念的丛林／石中英著. —北京：教育
科学出版社，2019.11（2024.12 重印）
　ISBN 978-7-5191-2041-2

　Ⅰ.①穿…　Ⅱ.①石…　Ⅲ.①教育工作—文集　Ⅳ.
①G51-53

中国版本图书馆 CIP 数据核字（2019）第 235032 号

穿越教育概念的丛林
CHUANYUE JIAOYU GAINIAN DE CONGLIN

出 版 发 行	教育科学出版社				
社　　　址	北京·朝阳区安慧北里安园甲9号		邮　　编	100101	
总编室电话	010-64981290		编辑部电话	010-64989363	
出版部电话	010-64989487		市场部电话	010-64989421	
传　　　真	010-64891796		网　　址	http://www.esph.com.cn	
经　　　销	各地新华书店				
制　　　作	北京金奥都图文制作中心				
印　　　刷	唐山玺诚印务有限公司				
开　　　本	720 毫米×1020 毫米　1/16		版　　次	2019 年 11 月第 1 版	
印　　　张	19		印　　次	2024 年 12 月第 7 次印刷	
字　　　数	224 千		定　　价	68.00 元	

图书出现印装质量问题，本社负责调换。